佛藏經講義

——第七輯

平實導師　述著

ISBN 978-986-98891-5-5

佛法是具體可證的，三乘菩提也都是可以親證的義學，並非不可證的思想、玄學或哲學。而三乘菩提的實證，都要依第八識如來藏的實存及常住不壞性，才能成立；否則二乘無學聖者所證的無餘涅槃即不免成爲斷滅空，而大乘菩薩所證的佛菩提道即成爲不可實證之戲論。如來藏心常住於一切有情五蘊之中，光明顯耀而不曾有絲毫遮隱；但因無明遮障的緣故，所以無法證得；只要親隨眞善知識建立正知正見，並且習得參禪功夫以及努力修集福德以後，親證如來藏而發起實相般若勝妙智慧，是指日可待的事。古來中國禪宗祖師的勝妙智慧，全都藉由參禪證得第八識如來藏而發起；佛世迴心大乘的阿羅漢們能成爲實義菩薩，也都是緣於實證如來藏才能發起實相般若勝妙智慧。如今這種勝妙智慧的實證法門，已經重現於臺灣寶地，有大心的學佛人，當思自身是否願意空來人間一世而學無所成？或應奮起求證而成爲實義菩薩，頓超二乘無學及大乘凡夫之位？然後行所當爲，亦行於所不當爲，則不唐生一世也。

——平實導師

如聖教所言，成佛之道以親證阿賴耶識心體（如來藏）為因，《華嚴經》亦說**證得阿賴耶識者獲得本覺智**，則可證實：證得阿賴耶識者方是大乘宗門之開悟者，方是大乘佛菩提之眞見道者。經中、論中又說：證得阿賴耶識而轉依**識上所顯真實性**、**如如性**，能安忍而不退失者即是**證真如**，即是大乘賢聖，在二乘法解脫道中至少為初果聖人。由此聖教，當知親證阿賴耶識而確認不疑時即是開悟眞見道也；除此以外，別無大乘宗門之眞見道。若別以他法作為大乘見道者，或堅執**離念靈知**亦是實相心者（堅持意識覺知心離念時亦可作為明心見道者），則成為實相般若之見道內涵有多種，則成為實相有多種，則違**實相絕待**之聖教也！故知宗門之悟唯有一種：親證第八識如來藏而轉依如來藏所顯眞如性，除此別無悟處。此理正眞，放諸往世、後世亦皆準，無人能否定之，則堅持離念靈知意識心是眞心者，其言誠屬妄語也。

——平實導師

目次

自序 序01
第一輯 諸法實相品 第一 001
第二輯 諸法實相品 第一 001
第三輯 諸法實相品 第一 001
第四輯 諸法實相品 第一 001
第五輯 諸法實相品 第一 001
念佛品 第二 313
第六輯 念佛品 第二 001
第七輯 念佛品 第二 001
第八輯 念佛品 第二 001
念法品 第三 073

第九輯　念法品　第三——001
第十輯　念法品　第三——001
念僧品　第四——025
第十一輯　念僧品　第四——001
第十二輯　念僧品　第四——001
第十三輯　念僧品　第四——001
淨戒品　第五之一——175
第十四輯　淨戒品　第五之一——001
淨戒品　第五之餘——091
第十五輯　淨戒品　第五之餘——001
淨法品　第六——207
第十六輯　淨法品　第六——001
往古品　第七——173
第十七輯　往古品　第七——001
淨見品　第八——241

第十八輯　淨見品　第八——001
了戒品　第九——303
第十九輯　了戒品　第九——001
第二十輯　了戒品　第九——001
囑累品　第十——291
第二十一輯　囑累品　第十——001

自序

《佛藏經》之所以名爲「佛藏」者，所說主旨即以諸佛之寶藏爲要義。諸佛之寶藏即是萬法之本源——如來藏，《楞嚴經》中說之爲「如來藏妙眞如心」，《入楞伽經》卷七〈佛性品〉則說：「大慧！阿梨耶識者名如來藏，而與無明七識共俱，如大海波常不斷絕，身俱生故；離無常過，離於我過，自性清淨。餘七識者心，意、意識等念念不住，是生滅法。」大略解釋其義如下：

【所謂阿梨耶識（通譯阿賴耶識）又名如來藏，含藏著無明種子與七轉識種子，並與所生之無明及七轉識同時同處，和合相共運行而成爲一個五陰有情。七轉識與無明相應而從如來藏中出生，每日運行不斷；意根每天一早促使意識等六心生起之後相續運作，與意識等六心和合似一，看似常住而不斷之心，其實是從如來藏中種子流注才出現的心，就是一般凡夫大師說的「清清楚楚明明白白」的心，早上睡醒再次出生以後，就與處處作主的意根和合運作看似一心。這七識心的種子及其相應的無明種子，每天同時從如來藏中流注出來，猶如大海波一般「常不斷絕」，因爲是與色身共俱而出生的緣故。

如來藏離於無常的過失，是常住法，不曾剎那間斷過；無始而有，盡未來際永無中斷或壞滅之時。如來藏亦離三界我等無常過失，迴無我見我執或我所執；其自性是本來清淨而無染污，無始以來恆自清淨，不與貪等六根本煩惱及其餘隨煩惱相應。其餘七轉識都是心，即是意根、意識與眼等五識，即是面對六塵境界時清楚明白的前六識，以及處處作主的意根；這七識心與無明種子都是念念不住的，因爲是從如來藏中流注這七識心等種子於身中才有的，當色身出生以後，意根同時和合運作，意識等六識也就跟著現行而與色身同在一起，所以是與色身同時出生而存在的。而種子是剎那剎那生滅的，以此緣故說意根與意識等七個心是生滅法。若是證阿羅漢果而入無餘涅槃時，由於我見、我執、我所執的煩惱已經斷除的緣故，這七識心的種子便不再從如來藏流注出來，死時就不會有中陰身，不會再受生，便永遠消滅了，亦因此故是生滅法。】

在三種譯本的《楞伽經》中，都不說此如來藏心是第八識（第八識是通俗的說法），而是將此心與七轉識區分成二類，說如來藏一心是常住的，是出生「意」與「意識等」六識者，也說是出生色身者，不同於七識等心。所援引的上開經文，亦已明說如來藏「離無常過，離於我過，自性清淨」；從如來藏中出生的「餘七識者心，意、意識等」，都是「念念不住，是生滅法」。這已經很明確將如來藏的主要體性與七轉識的主要體性區分開來：一是能生，一是所生，能生與所生之間互相繫屬；能生者是常住的如來藏心，沒有三界我的無常過失，沒有我見我執等過失，自性是清淨的；所生的七識心，是念念生滅的，也是可滅的，有無常的過失，也有三界我的我見與我執等過失，是不清淨的，也是生滅法。

今此《佛藏經》中所說主旨即是說明此心如來藏的自性，名之爲「無名相法」或「無分別法」，仍不說之爲第八識，而是從各方面來說明此心；並且希望後世仍有業障而無法實證佛法的四眾弟子們，未來世中都能滅除業障而證得解脫及實相智慧。以此緣故，先從「諸法實相」的本質來說明如來藏，兼及實證此心者於實證前必須留意避免的過失，才能有實證的因緣；若墮邪見或誤導眾生，並有犯戒不淨等事者，將成就業障；於其業障未滅之前，縱使未來歷經無量無邊不可思議阿僧祇劫，奉侍供養隨學九十九億諸佛以後，仍無實證之可能。以此緣故，釋迦如來大發悲心，首先於〈諸法實相品〉廣釋實相心如來藏之各種自性，隨即教導學人如何了知惡知識與善知識之區別。善於選擇善知識者，於解脫及諸法實相之求證方有可能，是故以〈念佛品〉、〈念法品〉、〈念僧品〉中的法義教導，令學人以此爲據，得以判知何人爲善知識、何人爲惡知識，從而得以修學正確的佛法，然後得證解脫果及證入諸法實相，發起本來自性清淨涅槃智，久修之後亦得兼及二乘涅槃之實證，再發十無盡願而起惑潤生乃得以入地。

若未愼擇善知識，誤隨惡知識者（惡知識表相上都很像善知識），不免追隨惡知識於無心之中所犯過失，則未來歷經無數阿僧祇劫奉侍九十九億佛之後，於解脫道及實相了義正法仍無順忍之可能，欲求佛法之見道即不可得，遑論入地。以此緣故，世尊隨後又說〈淨戒品〉、〈淨法品〉等法，教導四眾弟子們如何清淨所受戒與所修法。又爲杜絕心疑不信者，隨即演說〈往古品〉，舉出過往無量無邊不可思議阿僧祇劫前 大莊嚴佛座下，苦岸比丘等四人爲惡知識，執著邪見而誤導眾生，成爲不淨說法者；以此緣故與諸眾生相率流轉生死，於人間及三惡道中往復流轉至今，反復經歷阿鼻地獄等尤重純苦及餓鬼、畜生、人間諸苦，終而復始、受苦無量之後，終於來到 釋迦如來座下精進修行，然而竟連順忍亦不可得，求證初果仍遙遙無期；至於求證諸法實相而入大乘見道，則無論矣！思之令人悲憐，設欲助其見道終無可能，對彼諸人助益無門，只能待其未來甚多阿僧祇劫受業滅罪之後始能助之。

如是警覺邪見者之後，世尊繼以〈淨見品〉、〈了戒品〉而作補救，期望以此二品能轉變諸人的邪見，勸勉諸人清淨往昔熏習所得的邪見，並了知清淨戒之所以施設的緣由而能清淨持戒，未來方有實證解脫果與佛菩提果的可能。如是教導之後，於〈囑累品〉中囑累阿難尊者等諸大弟子，當來之世以善方便攝受諸多弟子，得能清淨知見與戒行，滅除往昔所造謗法破戒所成之業障，而後方有實證之世到來。由此可見 世尊大慈大悲之心，藉著舍利弗尊者之因緣，在與舍利弗對答之時演說此實相法等，期望後世遺法弟子得能滅除業障而得證法。普察如今末法時代眾多遺法弟子，精進修行仍難遠離邪見與邪戒，求證解脫果及佛菩提果仍將難能可得，令人不覺悲切不已，是故將此經之講述錄音整理成書，流通天下，欲以利益佛門四眾。

佛子　**平實**　謹誌

於公元二〇一九年　夏初

第七輯：

《佛藏經》卷上

〈念佛品〉第二（延續上一輯未完部分）

我們上週《佛藏經》講到第十頁第二段的第一行：「如來所得……無樂、無苦、」記得有跟諸位問了一句：「假使你們身中的眞如第八識如來藏能領受苦樂，所以祂有苦有樂，這好不好？」諸位當時都很有智慧說：「這樣不好。」但是也許有人首次來聽經，他可能會想：「如果有兩個能夠領受快樂的心，有什麼不好？」也就是說，假使我們覺知心能領受快樂，眞如心也能領受快樂，那就有兩個人快樂；獨樂樂不如眾樂樂，有什麼不好？

問題立刻來了，凡是能受樂的心，一定也是可以受苦的心；受苦時也許他也會想：「不錯啊！有個人幫我分擔。」那豈不是眾苦而不是獨苦？如果快樂跟人家分享是好的，痛苦爲什麼要跟人家分享？居心叵測。但即使是眾樂樂而不是獨樂樂，問題是如果你能受樂、眞如也能受樂，那是否意味著眞如也會起貪？當眞如也會起貪時，是不是快樂境界來時雙方要計較、計較？對啊！總是多多少少會計較啊！所以眞如是不應該有苦樂的。

那麼從現觀的層面來說，如果眞如是會跟著五陰來同時領受苦樂，那麼世間人大家都只能吃素了。知道意思嗎？因爲眞如假使也會領受苦樂，表示祂也會想要離苦得樂，那誰會去下墮三惡道？那些吃葷的人們要吃什麼肉？都沒有畜生可以吃，所以只好大家都吃素了。繼續思惟下去，這裡面問題是很多的，不是只有這一、二個問題；眞要說起來，比王大媽的裹腳布還要長。所以眞如一定是無苦也無樂的，就是說只有不領受苦樂的，祂依著自己的功德運行而實現因果律，三界六道十法界才不會錯亂。假使眞如會領受苦樂，就表示祂能夠了別六塵境界中的種種法，如果王二麻子造了大惡業該下地獄，眞如一定不願意下去，那地獄就空了；地獄世間就不存在了，正好順了印順的願，因爲他認爲三界中沒有地獄，地獄不存在。

因此說，在法界中如實執行因果律的心，一定不可以也不會領受苦樂，祂一定是永遠住在捨受中；沒有苦受與樂受，就不會有憂受與喜受，永遠一味平懷，叫作「不苦不樂受」。其實說祂一味平懷已經是意識境界了，因爲祂「無思、無想」。一味平懷的意思是有思想，才會有所謂一味平懷；因爲一味平懷本來就是意識心的境界，例如說：「我保持這樣不動心，大眾供養我時也不起樂受，大眾毀辱我時也不起苦受，永遠是捨受。」這就是一味平懷。那一般人說一味平懷是意境高超，但意境高超是什麼心的境界？正是意識的境界。所以一味平懷在佛法中不是勝義諦，連世俗諦都談不上，因爲世俗諦是連識陰六個識都否定的，哪來的一味平懷？

假使眞如有世間法上的「思」，也就是說祂會裁決，會作決定：要這個、不要那個，喜歡這個、討厭那個……；有各種的取捨，那你就麻煩了。就好比生存在人間，你一旦醒來就時時刻刻了別六塵；假使眞如祂也有這一類六塵中的思，會對六塵境界作決定，當祂突然想暫停個五分鐘不給你六塵的境界，這時表示什麼境界出現？只是沒有六塵境界嗎？只有如此嗎？六塵不在時還能有六識嗎？也沒有了！那就表示你這時什麼都不能作了，對不對？等於這樣了。所以眞如假使於六塵中有「思」心所，也就是能夠作決定「我暫停個五分鐘不給你六塵」，那你六識就跟著消失了，只好當下癱在地上，問題還眞嚴重，所以眞如不應該有六塵中的「思」。這個眞實我「**無名相法**」、「**無分別法**」是不應該有世間法上的思，所以祂必須永遠不在六塵中作決定，永遠隨緣。

眞如祂雖然有很多功能不斷在運作，可是祂從來都是隨緣；緣該是如此，祂就該如此；緣該如彼，就該如彼，永遠不會自己起思而決定怎麼樣去作。否則我今天要去臺北，祂偏偏邁腳往臺南去，因爲祂起思啊！你覺知心要去臺北，祂從臺中出發往臺南走，能奈祂何？所以祂不可以有「思」。也許有人想：「**祂可以如此嗎？不都是我覺知心在作主嗎？**」事實不然，因爲祂才是眞的主，你覺知心是依附祂而存在的；當祂也會在六塵境界中作主時，你就得聽祂的。

「思」的前提就是「想」，「想」又有兩個層面；第一個層面就是「境界的了知」，這屬於想陰，最初期的想陰。了知以後有「思」，然後產生第二個階段的後期「想」；「想」是什麼？就是知，這時就已經到了「境界受」的知了，就是苦樂捨受的知。對六塵境界生起苦受樂受的了知，這就是「想」。

有「想」，有了知時，不管你這時有沒有語言文字，全都是想陰的「想」。只要覺得不喜歡的境界，或者認爲恐怖的境界拔腿就跑，這都是因爲有想，有想就是有了知；若了知是違心境時，「思」心所運作之後拔腿就跑，而「知」就是分別。

所以那些狗也沒有語言文字，牠們都沒有先在腦袋裡面用語言思惟，才剛聽見主人摩托車聲音牠就知道主人回來了，在大門裡就趕快叫，而且是又跳又叫，跳不停又叫不停。可是如果牠聽到的是一個惡人的摩托車聲音，就立刻跑到屋後去叫了，聽聲辨事，眞厲害。所以牠的分別不是一定要藉語言文字來作分別，而是一旦知了，就分別完成，這個知其實就是想陰的「想」；所以《阿含經》中說「**想亦是知**」。換句話說，知時已經從受陰來到想陰的境界了。

那麼眞如法不可以有苦、樂、思、想。如果祂有苦樂受，會思也會想，天下大亂了，大家也甭學佛了！你說：「**我要學佛。**」祂說：「**我才不學佛。**」然後一天到晚跟你唱反調，你還能學什麼？什麼都不行。不但如此，這個「**無名相法**」妙眞如心，而且是「**無修**」的。「**無修**」先不談，我們先說關於修行；佛教界幾十年來，如果包括大陸佛教界來說，可以說三、四百年來大家都是想要把這個齷齪不乾淨的覺知心，藉著修行變成清淨的心；等於是要把很伶俐能學法的第六識覺知心，修行變成癡癡呆呆的第八識「無分別心」，不都是如此嗎？諸位來到正覺以前有沒有誰告訴你說：「**你要保持你這個覺知心繼續很有智慧，而去證得另一個從來都不分別的心，而使你這個分別心更有智慧；出生了第一義諦的智慧，又無妨你所證的另一個『無分別心』繼續無分別。**」來正覺之前，你們曾經聽過這樣開示嗎？沒有啊！所以大家都是要修行，想把永遠都在分別的覺知心變成無分別。

莫說他們修不成，就算有一天眞的給他們修成了，到底他們將會喜歡還是不喜歡？不喜歡？眞的嗎？但我告訴你們：他們根本不知道是要喜歡或是不要喜歡，因爲他們都變成不分別了，怎麼會知道喜歡或不喜歡？但是別人看了會說：「**我不喜歡。笨蛋！**」一定要罵他們笨蛋。你看見他們時就說他們笨蛋，原因很簡單：怎麼樣叫作不分別呢？桌上不管什麼東西餓了就拿來吃。老實說，到那時他們根本就不知道餓，因爲都不分別了又怎麼知道餓？就算給他一個功能，讓他知道餓吧，那時他不會分別什麼東西該不該吃，餓了都會拿來吃；當你在桌上放了狗屎他也吃，這才是眞的不分別啊！如果有大師故意在餐桌放著一盤狗屎，可是他吃飯夾菜時都不會夾到狗屎，那他到底是有沒有分別？（大眾答：有。）對！就是有分別。如果他眞的不分別了，他一定是亂夾亂吃的；吃了也保證不會皺眉頭，那才叫作眞的不分別。

可是這還有問題，因爲他既然懂得夾菜來吃，你能夠說他不分別嗎？如果他能夠看得到而知道那是菜，也夾來吃，即使夾到狗屎也夾來吃，也是已經分別了。眞正無分別的心是不對六塵作任何了知的，因爲只要接觸了六塵，分別就完成了。但他們都不知道這個道理，一天到晚想著：「**我要修行無分別，因爲般若諸經都說心無分別，我得要無分別，才算是開悟。**」開悟了不是應該更有智慧嗎？爲什麼開悟了以後竟變成無分別的傻子？豈不是說人越笨就是修行越好嗎？那人類最不會分別的是誰？（有人答話，聽不清楚。）對！剛出生那天的嬰兒最無分別，就是大修行人；第二天他又有一點點分別了，能學會一點了。依他們的邏輯，人類證量最高的應該就是剛出生的嬰兒，因爲他大致上都無分別，除了睡覺以外，肚子餓了哭、尿布濕了哭以外，他什麼都不分別。可是佛法中會有這樣的聖者嗎？

所以關於修與不修這個問題，到末法時代，大師們都誤會了！因此巖頭禪師才會說「**修得的不是家珍**」；凡是修行而成就的，不是自己家裡本來就有的珍寶。既是修行而後成就的，未來這個修行的緣壞散了以後，所修的境界也就跟著失去了，是生滅法。所以你修行開悟想要證得的，一定是你本來就有的；本來就有的表示並非有生的法，是本來就存在，本來就存在的就是無生，沒有出生過的才不會壞；有出生過的將來必定會壞，因爲有生必有死！所以假使有個徒弟，有一天把師父教導的功夫修學好了，他去跟師父抗議說：「**師父！我供養了您五百萬元，可是您教我這個東西是在我身上的，您又沒有給我，所以您要退還我五百萬元。**」有沒有道理？沒道理啊！

本來就是這樣，雖然他教給你練氣功或別的功夫，當你後來練成了，那功夫當然是你家的，卻是自己練不成而人家教導後才練成的；雖然氣功那個氣不是師父給你的，但你還是要供養啊！既然供養了就不能開口要回來。世間法也是如此，可是我有一個朋友跟著外道練氣功，後來有一次正好在電視新聞報導出來，我正好看到他；那時大家都在罵他那個師父斂財，他也出來罵：「**我跟他學習，供養他好幾百萬，但他教給我的東西是我本來自己就有**

的，憑什麼他跟我要這一些錢。」我吃飯時看電視新聞，剛好看到，就跟我同修講：「合該他被騙到外道法去，這種人憑什麼得正法？」這意思是說，你所要證的當然是本來就在，不是修行而成就的，那才是自己家裡本來就有的珍寶；那才是無生之法，而且是本來無生。既然無生，盡未來際都是無滅，這才是重要的觀念。

所以當禪師證悟之後，人家問禪師說：「師父！聽說您修行很好。」他說：「我沒有修行。」那俗人聽不懂：「明明您經過好幾年的修行，那麼辛苦參訪多少善知識才終於悟了，當然修行很好，爲什麼竟然公開說您沒有修行？」因爲禪師已經轉依了如來藏，如來藏從來不修行，如來藏永遠不懂得修行；而且說句不客氣的，如來藏根本不用修行，要修行的是你五陰，而你不能叫祂修行。所以他乾脆答覆說：「我沒有修行。」如果他問了那個禪師以後覺得好奇怪，來問我：「蕭老師啊！那某甲禪師說他沒有修行，那麼請問：到底他講的對不對？」我就告訴他：「不對。」他聽了一定很高興：「我可以回去反駁禪師了！」他就問：「那我可以去把您說的話告訴他嗎？」我說：「可以！可以！你儘管去講。」我講出去的話都不怕人家轉述。

他去講了以後，那某甲禪師會怎麼跟他回答？某甲禪師一定會告訴他說：「我有修行。」這時他又該怎麼辦？他只好質疑：「您前天不是告訴我說您沒有修行嗎？爲什麼今天又說有修行？」某甲禪師打他一棍，告訴他：「前天說的是『沒有修行』，今天說的是『有修行』。」他說的都沒錯，永遠在理。這個人沒辦法，再回來問我，把某甲禪師說的告訴我，他問我：「爲什麼這樣子？」我就告訴他：「笨蛋！你憑什麼吃飯？」「您怎麼這樣講？這是答非所問啊！」我說：「來來來！耳朵借給我。」我就拎著他的耳朵輕輕告訴他：「不要告訴別人喔！」爲什麼？我爲什麼要這樣講？因爲如來藏從來沒修行，可是如來藏最努力修行，他卻永遠不懂我在說什麼。

你們努力在修行時不是如來藏幫你修行的嗎？難道還是你自己修行喔？如來藏可慈悲得很，你們今生應該以居士身得度，應該以比丘、比丘尼身得度，「觀世音菩薩摩訶薩」就幫你們示現了這個居士身，比丘、比丘尼身，然後一生都在爲你說法，有沒有？（大眾答：有。）有嘛！《法華經》才剛聽過就忘了嗎？所以到底是有修還是無修，還眞難說。對一般學佛人來講，要告訴他「無修」，否則他一定會走錯路，永遠會把這個能修行的覺知心加以修行、轉變、鍛鍊，想要轉變成眞如，那就走錯路頭了。可是也許有人想：「這經中，明明世尊說是『無修』，爲什麼你又這樣說？你是居心叵測，故意來混淆我嗎？」我就公開說了：「我可沒那個閒工夫來混淆大眾，我處處需要用人，早已指點你了，哪有時間跟大家在這邊混淆呢？」

所以善知識說法，有時是依於證悟後的現觀來說，那是說給家裡人聽的；可是畢竟還得要說「無修」，因爲一般人沒有證悟，爲免一般修行人落入有所得法中，還是得如此說。特別是我這個講經整理好了流通出去，會外的讀者們都是沒開悟的人（除了我們會內增上班同修買了去讀），那我當然還是要把他們的境界考慮一下，來爲他們演說這個「無名相法」眞實我從來「無修」。也就是像人家炒股票的人說「回歸基本面」，說消息面過去了，應該回歸基本面；那我們就回歸到一般學佛人的基本面來說，因爲一般人都還沒有開悟。

那我們就說，當你五陰覺知心加上意根很努力用功修行，修行時眞的非常用心，一絲一毫都不敢懈怠，每天如是；可是不管你怎麼用心努力精進修行，你的眞實我—世尊說的「我、此法」第八識—從來沒有用心過，祂從來沒有在修行上用心，那你怎麼可以說祂在修行、祂有修行呢？所以祂永遠「無修」。知道這個道理之後：「原來修行的是我，我這個五陰努力精進修行，而我的如來藏—世尊說的『我、此法』—祂是不會修行的，永遠『無修』。」因為祂永遠不懂，不管你告訴祂怎麼修行，祂會聽懂嗎？不許搖頭！你們搖頭就錯啦！祂不是聽不懂，祂是沒聽見。不懂，是因為聽見了而不能理解才叫作不懂；但祂從來沒聽見，因為祂沒有耳朵，你叫祂聽什麼？祂沒聽見，怎麼會知道你說的修行方法？所以祂永遠「無修」。

等到你悟了以後，有一天觀察自己精進修行，才說：「啊！原來都是祂在幫我修行，我沒有修行。」這一下終於懂了：「哈！原來某甲禪師當年講的沒有修行，又反過來講有修行，道理在此。」終於懂了！這時心念一動說：「明天找他去。」隔天你才剛剛一開口說：「有修、無修。」他就說：「你終於懂了。」沒等你講完就把這一句話喀嚓打斷了，這時正好入方丈室喝茶。所以你看佛法容易會嗎？難啦！怎麼可能到處大師都是開悟的聖者，反而只有少數人是悟錯了的？沒這回事啦！現在又不是在佛世。如果 佛陀在世時是容許這樣的，因為 佛陀教的個個都是獅兒；如果 佛陀的時代大部分都是犬子，也就生不了幾隻獅子，那 佛陀算什麼？豈不是辱罵了佛陀？但是現在末法之所以稱爲末法，就是因爲了義正法很少人在傳授了，往往會中斷，所以才叫末法時期。當然也是因爲眾生的根器低劣以致成爲法末，因此信受者寡，實證者希，所以叫作末法時期。因此這個修與無修的道理，還眞是一言難盡，會者自己看去吧。

接下來說「乃至亦無空相」，「如來所得」的法「是中無欲亦無非欲，無樂、無苦、無思、無想、無修」，最後又告訴你：連空相都不存在。不懂的人會想：「佛陀大概年紀大而糊塗了，講話七顚八倒。」有沒有人這樣講？有啊！正是達賴，他認爲 佛陀年紀大了，所以晚年說的法跟早期說的法不一樣。那麼問題來了，如果年老時說法錯了，就表示早期說的《阿含》是正確的，對吧？一定是啊！那《阿含》諸經既然是正確的，那你達賴爲什麼不遵從《阿含》的聖教？《阿含》明明告訴你，五陰—色、受、想、行、識—全部虛妄，還搞什麼雙身法？大樂光明是五陰的我所，連五陰都還不是，對吧？那他應該接受。可他不接受《阿含》諸經中的聖教，那麼到底誰才是老糊塗？達賴才老糊塗呀！

老實說，達賴還不老時就已經糊塗了，老了更糊塗！所以讀了我的書以後竟然還不肯丟掉雙身法，那不是糊塗透頂了嗎？因此不懂的人自認爲懂，然後宣稱他成佛了，這就像臺灣人罵的一句話：「**七月半的鴨子**」，歇後語是什麼？（大眾答：不知死活。）對！正是「不知死活」。這個不知死活的人，下一世保他萬壽無疆，因爲他會到很深的地獄去，越深的地獄壽命越長，眞的萬壽無疆，讓他受去。這個糊塗蛋，今天咱家話講重一點，哪一天他讀了，看會不會醒覺。如果他懂得醒覺：「**我們密宗假藏傳佛教的法果然錯了，要趕快回歸正統佛教。**」領著密宗假藏傳佛教回歸正法，那他就是大功德一件，可以救很多很多人。但我看他要成就這個功德很難，因爲他那個人，財、色、名、食、睡，全部都貪，怎麼可能成就這個功德？

話說回來，世尊說「**如來所得**」沒有那麼多的東西，最後結論說連「**空相**」都沒有。問題又來了，空的這個法相以及空的作用——也就是空性——不正是一切學佛人夢寐求證的嗎？爲何卻又說 如來所得的境界「**乃至亦無空相**」？意謂沒有空性可證，所以你要看到空的法相也看不見。明明叫人家證空性，要見空相，爲什麼又說連空的法相都看不見？當然有道理。也就是說如來的所得就是第八識的境界，第八識的境界中無一切法，當然連空相也無。爲什麼無一切法？因爲不知。假使有人今天初來乍到，聽到蕭平實這麼說：「因爲不知。」這下可就迷惑了！明明是很有智慧的人才能上座說勝妙法，爲什麼又說不知呢？

你們看清涼文益跟清溪洪進，以及「毫釐有差、天地懸隔」公案那個紹修山主，師兄弟三人約了迤邐行腳，遇到河水暴漲過不去了，看見河邊有個地藏院，進去掛單時，羅漢禪師問：「你們幾位結伴作什麼？」清涼文益說：「我們迤邐行腳去。」「迤邐」就是順著山路溪邊彎彎曲曲行腳去。這羅漢桂琛就問：「行腳事作麼生？」套句河洛說：「行腳的事情是按怎生？（臺語）」問行腳事作麼生？清涼文益老實答覆說：「不知。」沒想到羅漢桂琛卻說：「不知最親切。」這一下他會了！禪門叢林中，古來有一個規矩，我也跟大家講過；早上盥洗完了，先去和尚方丈室門前合掌道「不審」，每一個人都如此，都要去方丈室門前道個「不知」，才可以下去辦事。

哪一天如果正覺寺建好了，我也許規定僧眾們每天早上都要到方丈室門前去道個「不知」，這事若傳出去了，佛教界會怎麼說？啊？你們笑什麼？

笑說：「**佛教界一定會批評：這蕭平實腦袋壞掉了！**」是了！這一定是有道理。也就是說，你這個離念靈知清清楚楚、明明白白，什麼都知道，你有這個離念的功夫正該去尋找你的如來藏，而你要找出來的如來藏祂是什麼都不知的。那你證得這個什麼都不知的，從祂的境界來看一切法時，還有一法存在嗎？半法也無了，何況一法。當祂那個境界中什麼都不知道、什麼都沒有時，又哪來空性的法相可見？欸！也許這時有人想：「**嗯！那祂自己就是空性啊！祂又怎麼會不知道自己空性的存在？**」那我就答覆說：「**所以你沒辦法開悟。**」正是。

因爲，如來藏祂既然什麼都不知道，怎麼會知道自己存在？又怎麼會知道有空性？知道的是你，你找到了祂，牢牢認定祂以後，從祂的境界來看，其實你也不存在了，這才眞是無我，不然就變成有我了。可是佛教界一向「**口說無我，專修我**」，都是如此啊！所以各個大師開示都在「我」裡面轉。但是「**如來所得**」的境界中，也就是無垢識的境界中，或者說因地阿賴耶識、異熟識的境界中，絕無一切法可知、可見、可說、可思、可想，既然無一切法，就表示祂完全不知，完全不知時祂怎麼會知道自己是空性？假使有一個離見聞覺知的人，你教導他說：「**你要反觀，你自己就是空性。**」那他會不會反觀？因爲他離見聞覺知，你說什麼他都沒聽見，完全不知道你在跟他說話，何況是理解。他「**無思、無想**」，他也沒有苦受樂受，那他怎麼可能會反觀自己？這麼一來就知道說：「**如來所得**」的境界，乃至連空相都不存在。

如果有大師告訴你說：「**我們修行就是要努力觀照自己，要時時刻刻把握自我。**」這樣開示的大師到底是誰？我不是問你哪一個大師，別告訴我那個名字，我說的是這樣開示的心到底是誰呢？（大眾答：意識。）豈止意識？還加上前五識，背後還有個意根，才需要把握自我。喔？想到了！可是同一位大師到了明年又說：「**佛法是講無我的，所以我們要消融自我。**」可怪的是沒有人問他說：「**師父！您去年不是說要把握『自我』？那今年要消融掉『我』不就完蛋了？如何把握？**」竟然都沒有人這樣問，好怪！是因爲那些信徒們都不知道他的話有毛病。這時終於有個師兄對他的徒弟們問這個問題，這些徒弟們覺得奇怪：「**欸！你怎麼知道這樣講有問題，你從哪裡來的？**」答：「**正覺。**」

所以說，佛法是一種智慧的修行法門而不是迷信的法門，應該越學越有智慧才對。可是你看佛教界中有理工博士、化學博士、哲學博士、電機博士……等，那電機博士還有人幹到很有名的大學校長，但他一遇到佛法就迷信了！那陳履安以前不也是歸國學人嗎？早年的歸國學人都是國家看得起的人，國家出面邀請他們回來時，聲稱他們是「歸國學人」，那時這名稱是很有地位的；包括我們北方那個鄰居法鼓山的聖嚴大師，也是從日本留學回來的；然而不管他們是多麼有智慧的世間才幹，一遇到佛法就迷信了，智慧或者說邏輯學，全部都消失了，這眞是很奇怪的現象。那我們能夠把這個道理講清楚，大家都依智慧而信佛、而歸仰三寶，以後就要由諸位來告訴其他的佛門大眾，如何有智慧來歸命三寶而實證佛法。

以前大家迷信是因爲只看表相，大師們剃了頭、燙了戒疤、穿起大紅祖衣，可怪的是他們都沒有人穿三條、五條、七條衣的，都是穿九條大衣；那麼大家迷信了，所以那師父說什麼、徒眾就信什麼。後來看見蕭平實出來弘法，雖然剃了頭卻沒有戒疤，又不是穿那件僧衣，所以我講的他們大法師都不理；沒想到不理倒出了問題，因爲很多人都在讀正覺的書籍，他們讀的原因是什麼？是因爲聽說：「**蕭平實講的法義沒辦法推翻，不論你用現量、聖**

教量、比量去找他的毛病，都找不到一個或一次非量。」那人家就互相傳言，大家就去買來讀；讀了以後大家越來越有智慧，於是最後人家會發覺說：「蕭平實這樣子說，可是我師父講的不是這樣，欸！有問題。」人家就會去問。問了以後大師們要怎麼回答？嘴似扁擔，口掛壁上。嘴閉得緊緊地，不就像一根扁擔嗎？沒辦法答了。

於是各大山頭只好各自組個研究小組，這幾位法師是寺院中很有智慧的人，去買蕭平實的書來研究。所以我們的書現在書局聽說是在佛學書籍的書架，正好是人人都看得見的地方，不必蹲下去也不必仰望。這是總經銷告訴我們的，他們也說：「一般佛學書籍，通常是一刷一千冊，一年賣不完。」我們是每一刷兩千冊，才剛交書馬上又要印第二刷了。所以他們最後不得不努力研究，這些研究小組是專門在研究蕭平實究竟是在講什麼。時局轉變好大，以前罵我們是邪魔外道，現在大家來研究如何當得起邪魔外道，不就是這樣嗎？既然是邪魔外道，應該打死才對啊！他們幹嘛要跟進呢？很怪的想法。可是我們不要跟他們一樣，我們當一個佛弟子，老老實實修行，要很正常。這話的言外之意是什麼——他們不正常啊！

所以說佛法不可思議，當善知識出來宣說正法時，沒有悟的人要學孔老夫子那個世間智慧，他那句名言眞的很有名：「知之爲知之，不知爲不知，是知（智）也。」這雖然是世俗智慧，可是以前一直罵正覺是邪魔外道，然後他們現在要跟進，沒道理啊！因此就證明佛法確實難理解，並不是像他們說的把經本讀上幾本就眞的懂了，沒那麼容易啦！如果那麼容易就懂了，佛陀也不必說法四十九年；只要講一部經以後就可以走了，十方法界還有好多眾生等著佛，何必在這裡耗四十九年？顯然就是不容易懂，才會有末法時代這一些光怪陸離、各種自相矛盾的說法出現。而我們弘法到現在（我個人弘法到現在大約二十幾年了，我是一九八九開始爲人說法，現在是公元二○一五年，有二十六年了），從有書籍到現在是幾年了？《無相念佛》是哪年出版的我都忘了；所以我們講了這麼多的法，到現在二十幾年，可是有多少人眞的理解我說了什麼？也就只有諸位啊！

所以佛法甚深極甚深，是意識不能思議的；用意識思惟而想要瞭解大乘佛法般若眞的很難，一定要有善知識幫忙；善知識幫你開闢了福田讓你去種，種到福德具足，而你要學的知見、該有的功夫都幫你鋪陳好，按部就班走上來；最後辦個禪三拉你一把，你就上岸而離開無明大海了！這一上岸，你可以來跟師父抗議：「師父！原來我沒有上岸時就已經上岸了，何必您來拉拔我？」這時師父倒歡喜說：「哈！想不到今天生的這獅子兒，才一出生就是一頭雄獅，不是獅子兒！」對！所以你看佛法有那麼容易理解嗎？可是那些大師們都是隨便公案讀個幾則，看見那些公案中某一個大禪師尋訪善知識後，才那麼兩行記載的對話中就開悟了，他們想：「開悟這麼簡單，那有什麼？」沒想到講了一世的法以後，竟被蕭平實拈提了，可嘆的是自己眞的無法回應，這還眞倒楣！可是他們的倒楣有緣由，咎在自己，不在平實，對吧？

他們今天之所以會到如此地步，就是因爲佛法難理解，特別是第一義諦；而大乘佛法講的都是第一義諦，這眞是很難理解的深法。他們只憑著意識思惟，又沒有好好把看話頭的功夫作起來，憑什麼證悟禪宗的般若？就像達賴那個政客，到處去搞政治關係來要脅，想要獲得世間法中的利益，然後嘴裡說得很好聽，其實無非就是搞錢，收入大筆的供養金而已；同時也廣傳雙身法，還有什麼佛法？一點兒都沒有。像那種外道也想要理解佛法，還宣稱他們密宗假藏傳佛教對佛法的實證比 釋迦如來高，所以應該打個金牌送給他，金牌上打上幾個字：七月半的鴨子。所以你看，佛法單單這一句話：「如來所得，是中無欲亦無非欲……乃至亦無空相；」現代有什麼人能理解？這只有實證的菩薩們才能理解，連佛門那些大師們都無法理解了，何況是那個外道達賴。

爲什麼是這樣子？我已經爲諸位解釋了一堆，再來看 世尊怎麼解釋。世尊說：「何以故？舍利弗！若計空相即是我相眾生相者，是常相者，是斷相者，」你們看，如來直接了當就砍了，怪不得這部經沒有大師要講。世尊特地說明：「我要講這個理由了，」所以就先說「何以故？」說「爲什麼是這個樣子？」然後稱呼：「舍利弗！」大家就注意了，世尊立刻就開示說：「如果由於錯誤的認知而執著空相就是五陰這個我的法相，就是眾生相的話，他就是一個落入常相的人，也是落入斷相的人；」你們看 世尊罵人不帶髒話，把末法時代的佛門大法師們都罵了，這難道不是罵盡末法時代一切大師嗎？那密宗假藏傳佛教外道就不必談了，連佛門內的大師們都罵盡了，等於當面指責。

爲何我這麼說呢？咱們舉例來說好了，所有各大山頭所謂證悟的眞如心，或者他們所謂證悟後的本來面目、本地風光，有哪一個不是五陰？你們可以一一檢查，現在腦袋裡就把他們說的搜尋一遍；Enter 按下去，搜尋看看啊！有哪一個是不落在五陰中的？你找不到。他們各大山頭，不論臺灣或大陸，有的說：「我們只要一切都放下，都沒有煩惱生起，這就是開悟的境界。」有的說：「我們打坐到一念不生，只要連續保持一天、半天的一念不生，這時間裡都不生起妄想，這就是開悟。」而這位大師書中還附帶一句話說：「所以如果證得未到地定，也可以說是開悟。」哪一位大師講的？我們正覺講堂北方這位鄰居，就是在北投的這位呀！還有一位大師說：「什麼都放下以後，心中都沒有煩惱；不管怎麼樣的重大事故發生了，也都不要起煩惱；該處理的都處理好了，從此以後過著幸福快樂的日子，這就是開悟。」

那大陸八大修行人，他們之中自稱開悟的人，例如元音、徐恆志……等人，他們所謂開悟境界是什麼？叫作離念靈知。我們把書寫了出來說：「離念靈知，只是意識的境界。」他們不服氣，網路上貼文說：「我們證的離念靈知境界，你蕭平實作不到，憑什麼來評論我們？」所以我們有師兄回覆說：

「你們會了無相念佛再來說吧！我們都有無相念佛淨念相繼的境界，我們只要把那個淨念捨了，就是離念靈知，整整半天、一天都是離念靈知，你們作得到嗎？」於是他們閉嘴了。閉嘴以後苦思對策，不然信眾都跑光了怎麼辦？於是他們又發明一個新的說法：「前念已過、後念未起，這中間很短暫的離念靈知，那個就是眞如，就是本地風光，不是修來的，是本有的。」然後我們師兄又說了：「哈！你們根本連修行都沒有，那一種境界每一個嬰兒都有，你們這算什麼？」於是臉上都是豆花。那你們看，這一些人都是「開悟」的大師喔！既然都是大師，開悟應該是超越五陰境界的，因爲是菩薩呀！連聲聞人都超越五陰了，何況是菩薩？結果他們卻都落在五陰之中，沒有一人逃出五陰的魔爪。

再回來看 世尊這一句話：「若計空相即是我相眾生相者，」他們是不是都在這裡面？他們認爲說：「這離念靈知，」或者說：「放下一切的覺知心，就是空性心！這個空性心存在，我都看見了，我就知道空相了。」正好也是這樣的話。從大陸八大修行人拉回來，到臺灣後山看一看，她們認爲證得初地無生法忍是什麼境界呢？是只要每天歡歡喜喜去布施，布施了好幾年，心中都不起煩惱，心裡仍然很歡喜，這就是歡喜地的菩薩。然而心中都不起煩惱、歡喜地布施，繼續布施下去，這個境界是什麼心的境界？正是識陰六個識的境界；正好落在五陰中，依舊逃不出 世尊這句話的授記。那這一些人都是落入常見法相的人，也都是落入斷見法相的人，正是 世尊說的「**是常相者，是斷相者**」。

爲什麼「**是常相者**」？因爲他們的見解與常見外道完全相同，正是常見相。常見外道們所說的常住不壞法，跟這些佛門大師們都一樣，無二無別。所以你們看，連後山那個宇宙大覺佛也是和外道凡夫們一樣，都是落在五陰裡面，那跟常見外道有什麼差別？無有差別啊！那這一種人一定也不離斷滅見，所以當我們書中很詳細說明，阿羅漢所證的無餘涅槃是滅盡五陰，滅盡六根、六塵、六識，滅盡六入、十二處，無一復存，他們都不能接受。單單是一句「**意識是生滅法**」，這不但是我講的，本來就是聖教，他們到現在都不接受，正是常見者。他們的想法認爲說：「**那是你蕭平實講的，阿羅漢所入的無餘涅槃就成爲斷滅空。**」他們把阿羅漢所證的無餘涅槃當作斷滅，這不是斷滅見嗎？所以我說他們是「**斷相者**」一點都沒有冤枉他們。但我們說的滅盡一切法以後的無餘涅槃中，仍有涅槃本際「**無名相法**」如來藏存在，不是斷滅空，他們卻解讀作斷滅空，正是「**斷相者**」。

因此我們說的阿羅漢入無餘涅槃是一切永滅，他們不接受。他們一定也有人曾經去尋找聖教想要推翻蕭平實這個說法；可是把四阿含諸經請了出來，好好去讀涅槃的聖教時，都發覺到，世尊說的涅槃都是「**我生已盡，梵行已立，所作已辦，不受後有。**」但不受後有以後既非斷滅空，其中還有什麼東西？難道還有個覺知心存在？你們都認為「**不受後有**」就是一切永滅，只剩下如來藏，但他們認為「**不受後有**」以後入無餘涅槃，是還有覺知心存在的，叫作離念靈知一念不生。但他們把我的書讀多了也知道說：「**這個一念不生的境界中還有六塵，那我這不就是眼識乃至意識、識陰六識具足？那怎麼辦？**」進退兩難。如果想要承認蕭平實說的意識是生滅的，顯然依據阿含聖教來看，阿羅漢入無餘涅槃就是斷滅空，所以不能隨順；那如果要承認蕭平實說的無餘涅槃的境界不是斷滅空，又不得不承認有一個第八識如來藏常住。

可是又不能承認，因為一旦承認確實有第八識如來藏時，徒弟要問了：

「宇宙大覺佛！您也教我們證這個第八識吧！」那她該怎麼辦？難道她要把這個「佛果」收回來嗎？要承認自己沒有開悟嗎？所以進退兩難，因此最後可能暗地裡下個結論說：「這個蕭平實眞是惡人。」只好這樣。不能公開罵，只能放在心裡面罵，因爲又怕罵出來有口業。你們可不要以爲我講的是笑話，我告訴諸位，有個很大的道場，四大道場之一，早年就一直講：「蕭平實傳那個法不如法。」他們不敢說蕭平實悟錯了，只說是不如法，以爲這樣就避過了否定實證賢聖的口業了。然而這樣講有沒有避過去？還是沒有！但他們還算是客氣，我也故意推托，盡量避免度他們的信徒；所以我們會裡從農禪寺來的人不多吧？我所知應該是這樣的。我們盡量不度他們的人，因爲他們很怕我度他們的人，我就度其他人；他們不想被度就別度，繼續留在彼岸就好（大眾笑…），他們既然不想來此岸，我就隨順，不想強當惡人；我很慈悲而隨順，雙方平安無事就好，都等未來世再說。

而這道理在告訴大家說：只要有一處錯了，其他各處的每一個點也就全面皆錯。如果所證的本地風光這個根本是正確的，那你漸漸延伸而申論出來以後，就是全部都對。二十年前，有誰會想到今天蕭平實竟然寫一百多本書出來，而且沒有辦法把他推翻，有誰會想到呢？根本沒有人想到，因為連我都沒想到。說眞的！我這人沒有企圖心。當年我寫了第一本書叫作《無相念佛》，我在最後寫了一行字：這一本書將是我今生唯一的一本書。但是被同修們删掉了。否則我後面再要出版書籍時，只好發表聲明道歉了。好在那時他們強力要求而幫我删掉，要不然今天佛教界沒有這麼多妙法可以讀了。

那麼 世尊這樣告訴我們，就是說：只要把佛法中說的空性法相錯認為我相中的全部或局部，那他們就會同時把眾生相中的全部或者局部，錯認為就是佛法中的空性法相，然後自認為看見空性的法相了，可是這樣的人一定是落入常見的法相中，不然就會落入斷見的法相中。

「何以故？舍利弗！隨所有想則生諸相，是皆墮邪。」接著 世尊馬上又解釋說：「為何我這麼說呢？舍利弗！隨著所有各種的了知以後，就會產生種種相，全部都是墮於邪見之中。」換句話說，佛法講的是眞實的我，絕非五陰我。也就是 世尊在《佛藏經》講的「我、此法」，或者名為「無名相法」、「無分別法」，而祂是離諸「想」的。「想」就是知，也就說這個法是離見聞覺知的，祂眞實的存在而不斷地運行，而祂的運行是自動的，不必你去要求祂，祂已經時時刻刻都在運行著，但祂是隨緣任運的。祂有一個特性叫作隨緣，所以有一句很有名的話叫作「任運隨緣」，祂既任運，可是祂還會隨緣；這個「任運隨緣」大有文章，但我們不在這裡說。

祂的「任運隨緣」會讓你覺得好像個呆子，笨到不得了；所以洞山悟本禪師給祂四個字的評語：「如愚如魯。」「如愚」是不是眞的愚？是「如愚」喔！所以不是眞的愚。因此說祂其實也很伶俐，但不是像覺知心一樣在六塵中伶俐。「魯」就是從來都不懂得說：「我要怎麼樣斯文一點、怎麼樣客氣一點。」祂是直接了當的，所以叫「魯」，但祂只是如魯而不是眞的魯。「魯男子」意思知道嗎？魯莽的男子叫作「魯男子」。祂「如愚如魯」，大家卻很難找到祂，因爲祂是在你眼皮底下偷偷在運作著，所以叫作潛什麼？也沒讀過嗎？祂還有四個字，「潛行密用，如愚如魯」，說祂偷偷地在運行著，祂有祕密的作用。所以這八個字就足夠證明洞山禪師有證悟，不需要把他的語錄全部讀完。

以前佛教界常常有人在網路上罵：「這個蕭平實，也沒有讀完人家全部的書，就說人家沒開悟。」有的人罵：「他這一本書都沒讀過，連其中的一頁都沒讀完，拿了人家其中一段話就說人家沒開悟。」因爲我在公案拈提書中都舉示那些大法師們書中一段話就評點了。然而懂得讀書的人讀個幾行就夠了，讀那麼多幹嘛？譬如他們書中講：「什麼叫作開悟呢？就是一念不生。」這樣總共兩句話，你就足夠判定他沒開悟了，因爲那所謂的開悟的境界正是識陰的境界，又何必要讀他整本書？意思就是說：只要是有知，知就能了別，就是分別之法，不是這部經中說的「無分別法」第八識，因爲知就是分別。當能了別時，所有的了別不論是哪一種，相應的就會產生五陰的法相；有了五陰的法相就會有眾生的法相，總而言之不外於五陰的範疇。不外五陰的範疇而認作證得空性，誤將五陰認作空性心的法相，當然就是「邪見」。以這個生滅性的五陰作爲眞實法，當然就是邪見。

所以 世尊說得很客氣：「是皆墮邪。」這些人全部墮於邪見中。可是他們讀了《佛藏經》，有沒有人去抗議說：「佛陀！您爲什麼要這樣說，把我們一竹竿都打落水？」有沒有？都沒有，因爲他們都不敢，因爲 佛的威德力就是這樣大。既然他們都不敢，那就抓蕭平實來罵一罵吧。可沒想到的是蕭平實不好罵，如果私下罵罵傳來我耳朵裡，我當作沒聽見；因爲我希望的就是「潛行密用，如愚如魯」，我不想出頭。可是他們如果敢寫了文章出來，那就有苦頭吃了；那時輪不到我來評論他們的書，我們隨便哪一位老師，一、二個月寫一寫就可以在《正覺電子報》中登出去，那他們就變得更有名了。這意思是說，凡有所證不應該落入五陰中，只要落入五陰裡面就墮入邪見中。

可憐的是百年來一直都是戰亂的情況，所以善知識無法出世弘法，因此野狐大師就儘管混。可是一旦有了個機會，而且時機剛好，善知識出世弘法，於是正法重新出現於人間，這時野狐大師們可就只好吃苦當吃補，沒有第二條路可走了。吃苦對他們有沒有益處？有。因為他們漸漸知道什麼是邪見，應該遠離。只是他們為了要維持道場的生存，不得不繼續硬撐著，看能不能度過這個佛門中的大風暴(正覺弘法，對他們而言是大風暴)。所以世尊真知灼見，早就把末法時代眾生所會出現的毛病講在前頭了，沒想到後代的大法師們依然前仆後繼，繼續掉入這些地方來；世尊也已經預先作好方便想要救他們，沒想到他們不想改過，還是救不起來，那只好我們來救了！而諸位就是幫我來成就這件事情的，我相信正覺同修會出現以後，已經救了很多人不會下墮地獄了，因為很多人都已經改變知見而不墮在邪見中了。

最有名的不就是最近這幾年才發生的南懷瑾大師嗎？他不是在自己的官網上登了一篇文章說：「**我沒有認為我是開悟的聖者，也沒有認為我講的就是佛法，別人要認為我開悟了，我也沒辦法。但我認為只是作學問而已，請大家不要當真。**」他的官網貼了這麼一篇聲明，大意如此，這表示什麼？表示他死前有交代過，弟子們不敢自作主張，於是就這樣貼出來了。有公開聲明，表示有在彌補以前誤人子弟的過失，就是懺悔的意思。有懺悔就表示他不會下墮，來世仍將繼續生而為人，無妨還是個佛弟子，而我相信佛教界這樣的情況會繼續發生。大陸前兩年也有一位很有名的大師，生前頗為中共領導人所尊崇，他死前曾吩咐說：「**我所寫的有關講到開悟的書，都不要再印行了，市面上有的盡量收回來燒掉。**」又吩咐說：「**從此以後我們都不要評論蕭平實，他是有證量的。**」他死前這麼交代，這表示他以前犯的口業一定也有懺悔過了，否則不會這樣作。

舉一反三，依此類推，就知道我們正覺同修會救了很多人死後不會下墮三塗，這功德諸位都有分的；所以諸位將來五億七千六百萬年以後，在　彌勒佛座下各個都要當阿羅漢，也要成為幫助　彌勒佛攝受大眾的幹部，因為你們有這個功德也有這個福德而擔當得起；那你們這一世在正覺可以如實斷我見，斷我見之後繼續修到五億多萬年以後還不能證阿羅漢？才怪呢！所以我認爲 世尊都爲我們安排好了，到時候大家都在 彌勒佛座下當阿羅漢。當阿羅漢時，如果能夠當大阿羅漢，就像佛世一千二百五十位大阿羅漢中的菩薩（除了那四十位聲聞阿羅漢），大家都要入地的，這有什麼不好？所以不要想著說：「**反正沒問題啦！五億多萬年以後，我就是阿羅漢菩薩，然後就可以輕鬆混日子。**」眞的不能混，因爲你要想著到那時要當大阿羅漢，如果不是智慧第一，不然就是解經第一，不然就是神通第一，不然就是密行第一，反正你們各人都要拿個第一，那時就準備被授記入地了，就會爲諸位授記：你什麼時候成佛？佛號叫作什麼⋯⋯等？千萬不要像《法華經》中講的那〈五百弟子受記品〉的五百位，只被授記將來會成佛，佛號是什麼竟然都還沒有；可不要這樣，所以還是得要繼續努力。

接下來 世尊又說：「**舍利弗！空名無念，是名爲空；空念亦空，是名爲空；**」這文字看起來好像只是把幾個字湊一湊、逗一逗，有點像繞口令；其實不是繞口令，可是你若沒有實證時，眞的無法讀懂。「**空叫作無念，所以**

叫作空；」你如果要用意識思惟的話，要怎麼理解呢？一般人如果聽你這樣解釋的話，大概會說：「那你也只是依文解義，因爲說了等於沒說。」可是世尊從來沒有廢話，每一句話都叫作聖教，一定有用意才要這麼說。這也就是說：「空性又名爲沒有妄念，」或者說「沒有善念，沒有一切善念或惡念，這樣才叫作空。」

假使誤會了，會怎麼想？大概會想：「我懂了！就是要離念，所以我每天努力打坐，只要心裡都沒有雜念時，那就是證得空性了。」於是每天像枯木樁一樣杵在家中佛堂，或者他如果出家了，杵在寺院的大殿中，就每天杵在那裡，說這樣叫作住在空的境界中。他認爲只要腦袋瓜裡面空掉一切，那就是證得空性了。你要是說他不對，他還會振振有詞跟你講：「你看！《佛藏經》就是這麼講的：『空名無念，是名爲空』，這不就是證空嗎？」果然還眞是空！但是這個空只是閩南話說的「空欸」（大眾笑⋯）。閩南語的瘋與國語的空同音，意謂瘋子或傻瓜。因爲他像個傻瓜呆一樣了！空性哪裡是如此？一般人都會誤會空性這個法，因爲空這個法有三乘不同的說法與定義；二乘菩提有講空，大乘菩提也有講空，同樣都是一個「空」字，但沒有告訴你這個空是什麼空，那個空是什麼空，所以還沒有親自實證三乘菩提的人，想要理解還眞困難。

他們不曉得二乘菩提專就現象界中的蘊處界、以及蘊處界相應的心所法來觀行緣起性空；而大乘菩提中除了這個部分也必須實修以外，還有一個就是從實相法界中來說：第八識如來藏名爲空性，名爲眞如，名爲阿賴耶識、異熟識，能出生諸法，然後才說被生的現象界中一切諸法緣起性空。而他們不瞭解，因此把二乘菩提中說的空，拿來跟大乘菩提中說的空混爲一談，一定無法理解「空」的眞實義。就像人家嫁娶時都會有喜宴，以前鄉下地方食物來源很寶貴，所以喜宴完了剩菜都會集合在一起；我們現代人往往說那是要養豬的餿水，只要是宴席後倒在同一個盆子裡的剩菜，沒有人敢再吃了。但是以前鄉下人就把喜宴的剩菜倒在一起，等到下一餐時間到了就把它煮開，大家吃了都說：「好好吃！」可是你如果告訴臺北人說這其實就是現代人講的餿水，再把它煮一遍，看他敢不敢吃？都不敢吃了。

但以前鄉下人就是這樣吃，因爲沒有好東西吃，平常也吃不到那些食物；也因爲沒見過世面，就覺得這樣很好吃。現在臺灣有些地方的小吃店，就故意煮成很多種菜，然後再把它們全部倒在一個大鍋裡煮，就成爲臺灣人說的「菜尾」好料了，仍然有許多人懷舊而特地去吃的。佛教界也是如此，來到末法時代，大家沒有吃過眞正的佛法美食，眞正的佛法美食就是三乘菩提具足。其中有青菜，有手路菜（臺語，精心費工製作的料理），有小菜，也有大菜；當大家吃慣了正覺這些大菜以後，看到那種餿水煮的就說：「喔！**我才不要吃。**」因爲主菜都已經沒有，只剩下味道而已；可是他們沒有吃過這樣的三乘菩提大菜，當他們看見像似正法那些東西時就會說：「**眞的很好吃啊！**」大家都吃得很歡喜，不是嗎？百年來大家都是吃得很歡喜，其實都只是三乘菩提的剩菜去合煮的。

現在聽說新竹縣某鄉或是某個地方，還有一個人開著店鋪，都是賣這樣的剩菜，也繼續有人因爲那個味道而去吃的。高雄？對啊！你如果沒有吃過正式的筵席，那其實也不錯；我小時候也吃過，婚宴以後都會由主人分給左鄰右舍，大家都沒有嫌棄，而且吃得很高興。因爲在我們小時候那個年代，想要吃雞肉豬肉得等什麼時候？逢年過節，再有一個就是祖先的忌日。正廳上供著佛菩薩或神像，壁上都貼著一張紅紙，寫明哪一代祖先某某是哪一天忌辰，通常都貼在廳堂的西壁粉牆上，只有在祖先的忌日才會有。但我這個人沒口福，因爲我不敢吃雞鴨魚肉，很反胃；是長大以後跟著世人，才學會吃葷，小時候都不敢吃。那是題外話。

也就是說，如果沒有眞正好食物，即使是剩菜集合起來煮成一鍋，就叫作羅漢鍋，其實就是剩菜，也吃得津津有味，因爲都沒得吃了，這剩菜中有吃剩的雞鴨魚和豬肉混在一起煮，這就夠好吃了。可是假使哪一天有錢了，每一餐都是滿漢大餐，一百零八道美食都在桌上時，有人再把那剩菜混煮以後端上來，你瞧都不瞧一眼，還要罵人的。所以現在正覺把佛教界胃口養大了，舌頭也養乖了；「乖」是乖巧的乖，不是乖僻的乖；所以現在佛教界老修行人都知道什麼是正餐、什麼是剩菜了！因此大家終於開始瞭解佛法的眞實義到底是什麼。

因此，佛說的這八個字絕對不是空泛之語，告訴我們的是說，「空」這個法叫作從來沒有念頭的心。假使有人開悟後說：「無念就是開悟。」那就要問他：「那麼等一下你又起念，又變成沒有悟了，是不是這樣？」這時他就答不來了，不論要怎麼答，他都會有問題，就只好閉嘴了。所以「空」這個法是從來無念、本來無念，未來也是無念的法，這樣子「無念」的法「是名爲空」。要這樣來解釋這八個字才是正確的佛法。剩下來八個字留待年後再來分解。但是先在這裡向諸位拜個早年，祝福大家新春如意，而且來年大發七聖財，恭喜諸位！

新年過去了，還沒有到元宵，在這裡跟諸位拜個晚年，祝福諸位新的一年大發七聖財，道業進展快速，因此也叫作：「恭喜發財！」我們九樓現在那邊冷氣機房沒有冷氣機了，今天用的冷氣機不在這一層樓，但是還會有一點悶，因爲我們訂購的新鮮空氣全熱交換機還沒有送來，要到三月底才會交貨；現在那個機房空出來是三月要裝全熱交換機的，等到三月底裝好以後，這裡的二氧化碳才會改善，現在就只是冷度夠而已。全熱交換機的意思是說，夏天外面空氣很熱，不斷引進室內就會使冷氣不涼；可是若不引進外面的空氣，裡面二氧化碳濃度越來越高，兩個鐘頭聽下來，人會昏沉；因爲我們坐得很擠，有全熱交換機引外面熱空氣進來，裡面冷空氣的廢氣要排出去時，就把冷氣回收，比較省電，室內又可以維持新鮮空氣。目前因爲交貨速度比較慢，要等到三月底，所以請大家再繼續忍受到三月底，就會有新鮮空氣引進。那今天是還在試驗新冷氣機的階段，諸位對冷氣有什麼意見的話就向行政組反應。

在這裡要讚歎我們的幹部、義工菩薩們，我們年前最後一堂課才剛下課，他們那個晚上就動手開始作，過年前和新春期間他們都沒休息一直趕工，直到我們週日親教師會議結束時，這裡整個都還像工地一樣；在昨天全部整理出來，今天早上佛菩薩聖像才重新安座。所以你們若沒注意的話，不會知道這裡曾經有什麼轉變；其實整個九樓第一講堂經歷了一場大工程，眞的要讚歎他們（大眾鼓掌…），包括冷氣、全熱交換機，現在空間都已經準備好了，配合的設施都作好了，等那個機子來就行了。

影音系統各項的部分，包括木工、泥作都有工作正在作，工程相當大，就這半個月中全部整理出來眞的不容易；證明我們現在會裡是人才濟濟。這是九樓的改善工程，九樓作好接著就是十樓、五樓都要作，就常常會有一個樓層成爲工地，好在我們現在有第五、第六講堂可以搭配使用，那就是一戶又一戶都要輪著作。至於二樓是租來的，我們還在想辦法看怎麼解決二氧化碳的問題；因爲我們每層樓聽經的人都坐滿了，人多時二氧化碳濃度一定高，還在設法中。總之就是希望諸位來聽經或者上課，兩個鐘頭之後還是神清氣爽，這比較重要，先跟大家預告。

回到《佛藏經》來，過年前我們講到第十頁第二段的第四行，前兩句「**空名無念，是名爲空**」，這兩句講過了，但是要再提示一下這兩句的要旨：就是說，佛法中說的空是沒有念的。但是「沒有念」以往常常被人家解釋錯了，都是依文解義當作只要覺知心中沒有妄想雜念，那就是空性的無念了。但世尊「無念」的勝義不是如此，而是說「空」—佛法中的空是第八識—祂的境界中是從來沒有念的，不是修行得定才變成「無念」。唯有這個從來沒有念的心，才是佛法中說的「空」如來藏心，有時說爲「空性」，因此世尊在這經中說這樣叫作「空」。所以「**空名無念**」不是在覺知心中把一切妄想雜念空掉而名之爲「空」，是說每一個有情自己都有一個從來沒有妄想雜念，也不會憶念任何法的心，這個心才能叫作「空」。

接下來說：「**空念亦空，是名爲空；**」這是延續前兩句而來，是說：當我們證得空時——證得第八識如來藏，而知道什麼叫作「空」時，這一個永遠「無念」的「空」，是無始以來不曾有過妄念的空，未來也將是永遠「無念」的「空」。那麼你證得以後，你心中就會有一個作意、有一個智慧瞭解什麼是「空」，而這個「空」在你心中存在時，它就是一個念、一個智慧上的作意。你這個智慧知道有這麼一個「空」第八識是自己所證知的，而一切凡夫眾生、一切天人乃至螻蟻同樣都有這個「空」。

當你心中有這樣的正念時，就叫作「空念」。譬如孩子出國留學時，你想著這孩子從來沒有出過遠門，這一次出門就到外國去了，所以你心中對這個孩子有一個想念，那叫作「想念」。同理，當你心中有這麼一個「空」的智慧存在時，知道這個第八識「空」的內涵，有了「空」的這些內容的作意存在時，這個作意便叫作「空念」。現在 世尊說「**空念亦空，是名為空**」，說證得「空」的正念也是空，這麼說好像有點奇怪吧？既然證得了「空」，心中當然知道有這個「空」，那這個「空」的念始終存在我們心中；不管有沒有常常掛念著這個「空」，你的作意中一直都有這個「空」存在；所以當人家冷不防問你一句說：『**空**』**存在不存在？**」你馬上就說：「**存在**。」不假思索。不假思索就表示這個「空念」時時刻刻存在著，只是沒有浮出來而已。這個「空念」明明很真實存在，為什麼 佛說這個「空念」也是空呢？

原來是誤會了這個「**是名爲空**」或者「**空念亦空**」的意思了，是把最後這個「空」字誤會了。

這意思是說，其實你覺知心中有這個「**空念**」存在，但「**空念**」的本身其實仍然歸屬於「空」，也就是歸屬於你的空性心如來藏、歸屬於空性心「**無名相法**」，但「**無名相法**」如來藏的境界中一法也無，所以這個「**空念**」也是「空」。就好像我們常常說，當你悟得空性以後，把五陰的自我全部收歸空性如來藏，因爲空性如來藏常住不滅，所以你就說「**我這個五陰也是常住不滅**」，因爲歸屬於如來藏了。是說如來藏不生不滅，那我歸屬如來藏後也就不生不滅了！「我」這個五陰只是在如來藏這顆寶珠的表相上面來了又走了、來了又走了，你能夠說這個影像是虛妄的嗎？不能。就好像一面明鏡，若是只看到明鏡裡的影像的人，他不曉得那個影像的虛幻，更不曉得明鏡的眞實，所以隨著明鏡中的影像在那邊喜怒哀樂流轉生死，那你就告訴他說：「**那個影像都是虛幻的，影像都是無常的**。」這是哪一乘的菩提？二乘菩提呀！

可是大乘菩提，同樣是要先瞭解鏡中影像生滅無常，接著要證得這個鏡子本體，然後就知道說：原來影像歸屬於鏡子所有，當鏡子存在時影像就會現前；而鏡子一直都不壞，所以當影像收歸於鏡子時，那就不能說影像是生滅的了，因為影像只是不斷在變化而已，不算是生滅了，只是變化罷了。所以每一個有情的五陰在在就如同鏡中的影像一樣，在如來藏的表面上出現、又死了，死了以後又重新出現，然後又死了！這五陰「我」永遠是如來藏表相上常有常滅的一個現象，除非你想要入無餘涅槃。入無餘涅槃後就等於什麼呢？等於拿泥巴把明鏡給抹了，不再有影像了，而鏡子自己也不了知自己，那就叫作無餘涅槃。可是咱們是菩薩，不要把明鏡給抹泥，我們的明鏡要不斷地擦得很明亮，那就永遠都有五陰的影像存在，可以繼續行道而不入涅槃。

那一世又一世的影像，上一世叫張三，這一世叫李四，下一世叫王五，下下一世叫王二麻子都可以，這些影像只是新舊替換而永遠不滅，那你就不能夠說影像生滅了，這就是菩薩的所證所觀。既然是這樣，這個五陰歸如來藏所有時不能說五陰是生滅的了，而五陰證得第八識如來藏而反觀這個如來藏時說，我五陰屬於空性如來藏所有，而我這個五陰修證般若得到智慧時，我對於空性所存在的這個意念或者作意——「空念」，這念也是歸如來藏所有；因爲我們的五陰都歸如來藏所有了，五陰所有的「空念」當然也要收歸如來藏所有，因此這個「空念」也是「空」的一部分，所以才說「空念亦空」。這個「亦空」的「空」不能解釋爲「空念」也是無常生滅的，所以「空念」事實上不存在；如果這樣解釋就叫作依文解義，所以「空念」其實也是空性中的一法，因爲也是空性心所有的緣故，所以這個「空念」也叫作「空」。

接下來又說：「舍利弗！空中無善無惡，乃至亦無空相，是故名空。」空性這個法之中沒有善惡可說，凡是有善有惡都是五陰的事情。如果這個空性有善也有惡，到底好不好？不好。有沒有人點頭說好？那麼大部分人不表示意見，是什麼意思？是說不知道或者沒有意見？其實不應該說沒有意見，這個部分一定要堅持己見——不允許「空」有善有惡。因爲如果允許「空」有善有惡，你的麻煩就大了！比如說，世間人貪好吃的，終於有一天開始修行時就說：「不要再貪了。」因爲修行就是要讓心清淨。可是媳婦煮的菜確實夠棒，不多吃一口就拂逆了人家的好意；自己其實也覺得應該多吃幾口，這時如果你身中的空性「無名相法」有善有惡，祂當下就會制止你：「不許多吃，一口都不行。」那你想要貪一口都不行，這時你就覺得，菩薩道要這樣子行，三大阿僧祇劫便這麼過。是不是？是了！

那麼有時開車或走路時圖個捷徑，雖然走那條捷徑有一點點不道德，因爲違背交通規則，但你趕時間不得不走，於是想：「不管！走了！」可是因爲第八識「空」有善有惡，祂就制止你：「你行不得！」你可就眞的行不得，那到底好不好？再說，如果祂有善有惡，從另一個層面來講是好的，諸位可能都沒想到，是因爲祂如果有善有惡，而祂又是執行因果律的主體，那祂一定會往善的方向一直走，這時你應該這麼想：「好極了！我可以不用修行了，讓祂替我修行就好。」是不是？因爲祂有善惡，又是執行因果律的主體，所以從此以後，你就像禪師講的悟了以後隨緣任運，每天吃飽了睡覺就是，修行的事都交給祂。那到底「空」是有善有惡好，還是「無善無惡」好？這又值得斟酌了。

再把話題拉回來說，如果「空」有善有惡，就表示祂有時也會作惡，那你倒楣了；既然有善，祂就會有時作惡，這是一體的兩面。當祂起了惡心時，等於你好好修行時祂偏偏要跟你扯後腿，你就無法修行，那你老是要跟祂抗爭就成爲拉鋸戰了；最後到底哪一邊贏？有時跑過來這邊、有時候跑過去那一邊，沒一個了期，那你要何時成佛？那可不叫作三大阿僧祇劫，搞不好比第一尊 威音王佛那個無數阿僧祇劫的時程還要長。所以「空」不應該有善有惡，這「空」如果有善有惡就沒辦法修行，修行也不會成功，難以成佛。

那麼還有其他的理由，那理由就很多了。包括後來會變成無因無果，無法成佛；因爲「空」如果有善有惡，也許你偷偷造了惡事，祂把你造惡事的業種丟掉就沒因果了；也許祂自己有時候偷偷造了惡事，祂又把惡業種子丟掉，那三界中會變成怎麼樣？沒有三惡道了。而所有的人都很富有而沒有窮人，因爲都只有善業種而沒有惡業種，那整個三界的現象全部都要改觀；全無因果時，世界將會很惡劣，全都是壞人。所以這個「空性」不應該有善惡，修行的因果才能夠成立。

「**空中無善無惡**」，表示什麼呢？表示中道不墮兩邊；所以這個「空」沒有美醜之分，沒有黑白之見，當然更不會有臺灣現在的藍綠之爭，因爲祂沒有善惡可說。所以人家來請問禪師：「**如何是佛？**」六祖怕弟子們不會接引眾生，所以給弟子們三十六對；其實可以有無窮對，豈止三十六對？你把兩邊的拿出來講都對，所以除了三十六對以外，人家來問：「**如何是佛？**」我們就答他：「**不男不女。**」外行人還以爲是罵人呢！因爲空性非男非女，你不能說祂是男的，也不能說祂是女的；這個人第二天又來問：「**如何是佛？**」因爲第一天他問了不懂，就繼續問，看能不能問出個名堂，你就答覆他：「**非天非人。**」也行啊！因爲這個空性，他問的「佛」就是問如來藏，如來藏既不是天也不是人，不落兩邊。他接著第三天又來問：「**如何是佛？**」你就告訴他：「**不黑不白。**」

反正只要相對的你都可以拿來講，永遠沒錯。因爲你這個答話有事有理而且不落兩邊。所以不單單只是回答祂的自性「**無善無惡**」而已，其實也爲他彈出了弦外之音，只是他聽不見。所以若是不信邪又來問，也許你那一天正好在捏一個陶土，想要燒個陶碗或者什麼（古代常常這樣作的），捏著捏著，他又來問：「**如何是佛？**」那你就從這上面答他：「**非碗非土。**」明天又來問，你就一面捏著一面說：「**不乾不濕。**」如來藏會乾會濕嗎？當然不會呀！所以你答的都對，但你沒有辜負他，因爲你已經把弦外之音彈給他聽，已經告訴他「空」的所在了；如果他實證的因緣不夠，那是他的事，跟你無關。

這意思是說如來藏不落在世間法裡面，凡是世間法都有兩邊，但空性不落在世間法中，所以祂不墮兩邊。既然是不墮兩邊，你就把世間法相對的東西拿出來答他：不怎麼樣、不怎麼樣，或者非怎麼樣、非怎麼樣。這樣答了，永遠都無過失。這樣子聽了，諸位學會了六祖那三十六對，你腦筋如果還有空間就去記一記也行，如果腦筋沒有空間就不用記，你隨處看見什麼就來個「**非什麼非什麼**」、「**不什麼不什麼**」，這樣一答就對了。莫說百年後，萬年之後假使還有禪宗的「作家」也不能說你什麼。意思就是說，如來藏這個空性不墮於世間法中，所以永遠離兩邊的現象，你可以在無量無邊的世間相對法中觀察出來，因此所離的兩邊是非常多的。

接著世尊說：「**乃至亦無空相，**」「**乃至**」，就表示「**無善無惡**」之後還有很多，我把它省略不說，要不然得把所有兩邊的事相都拿出來談，那到底要講多久？都是同一個道理而不斷重複一直講，弟子們心裡面會不會想說：「**世尊！您今天是無聊嗎？**」所以不用講那麼多，而且弟子們都很有智慧，舉一不是反三，而是舉一反百、反千、反萬。事實正是如此，因為今晚我為諸位解釋了，諸位也瞭解了，所以你們之中的證悟者，眞要答起來時絕對不止六祖那三十六對，所以我就不必重複講那麼多；因此說「乃至」——這中間的種種雙非、雙不或雙無就都省略了。最後講什麼呢，不但「無善無惡」之後有很多的無都省略不說，「乃至」最後自己空性的法相也無，因爲在「空」性心的境界中是一法也無的，所以 世尊說「亦無空相」。

爲什麼「亦無空相」？這講的是，預防有人悟後轉依沒有成功，就不算證悟。假使你轉依成功時，設身處地依於空性的境界看時，沒有一法可說了，因爲這「空」的本身祂不了知一切法，祂也不反觀自己；所以無一切法以後，回到「空」自身的境界來看時，不了知一切法也不知自己時，根本連「空」的法「相」也不存在了，所以 世尊說「亦無空相」。正因爲這個緣故所以說，這一個「空」就立名叫作「空」——「是故名空」。因爲你一定要給祂個名字，假使沒有名字要怎麼樣爲人說法、如何說法？譬如一顆蘋果，你告訴孩子說：「你去廚房幫我拿出來。」不稱個「蘋果」的名稱，我自己都不會指示要拿什麼，正是如此。因爲你不指稱它是蘋果，沒有爲那一顆水果命名爲蘋果時，你老是告訴孩子：「去幫我拿出來，去把……拿出來。」那到底要他把什麼拿出來？那廚房裡面可能很多東西，有麵粉、有糖、有水、有咖啡，也有多種水果：有香蕉、有水梨等好多東西，到底要他拿什麼呢？所以你一定要施設一個名稱。

也許有人想說，那我不把它叫作蘋果，我用形容的也可以啊，譬如說它大概這麼大，是圓形的，它什麼顏色。那我請問：多大多小是不是名稱？形狀是不是名稱？顏色是不是名稱？都是啊！所以你要為它立個名，才有辦法溝通說明。法上也是如此，你把祂立了個空性，這是你為祂所安立的名字，祂沒有意見，不會因為你為祂立了「空」祂就說：「那『空』是不是全都沒有了？為什麼把我立這個『空』？我還有許多的功能啊！所以我具足三界有，你應該把我立名為『有』。」祂可以這樣抗議，而你不能說祂抗議沒道理；但因為眾生執著於「有」，眾生總是落在「有」裡面，所以刻意把祂命名為空性。又因為祂無形無色，祂還有許多的法性是如此，所以把祂第八識立名為「空」最恰當。

那麼立名為「空」時就有這個名詞，在佛弟子之中可以來說明演繹，乃至幫助有緣的人可以實證，當然要立名為「空」。把祂建立名字為「空」時，還沒有實證的人知道有這麼一個「空」的法性存在，可以指涉出來時就能爲人說明及教導，讓學人們知道這「空」是我們修學佛法的人所應該也是可以實證的，這就可以教導了！在同樣是實證的菩薩之間，在互相增上、互相討論「空」的自性時，可以經由「空性心」來指涉這個如來藏心，那麼大家就可以互相論法而隨時增上。所以一定要把祂立名爲「空」，然而立名爲「空」之後，同樣實證者之中心裡就有一個「空」的法「相」存在，就是：這個空性到底是怎麼回事？於是這空性心的法相就存在覺知心中了，這法相就叫作「空相」。

這個「空」的法「相」是誰所了知的？是我們五陰所了知，特別是意識之所了知。「空相」是意識之所了知，如來藏空性本身祂不了知自己的「空相」。所以當你證悟之後如實轉依於空性時，從空性自身來看這個空性的法相，就知道說，根本沒有所謂的空的法相可以觀察。因爲「空」的法「相」在「空」之中不存在，也因爲祂不了知，祂也不反觀自己這個「空」的法「相」。

講到這裡就要再檢點一下，正覺弘法以前的佛教界，總是依文解義。依文解義就有無量過失，所以祖師們就罵：「依文解義，三世……」（大眾答：

佛怨。）欸！正是佛怨。過去已成之佛會怨，現在諸佛也怨，未來諸佛也怨，因為都被他們毀謗或被他們誤導了，三世佛怨。他們亂解釋說：「**既然空的法相不存在就表示根本沒有這個空相可證，那你還要去證祂幹嘛呢？**」罵人還罵得振振有辭。有的大師甚至於講：「**反正你把一切都放下就對了，因為是空嘛！那你還要證什麼？我說只要這樣認知了、懂了，那就叫作開悟。**」所以就有個釋印順號稱為導師，出來教導大家緣起性空，說是什麼都不要執著就對了，說這樣就是成佛了！就以「**凡夫的人菩薩行來成佛**」，這就是依文解義的結果。所以我這個未來佛首先站出來抗議他，然後就有許多未來佛接續抗議他，因為他真的在跟我們結怨，他真是在誤導眾生。

他們不知道的是，這最後一句是從空性自身的立場來說的。我們五陰可以瞭解空如來藏有各種法相，稱為「空相」，可是如來藏自身不了知一切法，所以從祂的立場來說沒有「空相」可說。連善惡美醜都不存在了，哪裡還有「空相」可知可說呢。但他們誤會了，於是在正覺同修會弘法以後，他們以前所說的般若全都成為一場笑話了，就像宗喀巴一樣。《解深密經》中 佛陀說了「**依他起性**」，意思是說，有情的五陰和十七界（扣掉意根），十七界都是依他而起，主要是意識等六識心，這就是「**依他起性**」。那麼遍計執性，就是在依他起性的諸法裡面產生普遍的計度，然後加以執著，這就是意根有「**遍計執性**」。那第八識如來藏這個空性，是能夠圓滿出生一切世出世間法的心；這個心出生了一切有漏諸法，但也顯示出一切無漏諸法，所以祂具有圓滿成就諸法的眞實性，就叫作「**圓成實性**」，這就是佛法中唯識學裡面很有名的三種自性。

八識心王有這三種自性，佛陀解說完了最後拉回到本體來（就是拉回如來藏本身這個空性境界來說），從如來藏這個空性來看「**依他起性**」時，「**依他起性**」不存在，因爲祂不了知一切法；再從如來藏來看意根與意識的「**遍計所執性**」時，「**遍計所執性**」也不存在；再從如來藏來看自己的「**圓成實性**」時，祂也不了知「**圓成實性**」，所以「**圓成實性**」也不存在；所以 佛陀講了三自性以後最後說「**三無性**」，三個無性，說明如來藏的自住境界中，連這三自性也不存在，這就是唯識學中有名的「**三性三無性**」，但宗喀巴等人是完全誤會而說三種自性根本就不存在。

有沒有想起我寫的公案拈提中有說到「**玉階青苔生**」？或者說「**古廟香**

爐冷」?就是講這個道理。因爲一切諸法泯然無存,就是最終你歸結於如來藏,依於如來藏的境界而住時,就像一間古廟那個香爐完全都冷掉,根本就沒有人再去上香了!或者就像大殿前的玉階都已長滿了青苔——完全沒有人出現,一點生氣都不存在了;也就是說了無生氣了,有生氣或者說有生機,表示什麼?表示五陰熾盛,所以叫作生機盎然。如果看見一個人快死了,就說死氣沉沉;不迴心的聲聞阿羅漢雖然身體健健康康的,但他的心中眞的死氣沉沉,因爲他隨時準備要入無餘涅槃。「**古廟香爐冷**」或是「**玉階青苔生**」,就表示沒有生氣,一點生命的氣息都不存在了,就表示一切法都泯滅而不了知。那麼了知三自性是誰的事?(有人答話,聽不清楚)欸!正是你五陰、特別是意識的事情,意根就跟著意識後面去作了知;這三自性固然都是事實上存在著,才能有三界中的四聖六凡等有情,但是從如來藏的本身來看這三自性時,祂的境界中都沒有這三種自性了,所以說是三無性,這才是眞的轉依成功了。

那宗喀巴根本不曾現觀三自性,依文解義就說:連三自性也不存在,所以你就不必再談三自性。這麼一來顯示他們對於「**依他起性**」不懂,也無法觀察；對「**遍計執性**」也不懂，也不能觀察；那麼「**圓成實性**」更無法實證，當然更沒辦法觀察了，因爲直接認爲三無性（認爲三自性根本不存在，反正那只是一個施設而已），就變成這樣的邪見。那麼釋印順繼承宗喀巴的想法，因此他否認第七、第八識的存在，曲解第八識的圓成實性，就不必實證第七識的遍計執性而無法對治，直接主張緣起性空就是佛菩提，這誤會眞是太嚴重了。諸位根本不用腦袋知、用膝蓋知就行了，而他們卻是完全無知於此，所以誤會的狀況是一直在的。也有人說：「你們佛法需要講到這麼深嗎？」他提出這個問題來，一般人剛聽時也會覺得有道理，「**因爲你們佛家不是講慈悲嗎？也一直想要把佛法送給大家，那你們就講淺一點啊！爲什麼要講這麼深？怪不得你們常常會法義失傳**（大眾笑…）。」

罵得好像有道理，然而眞的沒道理！因爲我們佛法若是跟世間宗教一樣粗淺，那還能叫佛法嗎？眞要那樣，已經有世間宗教存在就夠了，何必又要釋迦牟尼佛來人間傳這麼深妙的法？一定是這樣的，所以 佛陀來人間一定是傳最好的給咱們，結果眾生還怪說：「**你們爲什麼要講這麼深妙的法？**」這就像最近有一個元宵燈謎「**狗咬呂洞賓**」一樣了。聰明的人就說：「**我要**

的東西是很不容易成就的，表示它高貴稀有。」如果隨隨便便簡單做一下便能成就的，表示那是很粗俗的東西。

又譬如說，如果有兩個碗，一個是用寶玉或者用瓔珞雕成的；瓔珞如果要雕成一個碗，那不叫作價值連城，簡直要說是無價，值得一個三千大千世界，因為瓔珞沒有那麼大的，而它竟然大到可以雕成一個碗，而且雕得很薄，都沒有破漏；另外一個看起來很重、很有分量、很堅固的陶碗，你要哪一個？當然是瓔珞製成的碗，因為它很難成就、很稀有，陶碗只要捏一捏、火燒一燒就有了，要幾百個都有。結果竟然有人說：「**你何必辛苦去找到那麼好的瓔珞，又那麼辛苦去雕製，一不小心就弄壞了，何必那麼辛苦，你就給我一個陶碗就好啦！**」他還罵人說你怎麼給他一個瓔珞的寶碗，他還不領情，那你說他有沒有智慧？這叫作愚癡人啦！佛法正是如此，非常珍貴，本來就難理解，因此得要歷經三大阿僧祇劫才能成佛。三大阿僧祇劫是快還是慢？（有人答：快！）竟然跟我說快。啊！我知道了，因為你們聽過《法華經》了；兩萬億尊威音王佛中的第一尊 威音王佛，修行是歷經非常久的時間，是三大阿僧祇劫的無數倍，釋迦如來追隨了第一尊 威音王佛修行，也經過很多個阿僧祇劫才成佛的，所以你們現在認為：「才三個阿僧祇劫，那很快啦！」

可是你把它想回來，三大阿僧祇劫究竟是多久？你無法想像的。既然修學佛法最快的速度都要三大阿僧祇劫，就表示這個法很深妙、很廣大、很嚴麗、很豐富，這當然不容易修證。如果想要容易修證的，常見外道就有了，只要好好打坐放下一切，心中離念成為離念靈知，這是我此世初學佛時修一、二個月便修成了，因為我修無相念佛也不過二、三個月而已；這還是自己摸索的，這是最容易修的了！那諸位一定不要這個。諸位一定是要別人證不到的空性如來藏，要證這個第八識「無名相法」，不但如此，證了以後還要繼續修行超過兩大阿僧祇劫以後才能成就，這才是眞勝妙。

就好比那麼大一個瓔珞，把它慢慢雕鑿成為一個瓔珞寶碗；那離念靈知就像一個陶土燒成的粗重的碗，而且就像是沒有上釉的陶碗。沒有上釉的陶碗你會不會喜歡用？沒有上釉的陶碗表示什麼呢？你裝了水以後要趕快喝完，否則會慢慢滲漏。所以佛法本來就不容易修證，因此你如果想要最勝妙的法，就不要抱怨說：「佛法為何這麼難修證？」反而應該立下志向：「越難修證的表示是越好的，我越要去證它。」因此說，所謂的「空」不是一切皆無，所謂的「三性、三無性」不是沒有三性，而是從如來藏的立場來看圓成實等三種自性時，這三種自性全都不存在；並不是這三自性不存在於五陰的境界中，從五陰擁有的般若和道種智的智慧來看時，前六識、意根、如來藏的三種自性全都歷歷分明地顯現著，都是可以實證而現觀的，叫作諦現觀；然而從如來藏的立場看時，因爲如來藏不了知一切法，所以這三自性全都不存在，但三自性都是可以實證的。

接著 世尊又開示說：「舍利弗！諸有爲法可知可解，空非可知亦非可解，非可思量，是故名空。」世尊又呼喚了舍利弗，然後說：「各種有爲法都是可以了知的，都是可以瞭解的；而這一個『空』不是可以用了知的，不是可以用思惟而得瞭解的，因爲思量之所不能到，由於這個緣故所以說祂叫作『空』。」有爲法五陰十八界莫非有爲，這些有爲法，藉著世間的語言文字名相互相溝通來作觀察就可以瞭解，所以世間之法沒有一法是不可以學習而瞭解的。那世間的有爲法最深的道理是什麼？例如物理、化學、醫學、生物學或者核子物理學，還有什麼？到底世間有爲法什麼是最深的？物理學？但我認爲藝術最深，因爲藝術沒有止境，藝術方面永遠有人會創新，所以沒有人敢說：「我這個最有藝術感。」

「最有藝術感」這件事情會一直再演變的，今天看新聞報導說 Apple 出品了手錶。看到它上面還有指針……等，看起來好像又比機械錶有氣質；因爲即使是一只一千萬元的三問錶，看起來也是蠻複雜的，不夠俐落；若是要看氣質，蘋果的手錶還蠻有氣質的。但是這種東西能不能學習而製造成功？可以啊！不必多久別家就仿製出來了，還不必 Apple 來教導，所以世間有爲法都是可以了知、可以理解的；即使是藝術也還可以師徒傳授，因此很多所謂的藝術品也是師徒相承代代傳授下來，然後徒眾們繼續再創新，因此這些都是「**可知可解**」的。

然而「空」這個法無法了知、無法理解，可以去觀察在正覺同修會弘法之前，好多所謂的佛學學術專家，其中很多都是大學教授，他們也在研究佛學，所以也寫了不少論著；這一些論著寫出來之後，臺灣佛教界有許多糊塗法師就派了座下的出家法師們去學習，所以他們所謂的佛學研究院、佛教大學，請那一些佛學專家們去授課，法師們就一窩蜂學，有的拿到佛學學士學位，有的拿到佛學碩士學位，不曉得現在有沒有佛學博士學位？假使哪一天發了佛學博士學位證書出來，我看到時，一把抓過來就把它撕了！因為他們沒有資格發。誰有資格發？只有正覺的老師們才有資格發。佛學博士學位是什麼呢？得要正覺的禪三通過了才叫佛學博士。

他們這樣子隨著那些所謂的佛學專家修學，臺灣島內學之不足，還派出家人到日本去學；日本人這二、三十年來有一個宗派很有名，叫作「批判佛教」，他們的口號也是要批判佛教；他們都已經說要批判佛教了，臺灣佛教法師還派人去跟他們學、要讓自己所信仰的佛教被他們批判，然後學成回臺灣以後也跟著批判自己的佛教，這些出家人之愚癡何至於此？真的不可思議！他們批判佛教就寫了一本書，叫作《修剪菩提樹》；嚇！佛教的菩提樹，他們有能力來修飾和剪裁喔？連摸索的能力都不存在的人，而說他們有能力來修剪？我說他們膽子也夠大了！

前幾年大陸內政部還跟那些日本人接洽，說要幫他們再印這一本書；算他們聰明而婉拒了，如果真的由那一個部印出來，我真的就要動筆去批判那一本《修剪菩提樹》，換我們來剪裁它。所幸他們聰明婉拒了，他們懂得愛惜羽毛，因為如果他們這一本書不再出版，我們就放過它；一旦再出版，我非得要評論它不可，否則我就枉為菩薩了。但因為他們都懂漢文，讀懂中國字，他們應該也讀過正覺的很多書籍，大部分也都會說中文；那他們會想，如果繼續出版，料定我們一定會批判它；當我們把它拿來辨正以後，他們一定會想：「**我們有沒有能力回應。**」想到這一點，當然就婉拒了。

所以說，佛法不是用意識思惟可以了知的，他們以前就是不信邪，想要藉著文字訓詁、文獻比對研究的方式而想要理解，才會產生那麼多的依文解義以及文獻考證的工作上面故意取捨不當，才會有「大乘非佛說」的邪見一直在流傳著。然而 世尊早就說：「**空性這個法，不像有為法可知可解。**」這是唯證乃知的事啊！這將近百年來學術界對佛法的研究結果，先由我們正覺弘揚三乘菩提來作比對，一一證實 世尊的所說完全如實，而日本和臺灣的所謂佛學學術研究全都錯了。所以這一個佛法中所說的最深奧的妙義「空」，不是憑著意識可知可解之法。

週日親教師會議有一位老師有事情去大陸，遇到一個朋友是信基督教的，給他看一本書，那是外國的神父寫的書名大意是比較佛教與基督教。他拿過來一看，裡面所談到或評論的佛教法義都是我們正覺書中講的，沒有那些大法師們講的。這表示現在正覺已是基督教的假想敵，他們認定的佛教代表是正覺，因為那一本書是基督教的高層寫出來的。那你們想想看，連基督教都知道正覺這個法，所以去詳細研究也寫出來評論的書籍，表示他們認定正覺才能代表佛教；但他們自以為知道正覺的法，事實上能知道嗎？不可能！因為這不是思惟之所能知能解的。所以假使我們要針對基督教那本書作個評論，大概那個所謂的基督教高層的臉就要黑掉一半了。他也算聰明了，不說那本書中舉出來所謂的佛教法義是正覺講的；因為宗教界大概都知道正覺不好惹，誰要是指名道姓講了正覺的法義錯謬而與事實不符，可就有得瞧了。而事實上也是如此，我們不容許任何人來汙衊正法、貶抑正法。

因此 世尊的聖教句句眞實、誠實無欺——「**空非可知亦非可解**」。想想這幾十年來臺灣佛教界還派法師到日本去，跟隨那一些佛教或佛學學術專家去修學，或者拿到博士學位，或者拿到碩士學位回到臺灣來，可是一遇到正覺這個法，依舊開不得口。這表示那一些人藉著思量而想要了知佛法，永遠都不可能成功。正因為「空」這個法「**非可思量，是故名空**」，因為如果是可以思量的，表示它是有為法；有為法就不能名之為「空」，非是有為法可以名之爲「空」。

開示完了，世尊又說：「舍利弗！空相非念得，何以故？空無相故，是故名空。」世尊又說了：「空這個法相，不是什麼人用覺知心去想像、去憶念所能得到的。」所以如果只是心心念念想著空，那他就落於斷滅空了，無法如實理解「空」的眞實道理。「空」的法相「空相」，一定要如實親證才有能力、才有智慧觀察，否則沒有辦法現前觀察「空」究竟是怎麼回事。一定要親證了以後才有辦法觀察「空」究竟是怎麼一回事。當他親證了以後，嘆一口氣說：「這『空』不只一回事，因爲這『空』裡面有無量無邊法。」

諸位想想看，證悟了空性以後繼續修學，在我們同修會中最久的有幾年了？二十來年（編案：這是二〇一五年三月十五日所講），聽我講完《成唯識論》四年多，接著又聽我講《瑜伽師地論》；《瑜伽師地論》預計再六年講完，然後要再重講《成唯識論》。第一次從頭到尾聽我講完《成唯識論》的人，都還沒辦法完全理解，有待第二次重講再深入理解，那麼你想，「空」可能是只有一回事嗎？絕對不是一回事！而是悟後要不斷回來上課，要上幾回呢？這就難計算了。

所以「空」的法相唯證乃知，如果沒有實證就無法瞭解「空相」到底有多少內涵。必須實證了以後從粗到細、從顯到微，不斷地作觀行，然後才能瞭解「空」的法相的一部分；要到什麼時候具足瞭解呢？成佛時。那是證悟以後還要將近三大阿僧祇劫的事，所以「空」的法相不是靠著憶念或者思惟所能得到的，如果只是憑著口耳傳說就像經典一樣寫了一些東西移交下去，就說：「**我已經把空性傳好了。**」這其實都是戲論。

那麼話說回來，「空」爲什麼難知難證？因爲「空」顧名思義就是無形無色，無形無色的法而想要交給你，你能怎麼接？沒辦法接，我也沒辦法教啊！因爲無形又無色，總不能像世間惡人那樣買空賣空。買空賣空是一個很嚴重的指控，也就是說他手裡根本沒東西，騙人說他已經跟人家買來而想要賣出，結果是手裡什麼都沒有，然後把這個沒有的又賣給你——賣空，那是很嚴重的指控。可是 佛陀來人間正好就是買「空」賣「空」，因爲從往昔第一尊 威音王佛時證得這個「空」——無形無色的空性如來藏，「買」回來後自己再經過長劫的修行，最後成就具足圓滿，然後再把這個「空」賣給諸位，只是不收錢而已。那我就追隨著，繼續來買「空」賣「空」，若不這樣，我就成爲不孝子了。

古今一切禪師家莫非如此，所以：「如何是佛？」「東山水上行。」又問：「如何是佛？」「胡餅。」都是這回事。可是禪和子不可以抱怨說：「師父！您都給我一個子虛烏有的東西。」因爲也許師父昨天跟他答覆說：「石上無根樹。」今天跟他答覆說：「水上踢皮球。」這都是世間沒有的事，這不就是買空賣空嗎？但他不可以抗議。假使他抗議了，師父說：「好！我今天就不買空賣空，那你再問。」「如何是佛？」話還沒問完，一棍就打過去，腫了一個包：「這總算有了吧？」在頭上啊！因爲他怪師父買空賣空，但師父本來賣的就是「空」啊！

所以這個「空」很難理解，因爲這個「空」無形無色，師父從 佛那邊歷代延承下來，現在又想要傳給徒弟，但無形無色要怎麼傳？怪不得有一個六識論的法師最近不是出來在電視上哭嗎？她無端扯上正覺幹嘛？現在且不談她。那她就說：「禪宗這個佛法講來講去，禪師們根本就是自由心證，沒一個準。」當然是自由心證，難道由妳來證？因爲這是「空」，無形無色唯證乃知，卻有一個永遠不易的定義在，那就是第八識如來藏空性心，是實相法界，怎麼可能讓妳意識思惟了知。所以這個「空」沒有形象可言——無相；舉凡有為法一定都有相，不管什麼樣的有為法都有相；然而「空」無相，無相所以叫作「空」。

為什麼叫作「空」？因為無相。如果弟子來問：「師父！如何是無相？」你就答他：「空。」明天又來問：「如何是空？」「無相。」看他會不會？如果會，這弟子將來會是人天眼目，這麼會去的人一定是再來人，足夠讓他來承擔人天眼目這個角色。所以「空」這個法讓好多法師們起煩惱，可偏偏「空」才是佛法，因此人家來問老趙州：「如何是佛法？」老趙州答覆說：「與一切人煩惱。」他答的對不對？當然對啊！佛法就是專門給人煩惱，而且同時把密意告訴他了。本來眾生在三界中流轉生死，痛苦也是痛苦到很快樂，真的啊！例如人間最痛苦的事情是什麼？都沒有心理準備時突然老爸走了，或者突然老媽走了，這最痛苦了；可是有智慧的人說：「你能夠這樣痛苦真幸福啊！」為什麼真幸福？「因為你曾經擁有過。」有沒有聽過這句話？「你比人家孤兒好太多了，現在有父母死了，你還哭什麼？」對啊！有父母疼了他六、七十年，他還痛苦什麼？人家孤兒從小就沒有父母疼欸！

眾生在三界中痛苦也是痛苦得很快樂，要不信的話你隨便去問一個人說：「只要現在是有父母的人，未來父母死時一定很痛苦，所以來世讓你沒有父母好不好？」對了！諸位都知道他會怎麼答，那不是證明他們痛苦時不都是痛苦得很快樂嗎？所以說，眾生本來在三界中輪迴生死時是快快樂樂的輪迴，即使痛苦也是痛苦得很快樂，偏偏 佛來到人間告訴人家什麼叫作「空」，而很多人都證不得，於是心裡煩煩惱惱的。你們看很多人出家了以後，不都是眉頭深鎖嗎？除非是粥飯僧，眞要是努力在修學佛法的出家人都是眉頭深鎖，難得見到笑顏哪！所以「如何是佛？」老趙州答覆說：「與一切人煩惱。」眞的一點都沒錯。可是千萬不要依文解義來解釋趙州這個公案，否則你就死定了，因爲你的法身慧命就永遠活不過來了，老趙州可不是這個意思。

話說回來，這個「空」很難理解是因爲無相，這個空又沒辦法交付，所以縱使心愛的徒弟一直沒辦法親證，老禪師已經要走人了也無可奈何，因此在臨走之時呼喚侍者：「過來！」侍者走到床前來，老禪師躺在床上要走了，有氣無力問他說：「會麼？」奇怪！都沒有開示就問人家會麼？侍者搖頭說：

「不會。」老禪師就從頭下把枕頭拉出來，丟到地上，立刻就走了。老禪師有沒有把「空」交付給弟子？有？真的有嗎？還是有。可是縱使真的交了，縱使弟子真的接到了，他有接到嗎？你們爲什麼又說「沒有」了？你們講話怎麼顛顛倒倒？剛剛說有，現在又說沒有。可是我能不能說你們顛倒？爲什麼不能？喔！佛法厲害就在這裡。如果今天你是初來乍到，第一次進入正覺講堂聽經，聽到這裡就是丈二金剛摸不著頭腦。

所以「空」雖然無可交付，卻可以傳授，而傳授之道不在語言文字中，可是不要誤會了我這個話，就斷章取義說：「**既然不在語言文字中，那我經典都不讀，也不用來上課了。**」不讀經典、不來上課，這個「空」你就永遠無法證得。因此「空」雖然無形無色、雖然永遠無相，而弘傳這個「空」的禪宗又名爲空宗，主張不立文字，可偏偏禪宗的文字典籍是諸宗諸派中最多的，這可怪了！其實不怪，正因爲祂無可言傳，以實證爲憑；實證後以轉依爲憑，而轉依要以什麼爲憑？要以能夠現前觀察「空」的法相作爲依憑，否則轉依不得成功。那，既然這個「空」無相，描也描不成、畫也畫不就，要怎麼傳？大家都不用擔心這回事，因爲 釋迦老子早就教導了各種方法，所以諸大菩薩們一代一代傳下來，大家依樣畫葫蘆之不足，繼之以創新。

所以禪師們各個都有創新，有的敲碗呼喚：「**花奴！花奴！吃飯來。**」有沒有？有的打鼓，例如「禾山解打鼓」，林林總總非常之多。所以木平善道禪師還賺人家體力，人家禪和子行腳很遠初來乍到，上來參訪道：「**如何是佛？**」「**山下為我挑三擔土上來。**」禪宗名之為「木平三轉泥」。那我平實家，禪三裡面現成公案可多著呢，所以我不斷創新發揚光大，讓那些六識論的法師們恨得牙癢癢地，因為始終弄不清楚蕭平實傳的究竟是什麼，可是打三的同修們可是歡天喜地，意味著我學 釋迦老爸的手腕學得很成功，所以我真的是孝子。那諸位同樣是 釋迦老子的兒子，早也要當孝子，晚也要當孝子，何不早當？所以才要這麼辛苦不論寒暑，每逢週二晚上就來正覺講堂聽經，到了該上課的日子就來上課。有沒有唐捐其功？當然沒有。因為雖然「空」無相，卻可以傳授、可以實證。

但傳授實證之後我有沒有給你們什麼？有沒有？又沒有了。既然沒有給你們什麼，為何你們要這麼辛苦來學呢？因為這是本有的珍寶，本有的就表示非從外來，就永遠不會失去。如果是從外而得的，遲早要失掉，那就是無常之法，不是自家本有的珍寶；因此證悟時是無所得，也是自家本有的心，所以說「空無相故，是故名空。」雖然無所得卻要這麼得，這麼得雖然名爲實證，其實無有一法從外而得，都是自家本有的。因此這個「空」是常住的，不生不滅的，也是萬法的根本。那麼這一段終於講完了。世尊對這個「無所得法」、「無名相法」、「無分別法」第八識心，把祂簡稱爲「空」，原來這個「空」這麼難理解，所以了義正法的失傳是遲早必然之事，無可避免；也正因爲遲早都會失傳，益發顯得諸位的實證是多麼可貴。

但是最後的失傳卻是因爲被人把這個密意用語言文字廣說了，導致大家在一切應有的福德、知見、定力基礎都不存在時，可以直接了知「空」的內涵，因此心生懷疑，大家不願意修學，就像沒有打下基礎就蓋二樓、三樓，房子就無法使用，因爲根本沒建起來。而末法最後的年代，將來電腦打開Google一下就知道：「喔！『空』就是這樣。」那時的人們知道了還會想要學嗎？不會想要學的，人同此心，心同此理。問題是那時知道了「空」是什麼，有沒有智慧生起來？沒有。有沒有解脫功德受用？也沒有，轉依當然不能成功。那時知道「空」的密意是什麼了，能不能稱爲開悟？不能。

因爲開悟要有那個實質，也就是有解脫的功德受用，也要有般若智慧生起，導致心性改變；但那時的人們沒有定力、沒有福德、心性也沒有改變；然後他們應該有的正知見等條件也都不存在，所以光知道「空」的密意時，等於什麼呢？就好像拿了五百萬元去買一輛高級進口車，那高級進口車交給你時，裡面沒有引擎，沒有方向盤，沒有各種傳動系統、電子系統，全都沒有，只有一個殼子。像這樣子，這部車子能不能用？不能用。像這樣的車子值不值得你用五百萬元去買它？不值得。所以你不必花錢，乾脆免費送給你，末法時代最後那些年就是這個情形，所以都不用花錢、不用修行，最多只是每個月繳點上網費而已；那時有關「空」應該有的正知正見的條件全都沒有，也沒有福德、沒有智慧、沒有定力，就等於是一個空殼子。甚至於更應該說等於是印刷了一輛車子給你，只是一張紙；這車子能當車子用嗎？一點用處都沒有。

所以說，「空」這個法的實證，必須實證者具備應有的條件或前提；最基本的條件就是說你是菩薩；如果不是菩薩，不要想求證「空」這個法，因爲即使是三明六通大阿羅漢，只要他不肯迴心當菩薩，佛就不讓他證；那已經是聖人了，三界應供，但因爲不是菩薩，佛就不傳給他這個法了。那如果你是菩薩，不用三明六通，只要有定力、有福德、有慧力，應有的基本條件夠，佛就幫你證。佛沒有其他條件，就是你要發願生生世世當菩薩，永遠不離三界，要利樂眾生直到成佛以後也不許入涅槃；佛只有這個條件。所以「空」的實證一定是不容易的，因爲 佛要挑菩薩才給這個法。因此如果有人想要藉著學術研究、文獻考證、經典文字訓詁而想要瞭解「空」，當然可以；但若是想要實證，我就說這是癡人夢想。如果他研究以後宣稱他知道「空」了，我就說他這個叫作癡人說夢。接著下一段經文：

經文：【「舍利弗！何故說行空行？不念一切諸想，乃至空想亦復不念，是名空行。舍利弗！想名乃至心有所念，即名爲想。無所念者乃名無想，離諸想故名爲無想；隨所取想皆是邪見，何以故？舍利弗！於聖法中計得寂滅皆墮邪見，何況言說？何況說者？如是空法以何可說？舍利弗！諸佛何故說諸語言皆名爲邪？不能通達一切法者，是則皆爲言說所覆，是故如來知諸語言皆爲是邪，乃至少有言語、不得其實。舍利弗！諸佛阿耨多羅三藐三菩提

皆是無想無念，何以故？如來於法不得體性，亦不得念。」】

語譯：世尊又開示說：【「舍利弗！是什麼緣故而說行於空之行中？不憶念一切種種所了知，乃至於連空的了知也同樣不作憶念，這個就叫作空行。舍利弗！想這個名詞乃至於心有所念，就稱爲想。無所念的這個心才能夠說是無想，因爲離種種想的緣故就名之爲無想；隨著所取的種種了知其實都是邪見，這是什麼緣故呢？舍利弗！於佛教的聖法之中錯誤認知而執著有寂滅的所得，都是墮於邪見之中，更何況是言說呢？更何況是用語意說出來的人呢？像是這樣空的法以什麼而可以把祂說出來？舍利弗！諸佛是什麼樣的緣故而說種種的語言都是邪說呢？不能通達一切法的人，這些人就會全部都被言說所遮覆，由於這個緣故，如來知道種種的語言全部都是邪法，乃至稍微有一點點的言語所說，全部都不可能得到法界中的眞實法。舍利弗！諸佛的無上正等正覺都是沒有知也沒有念的，爲何這麼說呢？因爲如來於一切法中都不得體性，也不曾得到任何一念。」】

講義：唸完以及語譯這一段經文之後，諸位有沒有聯想到什麼？有沒有？我提示一下：「何故說行空行？」再提示一句：「是名空行。」想到了？

對啊！凡是佛教中有什麼，他們密宗假藏傳佛教就有什麼。唉！你們反應就慢了，他們反應最快。佛法有什麼他們就有什麼，你佛法中有如來藏他們就有如來藏，你有四聖諦他們就有四聖諦；佛法說從初地到佛地總共十三地，他們也有十三地；佛法講空行他們也有空行，而且他們還繼續發展，認為你佛法講的不算數，他們再演變發展下去，所以他們還有空行勇父、空行母。然而密宗假藏傳佛教那些全都只是外道思惟而套用了佛法名相的邪思妄想，那些「空行」全部都落在有中，所以密宗假藏傳佛教所謂的空行母、空行勇父都是欲界有，從來不曾離開欲界有，而且是欲界的最底層——在人間，將來會招來三惡道的果報。密宗的行門與理論從來沒有離開過人間層次，所以說那些都是外道法。那麼詳細的解釋，就只好等下週分解了。

今天開講前，可能有些同修已經在官網上面看見一個訊息，說明天下午兩點半，中國網有一個現場報導，就是人民代表大會跟政協委員會兩會期間的一個主題報導；那個主題報導針對中國傳統文化的推廣，採訪我們兩位親教師，兩位都姓余：一位北余老師，一位南余老師。採訪時間大概是現場播出的，不是錄影再剪接的；可能一個鐘頭到兩個鐘頭不等，諸位明天可以

Google中國網，再點進現場直播，就會看到。作爲兩會期間報導的主題而且作現場直播，可以說只有正覺，歡迎諸位明天上網去收看。

言歸正傳。《佛藏經》第十頁第三段，我們上週語譯完了，接著再來說明一下。世尊說：「**舍利弗！何故說行空行？不念一切諸想，乃至空想亦復不念，是名空行。**」怎麼樣叫作「行於空行」？這是說，身爲菩薩摩訶薩——也就是證悟明心進入第七住位以上的人，剛悟入時我們還沒有講到「行於空行」，有的同修破參明心解三前會問我：「**那我解三回家以後，我的心要怎麼安住？我是要繼續看話頭，或者繼續無相念佛？或者我要住於如來藏的眞如境界中？**」我們增上班——特別是早期、十年前增上班——的同修們，常常會有人這樣問，我回說：「**要看你高興怎麼樣就怎麼樣，都可以，因爲都有道理。繼續看話頭也不錯，心就住於話頭之中也很好。**」

但恐怕剛開始時不太能作到，因爲剛開始時會覺得那如來藏很「新鮮」；其實如來藏老到不得了，你還覺得「新鮮」啊？是因爲你這個五陰現在第一次證到祂，所以覺得很新鮮，有著很濃的新鮮感，就時時刻刻在很多地方都去觀察祂；不斷去觀察，也就是不斷去體驗祂，所以就增長了般若智慧，其實這也不錯。那有的人過了一段時間習慣了這個如來藏，也觀察夠了，不再覺得新鮮；因為「新鮮」可能維持一個月、二個月，最多給你維持三年好了，甚至於拉長一點維持七年，但絕對不會犯七年之癢，因為你絕對不會背棄祂，當然沒有七年之癢這回事；那你就繼續作功夫，也行啊！有的人希望未來拚見性這一關，所以繼續看話頭作功夫，這也不錯；有的人想：「**我先修福德再說吧，見性需要很大的福德，可能沒那麼容易，所以我繼續無相念佛，就這樣安住；該上課就來上，唯識種智就盡量學，然後該思惟的就思惟，其餘的時間若有作義工的機會時我就去拚。**」大概就是這樣子。

可是如果有一天佛性也見了，種智也修了，那三品心已經修完，包括入地前安立諦的十六品心和九品心都修好，準備入地了，那時要發十大願生起增上意樂，這時心境應該如何？世尊就是教我們這個道理「**行於空行**」。二○○三年有一批人退轉時說他們證佛地眞如，可是又講不出什麼是佛地眞如；我們將佛地眞如公開講了以後，他們改口說證得初地眞如，也講不清楚什麼是初地眞如；後來我們辨正初地眞如以後他們乾脆吃龜苓膏，全部歸零，宣稱從頭開始修證，那時更講不清什麼叫「**初地眞如**」。

其實「初地眞如」簡單地說，就是你即將入地時發了十大願，這十大願的增上意樂修行到很清淨之後才算是入地了，初地的入地心擁有第一分無生法忍中的少分，滿心時才是第一分無生法忍的滿足。初地的入地心中有了初地的眞如智，這時你得要「行於空行」，完完全全轉依於眞如心來看待這第一分無生法忍，所以這時必須觀察這個無生法忍智慧與你的眞如心平等平等，無二無別，這樣就是證得初地眞如。龜苓膏留給他們吃，咱們不用，這就是初地眞如心。這沒什麼難，眞的沒什麼難！

可是說正格的，這也眞的很難；諸位看看吧，有那麼多的人讀《大品般若》，但有誰講得出《大品般若》在講什麼？全都講不出來。這就是說《大品般若》講的那三品心就是：「內遣有情假緣智」，屬於非安立諦，也就是第一義諦的第一品心；接著「內遣諸法假緣智」，是第二品心；最後「遍遣一切有情諸法假緣智」，才是第三品心。那麼這三品心都屬於非安立諦，都要依你所證的眞如來修學；要怎麼修學呢？要依於眞如來觀五蘊、十八界、六入、十二處、三十七道品、聲聞菩提、緣覺菩提、佛菩提等一切法，全部都是眞如心—也就是空性—的境界裡面的事，與空性無二無別平等平等而無一切法；這就是準備要入地的人，他悟後之所以要去讀《大品般若》的最主要原因，就是要針對非安立諦的三品心去作如實觀察，證得平等境界。

那麼 佛陀二十幾年之間不怕口乾舌燥一一細說了，才會有那六百卷《大品般若》。你想，那六百卷是多麼大部頭的經典，我們現在講過的法有六百卷了嗎？也沒有啊！我們講《瑜伽師地論》也不過一百卷，以前講《成唯識論》講了四年多，也不過才十卷；其餘的經典例如《法華經》也不過七卷，總共才二十八品而已。那你想，它有六百卷欸！表示 佛陀鉅細靡遺無一遺落全部講完了，這是爲了什麼？都是爲了無量劫以來跟隨祂的弟子們可以入地，所以不怕口乾舌燥講了二十幾年。當年一千多位大阿羅漢們知道 佛陀在講甚麼，所以 佛陀《大品般若》講完，大家領受以後就趕快發十大願，對十大願生起增上意樂，而且這增上意樂都清淨時就入地了。

但是 佛陀也有考慮到後人，後人其實就是今人。世俗法講的後人是什麼？是子子孫孫而叫作後人。但我們不這麼說，當時在般若法會現場的今人，就是「兩千五百年後的後人」的諸位，難道你們當時都沒有聽過 如來宣講般若嗎？能確定自己當年沒有在 佛陀座下聽《大品般若》的請舉手，第五講堂、第二第三第四講堂都一樣啦，都聽過了！你們要是沒聽過，還會在外面繼續混下去，來不了正覺的。所以爲了將來的後人，開悟後學完《大品般若》能不能進入初地，爲這一點而作設想，所以 如來又特地說明了安立諦的十六品心跟九品心，這是以大乘的四聖諦來作現觀，作爲入地前的加行。當時的大阿羅漢們早就完成解脫道的實證了，因爲是初轉法輪就完成的。但是依大乘法來現觀四聖諦，卻是當時大家所缺的，因此 如來很詳細解說而幫助阿羅漢們入地。但若是爲了他們，其實不必講到那麼詳細，都是爲了後人，才需要講那麼詳細，因此預先把這個道理說了。那麼將來如果有人明心和見性後想要入地的話，要先把非安立諦的三品心修好，最後就要懂得修這十六品心、九品心，然後發起增上意樂而且意樂清淨了就能入地。

這應該怎麼說呢？我就說，我講的這一些正好應了一句俗話：「**說的比唱的好聽。**」因爲諸位這樣一聽就懂了！可怪的是這兩百年來佛教界的大師們沒有一個人懂這道理，你們說怪不怪？還眞怪喔？其實不怪，爲什麼不怪呢？簡單地說就是他們無知；而不是笨，是因爲太聰明而自以爲是，所以他不相信 如來說的八識論正法。他們想：「**這個如來藏我沒辦法證，乾脆把祂**

否定。」當人家問他說：「師父！您有沒有證得經上講的如來藏呢？」他一句話就推脫掉了：「唉呀！那是外道神我。」要不然就說：「那是外道梵我。」再不然就說：「那是方便施設，是為了接引那些恐怕墮入斷滅見的眾生而施設的，其實沒有如來藏可證，如來藏其實就是緣起性空的方便說。」有沒有人在書上這樣講？有！是哪一位？是釋印順。怪不得教出那些徒弟們，其中一個叫作「宇宙大覺者」，另一個是不昭揚正慧卻專門昭揚六識論的邪慧。眞是無可奈何！都因爲那個濫師父導致的。可是那個濫師父有一個好師父，是他不聽話；太虛大師明明說：「八識論才是佛道的正道。」偏偏他釋印順要去否定。

這就是說《大品般若》，或者濃縮爲《小品般若》時，其實內容是一致的，但是大家去讀時都落在其中的枝葉，乃至連葉片都沒看到，只看到每一片葉子的尖端末梢，好可憐啊！這就有待於我們把它闡述出來。那麼《佛藏經》講的「行於空行」，如來意在何處呢？其實就是告訴咱們：如何在三賢位中好好努力把實相般若的各種別相都學好，要把非安立諦的三品心給學好；然後你要懂得把自我的執著給滅了，就是要證得阿羅漢果，然後發起十大願永遠不入涅槃，這時不但非安立諦的三品心實修完成了，安立諦的十六品心、九品心也都觀行完成——就是大乘的解脫果完成了，至少是慧解脫。當然這個慧解脫是 佛定義的慧解脫，是我們正覺定義的慧解脫，可不是昭慧定義的慧解脫。

釋昭慧怎麼樣亂定義諸位知道嗎？她說有慧解脫初果、慧解脫二果乃至慧解脫四果。初果也可以叫作慧解脫喔？好的不學，印順那些壞的她都學到了。她還講，俱解脫初果，俱解脫二果乃至俱解脫四果。眞不曉得她腦袋在想什麼？我看她那個腦袋瓜是有問題的，因爲俱解脫是解脫於慧障與定障，絕對是證得滅盡定的阿羅漢，怎麼會有俱解脫的初果？好奇怪！但她就這樣自己亂搞一通。所以我剛剛說的慧解脫，至少要有慧解脫的果證，是 如來定義的慧解脫，也是我們正覺定義的慧解脫，不是釋昭慧自行定義的慧解脫。

有了這個慧解脫果，非安立諦的三品心也完成了，最後你準備要入地，這時要發十大願之前，你就是要「行於空行」。「行於空行」就是說，你要轉依於空如來藏，使自己所有的智慧與空如來藏平等平等而無差別，如是轉依；到這個時節不會再去記掛：「**我有空性如來藏，別人也有空性如來藏，**

阿貓阿狗也有。」你記掛的只是一心一意去爲眾生作事，去接引眾生進去見道的境界中；如果眾生進入見道境界的福德不夠，你就開闢福田給他們種；這一方不夠他們種，再開一方；一方福田又一方福田不斷地開闢，讓每一個人都有機會去植福；當大家都努力種了福田，在這個過程中他們心性也就調柔下來了；調柔下來以後加上定力的輔佐，那麼見道就有因緣，這就是我們正覺作的事。

所以我現在打一個妄想說：看我二十五年後離開時能不能有一千零八十位明心創紀錄。眞的創紀錄，也許還更多呢！想要有一百零八位明心又見性的菩薩，目標也好像很難達成，不過咱們繼續努力看看。這就是說 世尊二十幾年的時間，那麼老婆心切把《大品般若》講完，鉅細靡遺無一遺落，老實說要叫我講般若，像 世尊這樣一一來講，我都懷疑自己到底有沒有那個耐心；但 世尊已經爲我們作了，所以我想還不如讓大家把三賢位中的福德多培集一些。因爲在正覺裡面入地所需要的智慧不是很難，我們用慈恩宗的法直接教給各位，然後你們自己抽空去把般若讀完，就足夠你轉依成功。最困難的、欠缺最大的是入地應該有的福德，這才是最難修的，所以多開一些福田給諸位種就對了。

如果我把福田開很多出來，但有的人不種，那就不干我的事了，將來五億七千六百萬年後，不能向 彌勒尊佛告狀說我沒有開福田給他種。眞的不能告狀，因爲誰如果敢告狀說：「都因爲當年蕭老師沒有開福田給我種，所以今天我福德不夠而入不了地。」如果這樣告狀的話，要小心喔！彌勒尊佛會當眾說：「汝愚癡人。」然後就告訴那一些質問的人：「當年蕭老師開了那些福田，這一方又那一方……。」數落給他們聽。這就是說，在我們正覺裡面，想要證得初地眞如不是難事（我說的是在智慧上面）。

但最難修的是福德，這福德除了諸位所知道的以外，還有一個大福德是最難修的，就是心性的轉變；這個福德包含什麼？解脫道的果證，最少要有慧解脫的證量，所以到時候如果慧解脫的證量都修不得，就不要怪誰了。因爲到那時在 彌勒尊佛座下，諸位至少要得慧解脫，最少是慧解脫；如果有人在那個時候還無法得到慧解脫的果證，表示那個人無可救藥，因爲 世尊都已經預記，釋迦如來的弟子們到那時都要證慧解脫的。釋迦如來的弟子喔！到那時都要證慧解脫；如果一定會證得慧解脫，那麼當時最少要有初禪的證量；這個不退的初禪代表什麼意思？代表不貪世間財、色、名、食、睡，那是不是心性已經夠好了？當然是夠好了。

但接下來就是剩下狹義的福德，就是在 彌勒尊佛來人間下生之前，大家所應該修的福德有沒有修好，就是利樂眾生、護持正法的福德。現在一定有人想：「**這福德容易啊！你想想看彌勒尊佛要來人間距離現在有五億七千六百萬年，有的是時間來修集，怕什麼？我每一世修一點還怕不夠嗎？**」問題是末法剩下一萬年不到，末法時期過了你還要留在這裡的人間嗎？有沒有誰有把握，繼續留在這裡的人間而不會犯過失、不會下三惡道的？很難保證啦！自己都不敢保證。所以末法以後應該去哪裡？一個是東方 阿閦佛的不動世界，不然去西方的極樂世界，要不然就是 彌勒尊佛的彌勒內院。

那麼請問諸位，九千年後往生去那裡，你能去哪裡修福德？那時修得很慢的。去極樂世界的話，以極樂世界那個時間的早上，藉著 阿彌陀佛給的蓮花，用衣襟盛著去十方世界供養諸佛，等你那一個早上供養諸佛完了回到極樂世界，這裡千佛已經都過去了！而且你再想想，那邊一天是這裡一個大劫，我們這裡現在是一個大劫中的住劫，只是一個大劫的四分之一，那不是正好等於那邊的一個早上嗎？那麼到底你是要去極樂世界，去阿閦如來的世界或者要去彌勒內院？（大眾答：彌勒內院。）喔！你們自己發的願喔！不是我硬拉你們去的。

好，九千年後要去彌勒內院，那你在人間修集福德的時間還有多少年？就是這九千多年。在這九千多年要把將來準備入地所要的福德具足修起來，那需不需要拚？是要拚啊！可是我說實話，九千多年你怎麼拚也拚不到入地所要的福德，眞的！拚不到。現在有人也許心裡罵起來：「**那你講這些不是廢話嗎？根本就不用講，反正修不到。**」我說其實也能作到，只要我們一起把佛教復興起來，這個福德就夠大了。我們這一世要復興佛教成功的機會很大，從以前的百分之二十、三十、四十、五十到現在，成功的機會已經百分之六十（大眾鼓掌⋯）。

佛教的復興，無著、世親菩薩時是一次復興；之前的龍樹、提婆則是另一次的復興，但沒有很成功，因爲提婆復興時對邪見除惡務盡，就像我今天一樣，所以沒命了（被六識論的聲聞僧買凶刺殺），沒有全然成功，只留下很好的論。然後就是 玄奘在西天復興了以後，可是眾生的業力最後導致佛教在天竺被滅亡，因此 文殊菩薩指示他趕快回來中國，別留在天竺；就預示給他看十年後天竺會變成怎麼樣，所以他回來中國以後佛教就復興起來，以慈恩宗的法支持著南方的慧能大師，否則慧能大師站不起來的，這就是又一次的復興。

宋朝的克勤、大慧禪師，那時都被皇帝打壓、被秦檜打壓，又是兵荒馬亂的時節，復興成果有限；後來去西藏復興佛教，最後功敗垂成。所以玄奘那個年代復興起來以後，直到現在一千三百多年間，沒有眞的復興過。因此只要把中國佛教全面復興起來，諸位在這上面努力作，要是成功了，這福德一定足以支撐將來入地的需要。但這福德要支撐未來入地之所需，難道不支撐著你這一世內門開始廣修六度萬行嗎？內門廣修六度萬行是什麼意思？就是開悟明心之後正式開始修六度萬行，這福德一定也能夠支撐的。所以當你有了這樣的福德時，在增上班中我們繼續教授種智，《大品般若》就讓諸位自己去閱讀；只要你在一切種智上有好好去學，並且我也告訴諸位非安立諦的三品心，以及安立諦的十六品心、九品心，那麼你自己去讀就會懂得是在講什麼，不會被文字所轉。

將來繼續一世一世努力修集福德，九千多年後到彌勒內院去繼續修學種智，彌勒菩薩也正在教導種智，大家繼續學，學到五億七千六百萬年後，你們要跟著 彌勒菩薩來人間弘揚正法時，難道還無法觀行所證得的這一些入地的智慧與眞如平等平等？這都作不到嗎？我不相信。你們悟了以後又跟彌勒菩薩學了五億七千六百萬年（於兜率內院約四千年），屆時一定作得到。這樣想通了沒有？想通了喔？不要懷疑我說：「**唉呀！蕭老師您畫了一個大餅那麼大，能不能吃得到？**」不要懷疑，眞吃得到！

話說回來，「行於空行」是什麼？是你悟後好好在別相智上面，也就是在後得無分別智上面繼續努力，在努力學習的過程中好好把這個福德去修集起來；當你修到一個程度以後，根本就不記掛著眞如了，這個空性就讓祂自己隨緣任運就好了，不用去牽掛祂，所以再也不記掛祂，就這樣努力學習後得無分別智，努力去修除性障，努力去修集福德，這時都不記掛眞如心，都不記掛什麼叫作空性，這樣才是眞正的「行於空行」。這樣說來，「行於空行」容不容易？（大眾笑⋯）怎麼只會笑呢？到底容易不容易啊？應該說「容易」（有人答話，聽不清楚），你怎麼可以說「不容易」？（大眾又笑⋯）也就是說，當你一心一意去培集福德，一心一意去護持正法、利樂眾生，用你所悟的眞如心一起來運作，但都不去記掛祂，這樣子就是「行於空行」。

這樣子「**行於空行**」有什麼難？不難啊！所以你不該說「**不容易**」，應該說：「**容易！**」（有人回應：「容易！」）對！譬如說，過年前以及新春，你們來九樓這邊作義工，現場是一片狼籍、亂七八糟，這時都不記掛我的如來藏在作什麼，都不記掛，就專心地作事；等到你突然間一念想起來：「**我的如來藏正陪著我呢，眞不賴！**」應該這樣子都不記掛，這才叫作「行於空行」。爲什麼？因爲，如來藏從來沒有記掛，就只是跟著你好好作事而已，當你什麼都不記掛的時候，那就是「行於空行」。爲什麼要這樣子說呢？因爲，你依於如來藏時看見說，你在這裡幫忙切木條，幫忙粉刷，幫忙裝儀表板；甚至於我還看過有師姊，也在幫忙著電焊；是一位師姊在作這事，眞不簡單喔！但是都一樣不記掛什麼眞如、不眞如的。因爲，眞如的境界中沒有這些事。

眞如的境界中也沒有眞如這一回事，眞如不會看說：「**我現在正在這邊電焊，那麼我眞如在哪裡？我自己在幹什麼？**」眞如不會這樣子返觀，所以，眞如的境界中無一切法；你全部都把祂放下，儘管去作事，這才是眞的轉依眞如。如果，你在那邊切木條時，一面切又一面想：「我的眞如在陪著我作事喲！」那麼，你就不是「行於空行」！你就是老是在這個智慧上用心，就不是「行於空行」了。所以「行於空行」是說，當你悟了一段時間以後，不必再時時刻刻去觀察：「我的如來藏跟著我在幹啥？」不需要！你都放下，因爲你已經觀察很多年，也很清楚了，現在就是如何轉依於祂，而使你的智慧與眞如平等、平等——你的眞如智慧就是祂、祂就是你的眞如智慧，這就是「行於空行」，這就是「證眞如」；證什麼眞如呢？初地眞如。這就是「行空行」的道理，也正是三自性之中的三無性道理。

就只是三個字「行空行」，諸位一定沒想到，「行空行」三個字有這麼多法義可以講。其實眞要講起來，還不只這一些；我這樣子講，只能算是簡單地講，因爲在增上班講起來，還眞的是叫作「絡絡長」。（閩南語發音，就是很長、很長的意思。）

現在回到經文來，世尊問到：「舍利弗！何故說行空行？」現在就一一來解釋 世尊的開示：「不念一切諸想，乃至空想亦復不念，是名空行。」「不念一切諸想」，悟前有種種想，而且大部分是與我見相應；那麼悟後有沒有想？當然有，而且是更多了。悟後雖然跟別人說：「**我們所證的定，叫作法界大定，永遠不出不入。**」俱解脫阿羅漢聽了以後，一樣也傻眼。俱解脫阿羅漢入滅盡定，了不起三天、一個月，最多就像摩訶迦葉進了雞足山，入定到 彌勒尊佛來的時候，那不過是五億七千六百萬年，那個定也還太短了，是不是？是啊！因為，你的定是永遠不出不入的，從無始劫以來到現在，依舊是這個定，沒有出過！為什麼沒有出過？因為無始以來沒有入過。沒有入過又為什麼叫作定？因為，本來就在這定裡面啊！無始以來就這樣子。

那摩訶迦葉入滅盡定只不過五億七千六百萬年，那還是有入有出；如果悟了以後行於「**空行**」，其實是你要先經過一段悟後觀行的過程；這段觀行的過程一定要先經過，否則叫你行於「**空行**」你也辦不到。就好像假使有一天你幫孩子買了一輛車子，是他今生的第一輛車子，他想：「**老爸對我還眞不錯，買這輛車子給我，是新車款！**」然後他每天都在瞭解那一輛車子，都在處理那一輛車子，你教他說：「**放下，不要管它，當你想要開車時再去理會就好了。**」但他放不下心的，他想要具足瞭解這輛車子的內涵，想要親自去操控體驗，看這輛車子有什麼樣的性能，以及與別的車子有什麼不同，特性如何，以後才會正常的開著那輛車來來去去。

那你開悟時也是如此，若是叫你不要再管如來藏怎麼樣，你是不可能不管的，因爲你對祂覺得很新鮮：「從來不知道我有這麼個心在這裡。但祂的個性如何？祂會不會反叛我？祂會不會事事隨順我？祂是不是經上講的離見聞覺知……等。」那麼你一定要經過這一段時間深入去理解祂。雖然我們禪三被印證的人還有喝水的過程體驗得更深細，但其實還有許多是那時還沒有體驗到的，還得要下山回家以後行住坐臥中慢慢去體會，這個都正常；一直到你體會得差不多了，然後專心去學增上慧學時才發覺說：「增上班裡面教的那麼多東西，都是我們沒有發覺到的，自己想要去發覺也發覺不到。」那時就能安下心來：「反正每逢週六增上班的課程我就去學吧，其餘的時間把書好好讀，該修的福德好好修，該除的性障好好除，該繼續增長的定力就繼續增長。」最後習慣了，就這樣一步一步去作，再也不會想到說：「我是開悟者。」

那麼這樣繼續努力，有一天你會發覺：「這個『空』不念一切諸想。」你一定會發覺：「原來在作各種事情以及各種法義的思惟或構想時，我的空性如來藏沒有一切想；原來記掛著一切增上慧學的智慧，是我七轉識的事，而我的空性完全都不記掛這一些。」這時你就可能突然想起 世尊這一句開示說「不念一切諸想」，那你就知道，「原來如今我有少分行於空行。」

你有少分行於空行之後，就會繼續進修下去，後來有一天想到說：「我這好幾年來都『行於空行』，可是我的空性如來藏根本都沒有想到什麼叫作『空』，而我自己也沒有去記掛著什麼叫作『空』。」就是這樣子快快樂樂學下去，這時你就想起「乃至空想亦復不念」這一句話；你根本不再去記掛著說：「什麼叫作空性，我是不是在修學空性相關的諸法？」所以「乃至空想亦復不念」，這時你就可以確定自己眞的「行空行」。

當你「行空行」時，有一天兒子問妳：「媽！您到底修什麼行？」妳就說：「我修空行、行空行。」那兒子也許好奇說：「欸！那您是不是空行母？」你說：「你可以叫我空行母，因爲我是你母親；我『行空行』當然可以叫空行母，但是你要記得，不是密宗假藏傳佛教喇嘛講的空行母，那要叫作下賤母。」然後也許哪天女兒問時，你們男眾該怎麼答呢？亦復如是。你就說：「我是空行勇父，你可以這麼叫我，因爲我性如金剛勇猛直前，都無所畏懼，我都不知道什麼叫作害怕。」兒子說：「那您昨天遇到惡人不是叫我別理他嗎？為什麼又說不怕？」你就告訴他：「我有一個心可以有智慧逃避，避開不應該領受的惡事，但我還有一個從來不怕的心，這心是勇猛直前的。」他一定聽不懂，那你就告訴他：「這個叫作『行空行』，但我這個空行不是密宗假藏傳佛教講的那個空行勇父，那要叫作下賤之人。」也就是說傳統佛教有什麼，他密宗假藏傳佛教就有什麼，但他的東西不是佛教裡本來的東西。

所以，我們講的「空行」是依於空性如來藏「不念一切諸想，乃至空想亦復不念」，這樣來「行空行」才是眞正的「空行」。密宗假藏傳佛教所說的空行全部行在有中，什麼有？欲界有，而且是連欲界天都稱不上，只是人間的欲有；但他們也把佛法中講的「空行」拿來套用而說自己也有空行，所以他們那個空行母，你們要改叫作「有行母」，「空行勇父」要改叫作「有行弱父」，一點都不勇。

對啊！他們一點都不勇，那達賴喇嘛或整個達賴集團敢針對《狂密與眞密》來回應我們一篇文章、一本書嗎？勇在何處？根本沒有勇。可是我們有勇有猛，一部又一部寫了出來，就這樣逐步推進，他們能奈正覺何？什麼都不能奈何，只能在網站上弄一些化名恣意謾罵，只敢匿名作人身攻擊。所以說他們沒有「空行」，全部都是「有」行。而且那種有行，也只是人間的有行，並且只是這一世，來世會墮在三塗中，那時連這個有行都不能成立，因爲沒辦法幹了；因爲都到地獄道、餓鬼道、畜生道去，什麼都別想了，根本沒有雙身法可修了。

所以「行空行」是不容易的，因爲首先是要斷我見，接著要開悟明心，而且要有善知識攝受不退轉，才有辦法「行空行」。他們密宗假藏傳佛教不斷我見，又不斷三界有的有見，又落在一切有中去追求五陰的內我所，而且不證「空」如來藏心，哪來的「空行」？所以有人談到「空行」時，諸位可以把這一小段爲他們解釋。

世尊又開示說：「舍利弗！想名乃至心有所念，即名爲想。」世尊解釋這個「想」了，因爲剛才說「不念一切諸想，乃至空想亦復不念」，那麼到底什麼是「想」？世尊作了很精確的定義：「『想』這個名詞，乃至於心有所念，就叫作『想』。」世尊用「乃至」兩個字，這表示什麼呢？先來說「心有所念」，譬如以前有個大法師講到打坐學禪的功德時說：「打坐學禪會使我們增長智慧，所以你坐著坐著，有一天突然想到一件事情：『某甲十年前欠我三萬塊錢沒有還。』這就是智慧。」可惜我媽不在，不然我就高喊一聲：「我的媽呀！」他竟然說那樣叫作智慧，而且是佛法的智慧呢。我就說，突然間起了那樣一念，而且還沒有語言文字出現時，就已經叫作「想」了，這個就叫作「**乃至心有所念**」。

如果像他們那一些完全沒有看話頭的功夫，沒有無相念佛功夫的人，他們腦袋瓜兒一天到晚都是語言文字一大串、一大串連續不斷，那個也叫作「想」；那個「想」叫作思惟，是落在世間法的思惟，就是來果禪師講的：「**你的眞實心——你的離念靈知——一直都在這身體裡面，有沒有在想事情呢？會不會悶呢？**」原來他所謂的明心要悟的是這個心，就是會想事情的心。但那是在想事情，想事情時就是一大串的語言文字不斷地延續下去，這就叫作「想」。可是「想」有很多種，包括我們無相念佛在念佛時沒有語言文字，沒有聲音也沒有佛的形像，那樣的念佛也是「想」；包括你看話頭，心住在那一句話的前頭就這樣看住，這也是「想」。換句話說，只要有知就是想了，不管你有語言文字或者沒有語言文字都叫作「想」，所以在《阿含經》中說

「想亦是知」，有知的當下就是有想。

那麼知就是「心有所念」。你可別告訴我說：「知時不一定心有所念，譬如我都一念不生，我來到講堂，一路上沒有起過妄念，我都知道一切過程，但我沒在牽掛什麼。」那我告訴你，你這個想法是錯的，爲什麼呢？你如果沒有牽掛就不會張眼睛去看，就不會用耳朵去聽，也不會用腳底去領受觸覺，也不會用皮膚去感受到天寒天熱，這時你念著什麼？念著六塵境，怎麼可以說你無所念啊？眞正的無所念是誰？（大眾答：如來藏。）對！三句不離本行。如來藏從來無所念，所以祂根本不管六塵；但你一醒來就擺不下六塵，眞的放不下。可是如來藏永遠不理會六塵，那才叫「無所念」。

所以禪師會說：「某某大師講落草爲人，其實出門便是草。」禪師要表現說：「我多麼用心爲弟子，所以落草爲人。」也就是不怕踩到草地裡面去，爲了弟子們好，所以落草爲人。沒想到某乙禪師聽到卻說：「出門便是草。」徒弟們聽不懂就問：「我出了僧堂門，也沒看見草；我出了佛殿門，也沒看見草。」上堂問禪師：「師父！你說出門便是草，什麼意思？」他知道師父一定不是他想的那個意思，就來問，沒想到這師父突然一棍打來，然後丟給他一句話：「好教汝知，出門便是草。」徒弟不懂就去問首座，首座可能就告訴他了：「汝喚什麼作門？汝喚什麼作草？」喔！這一下終於懂了：「唉呀！原來就是六根門頭，一出門就是草！」

對不對呢？對啊！你這覺知心一出六根門頭就是六塵了，六塵就是禪師說的草。這現成公案又傳到另一個禪師那邊去，某丙禪師聽了就說：「不出門亦是草。」對不對呢？對啊！你即使住在定境裡面也是草，還是離不開六塵的境界，欲界定、未到地定還是在六塵境界中；乃至你入初禪時只是少了兩塵而已，這六塵少了兩塵時你還有四塵，所以不出門也是草。這告訴我們什麼？是說：只要有知，那就是「念」了。所以你一醒來首先念什麼？念著要刷牙洗臉啊！雖然你沒有語言文字說：「我要去刷牙洗臉。」但是你心裡念著就是要去刷牙洗臉。然後念什麼？換衣服；在你換衣服之前有沒有先告訴自己：「我現在接著要換衣服？」有沒有？都沒有，可是你已經念著了！乃至於去弄吃的，把吃的弄完了才能開始吃，你也沒有說：「我現在要去弄吃的。」然後才去弄，你直接就去弄了；弄好了端到餐廳桌上來，你不需要告訴自己：「我現在要開始吃。」你直接就吃了，都是有念先行。

那這個「念」依於什麼而存在？依於了知。都是因爲你對六塵有所了知，有這個知就會有念，所以念不一定是要有語言文字，在唯識增上慧學中說念是「五別境心所法」之一，通常是沒有語言文字的，因此 世尊說：「**想名乃至心有所念，即名爲想。**」當你有所念時，那個念其實是非常多的；從早上醒來到晚上上床睡覺爲止，念是非常多的。往往已經躺上床了，在枕頭上都還有很多念，有很多念其實你不一定有察覺；大部分人是沒有察覺的，大部分是沒有語言文字的。那今晚聽經以後假使你有興趣，隨身帶著一個小記事簿，或者一張硬紙板夾著一支筆，醒來走到洗手間刷牙時，把這段短時間的念回憶一下看有幾個念，然後寫下來；七個就寫七，八個就寫八，直到你穿好衣服再回想看看剛才有幾個念。我告訴你非常多啦，這些都叫作想——「**想亦是知**」。但是沒有無相念佛功夫的人，通常是不會發覺到這些念的。只要你有知存在，就會有這些念存在，世尊說這叫作「想」。

既然這些都叫作想，會外那一些大師、小師、信眾們，各個是一天到晚語言文字一大堆，由此可知他們的想是無量無邊的；但他們那個想無量無邊，不可以說他們有「**無量想**」，因爲他們跟《阿含經》中講的「**無量想**」

層次是不一樣的，他們沒資格談到無量想；既然這樣都叫作想，連那種沒有語言文字的微細念都叫作想，那什麼是無想？世尊又開示說：「無所念者乃名無想，離諸想故名為無想；」只有「無所念」的才能叫作無想。諸位可以觀察，看自己或者以前跟隨的師父、老師等，看有誰曾經是「無所念」的？甚至你可以包括自己，看看自己是否曾經「無所念」？連自己都作不到啊！因為即使證悟後，即使轉依很成功了，甚至於給你修到第八地、第九地，依舊是常常有所念而有想。

所以那時你會想起來說：「我該去為誰說法了。」於是用你的大威德力去到某一個世界為某一個有情說法；也許你哪一天突然想起來說：「彌勒尊佛講《法華經》了，我要從下方世界虛空中跟隨文殊菩薩去聽彌勒尊佛講《法華》。」於是你們就來個「從地踴出」，這時是不是有念？有啊！也是有念的，所以「無念」根本辦不到。可是你別說：「既然無念根本是辦不到的事，您幹嘛教這個法？」如果這樣質疑我，就等於質疑 釋迦如來：「釋迦老爸！既然法是這樣子，根本沒辦法無念，為什麼您要講這個無念之法？」就等於這樣了，因為我背後是 釋迦老爸，我只是代言人。但 釋迦老子講的是有一個本來無念的叫作「空」，這個「空」從來無所念，所以祂叫作「無想者」。

三界中一切有情所證的無想境界最高層次是什麼？是什麼？對！爲什麼不敢大聲講出來？講得有些心虛？就是「非想非非想定」。過了這個定就出三界了，出三界時就沒有覺知心，不可能再有念有想了。那住在非想非非想定裡面都不反觀自己，也沒有任何念頭出現，所以他才能夠住在那個境界。但既然是因爲如此而說它叫作「非想」，爲什麼又要加上一個「非非想」？因爲他的那個覺知心意識還存在，依舊有所了知，知就是想，只是不去了知「非想」的定境，也不了知自己是否存在，而了知性依舊存在，那就不能夠說他完全無想，因爲還有知，知就是想，所以看來好像無想卻是依舊有想，不是眞的無想，所以加上「非非想」，就合稱「非想非非想定」。

那你想，三界最細的意識就是「非想非非想定」中的意識，那都還不能叫作無想，因爲還是意識的境界，只要意識還在就一定有知——有想。可是既然覺知心不能無想，那　如來爲什麼要教我們這個法？這就是說，如來教導我們的是另一個永遠無想的心，也就是永遠都對六塵不起了知的心，所以才叫作「無想」；而這一種永遠無知被稱爲無想的心，祂就絕對不會有念。

所以你假使出門前說：「欸！空性心啊！你可不要什麼都空掉，等一下出門要幫我記得帶雨傘，因爲聽說晚上會下雨，聽經回來時要用。」結果你出門時忘了，祂會不會提醒你？不會呀！因爲祂始終都無念。

念就是記憶事情，常常會想起事情，但祂從來不記掛任何一件事。也許你說：「明年開同學會，有一位同學前年跟我借了十萬塊錢，明年同學會時你空性得要幫我記得，要提醒我。」那到時參加了同學會，剛開始時有想到，沒想到同學會開得其樂融融，大家分手時竟然忘了跟他要，你這時候發覺了抱怨說：「唉！我的空性沒有提醒我。」你能不能責備祂？不能。也許有人說：「我偏要責備祂。」那你就責備看看，看能不能責備到祂？你根本責備不到祂，因爲你罵時祂沒聽見，你用手指著祂時祂沒看見，你寫文字罵祂時祂也沒看見，你眞的罵不著祂。也許你說：「那不然我打祂一巴掌。」然而打了以後有沒有打到祂？沒有，只能打到自己的身體。所以祂從來無念，永絕其念。

如來說「無所念者乃名無想」，說要證得這個眞實無想的心，只有一個，沒有別的，就是空性如來藏；此心在《佛藏經》中稱之爲「無分別法」、「無名相法」。世尊又加上一句來作定義：「離諸想故名爲無想；」也就是說一切想中不管是哪一種想，或者說一切的了知、不管是哪一種的了知，祂全部都遠離，離一切了知的緣故所以祂叫作「無想」。因此「無想定」有時候名爲「無知定」；阿羅漢的論中也曾這麼說，記得《阿含經》中也有一、二處是這麼講的，只是文字不太一樣。也就是說，只有對一切法從來無所知—以前無所知、現在無所知、未來也無所知—的心，那才是眞正無念者、無想者。而無想的心不念一切法，祂永遠不會憶念任何一法。

那爲什麼要特地談「無所念」和「離諸想」呢？世尊又說了：「隨所取想皆是邪見，何以故？舍利弗！於聖法中計得寂滅皆墮邪見，何況言說？何況說者？」那諸位想想看 世尊這一句話有沒有說盡末法時代一切大法師們？可是我不能不解釋，因爲我是在講經啊！雖然我解釋出來是等於替 世尊來指責這一些大法師，但是如果他們不讀我的書，就沒有被講到了；如果他們要夜半關起門來、闔起窗來，開了檯燈偷偷讀我的書，被說到了就不要怪我；我沒有故意要罵他們，先說在前頭。

世尊說了：「不論是哪一種想，隨著所取的想，全部都是邪見。」這有個問題存在，譬如當你證悟以後，在讀《大品般若》、《小品般若》等經，這時有沒有想？爲何答那麼小聲？（大眾答：有！）對！是有想。這對於那些凡夫大法師而言，他們會認定說：「**你這樣的解釋是有問題的。**」其實沒問題。你讀《般若經》時本身有想，而且讀懂時就有了那些般若智慧的作意，那作意也是「念」——你有這個念。你一定有這個作意：「**原來世尊這一段講的是這樣，我又多一種智慧了。**」這時你有多了念、多了想，這個想雖然依舊是正法之想，可是來到眞如的境界中，還是說這個叫作「**邪見**」，因爲眞如的境界中無一法可得。所以世尊告訴你說：「**這個法如何、如何……，與眞如平等、平等。**」你知道了，也觀察完成了，最後卻告訴你說：連這個平等也不存在。就是要你滅掉這個想。你能「**現觀平等**」就夠了，不必一直記掛這個了知。

那不懂的人就說：「**你看！世尊講完了以後告訴你什麼都不存在，就是緣起性空，就是一切都空。**」就把整個腦袋空掉，什麼正見思惟都不作、不學了，那就成爲釋印順等一派人了。世尊講的不是這個道理，而是說，你應該對空有所證，不論空相的觀察或者空性的實證，你都有所證；證了以後轉依於這個空，來看你證得空性所產生的智慧時，其實空的境界中也沒有這個智慧可說。沒有這個智慧可說時正是如實轉依眞如成功了，才說你這時智慧跟眞如空性平等、平等。這樣雖然依舊有想、依舊有對這個智慧的念，你仍然可以說自己是無想者、無念者；因爲你這個智慧、這個念、這個想，跟眞如已經平等了；因此你可以說自己是無想、無念者，儘管你這個意識覺知心依舊有想有念，仍然可以說自己是無想無念，因爲這時你自己和你的智慧已經和眞如平等、平等了。這才是般若的正理，而不是他們所誤會的一切法空。

那麼依於你這樣的智慧，一定不會把般若判定爲性空唯名，你一定說這個叫作「實相般若」。如果哪一天印順法師來到你夢中，因爲你往世跟他有緣，他來問你：「你說你的才是實相般若，那我這個也是般若啊！我這個般若要叫什麼？」你就告訴他：「虛相般若。」他還問：「喔？什麼叫虛相般若？」你就告訴他：「因爲是表義般若。」他也無法跟你抗議，因爲他眞的只是這樣，只懂得表義而已，根本不懂實相。這意思就是說，只要證悟以後一天到晚以證悟者自居，老是認知會外那些出家人都不懂、不證般若，於是出門看到比丘、比丘尼們時，（這時導師把下巴抬高看著大眾說）我這個表情像不像？

像！那你就要小心，也許你晚上會夢見我拿棍子敲你腦袋，因爲這時你已經變成「有所取想」了。要記住了：世尊說「隨所取想皆是邪見」，既然是「邪見」就要把它丟掉，不能留著。所以轉依以後不必自高輕他，因爲既然要看待自己所想、所念、所證等智慧都與眞如平等、平等，就不該「有所取想」，意思是連這種了知都不應該有。

所以這時禪師有四個字可以用了，也就是「一味平懷」。如果禪師老婆一點，就告訴你說：「泯然自盡，一味平懷。」也就是說你心中再也不存一法，不再了別什麼人是證悟、什麼人是凡夫了；只除了一種情況，就是爲救護眾生而必須辨正法義時，因爲那是教導眾生而不是在作分別。於是眾生來了，緣深一點你就給他深一點的因緣，緣淺一點你就給他淺一點的因緣，能不能悟則是他們的事；你總是隨機而應，不必有什麼預設的立場，這樣才能夠說自己所悟的智慧與眞如平等、平等。你如果懂得書法的話，也可以寫上剛才那八個字，就把它掛到牆壁上。

世尊開示了這一句以後又問：「是什麼緣故呢？舍利弗！因爲在聖法之中如果錯誤的認知而計著說有證得寂滅的話，全部都是墮入邪見中，」也就是說，證眞如以後——證空性如來藏以後，要能如何轉依成功，這才是最大的課題！證得眞如空性其實不難，轉依與否才是個大問題！所以有人會退轉的原因都是轉依不成功。那麼 世尊告訴我們說：「**在這個最神聖殊勝的法中**（也就是在這大乘菩提妙法之中），**只要產生一絲絲的偏差而認定自己已經證得這個空性寂滅的境界了，這都是墮於邪見之中。**」

要問諸位，你們證得空性如來藏了，到底是有所證還是無所證？（眾答：非有證非無證。）你們還眞有智慧，懂得不落兩邊。那我現在從另一個角度來問，從事相上來說，證得空性時是有所證還是無所證？（大眾答：有所證。）不簡單啊，你們！那如果從實際理地來說，證得空性以後，是有所證還是無所證？（大眾答：無所證。）是無所證。所以對凡夫而言，你要告訴他們是有所證，可不能告訴他們是無所證，否則他們誤會了就不懂得修學。

因爲嬰兒吃不了醍醐，嬰兒剛出生二、三天就餵他吃醍醐，不死才怪；他們就像嬰兒剛剛出生，也就是他們剛剛學般若才不過一、二劫，就像嬰兒剛剛出生一樣，什麼都不能吃，你得要告訴他們：「**有空性可證。**」如果告訴他們無空性可證，他們會當眞，因爲他們不曉得你講的是空性境界中的道理，不知那是另一個悟後的層次，他會當眞：「唉呀！那既然正覺說無空性可證，就不用學般若了。」所以剛開始要告訴他有空性可證。

可是對於已經實證的人，你要告訴他無可證。爲什麼無可證呢？有兩個原因：第一，這空性是從外來的嗎？不是啊！這是法爾本有，是你本來就有的，只是把祂找出來而已，不是人家給你一個空性然後你證得了。空性是你本來就有，只是以前眼見如盲、耳聞如聾，等到證得以後，發覺這是自己本有的，這時能不能去向師父抗議說：「欸！師父您說可以證空性，可是這個空性是我自己的，又不是您給我的，怎麼叫作證空性？」能不能如此質問？不行！就好像你家院子裡那五尺地下埋著寶藏，你從來不知道，你也不知道怎麼把它挖出來；然後這位師父來告訴你：「你從這個地方挖，別的地方都不用挖。挖下去要挖多深呢？五尺。」你可不能只挖了一尺就說：「沒有、沒有啊！」因爲還沒挖到五尺。然後挖了五尺終於挖到，也不能夠說：「師父！這寶貝又不是您給我的。」因爲如果不是師父告訴你，你還挖不到；所以不能說不是師父給你的，但也不能夠說是師父給你的。

同理，從你所證的空性境界來看時，沒有所證這回事，因爲這是你本有的，而空性也沒有證悟這回事，所證是你五陰的事，跟祂空性無關，悟後得要轉依祂的境界，所以不應該有所取！如果你有了一個念頭說：「**我眞的可以得到空性**。」那你就是落入「**所取想**」裡面，這時你若是再執著說：「證得這個叫作寂滅。」眞的不應該這樣講，因爲空性中並不知道這個叫寂滅，完全無所了知，哪有寂滅？所以這時「**於聖法中計得寂滅皆墮邪見，何況言說**？」今天講到這裡。

忙了很長一段時間，丟了很多工作給老師們、同修們去作，我專心趕《法華經講義》的潤飾，上週四才全部趕完，共有二十五點五輯，那後面半輯怎麼辦？只好把它分攤到各輯去，所以後面那十來輯是三百六十幾頁、三百八十幾頁，就這樣子；因爲沒有全部趕完的話，目錄是沒有辦法作的；目錄無法作出來，第一輯就無法出版；所以就沒日沒夜趕稿，趕完後就處理一些事情，到上個週末才拿《成唯識論》開始斷句；這斷句大概得要三週吧，然後才有辦法開始動筆，因爲《大正藏》的斷句錯得一塌糊塗。但是《成唯識論略註》，我可以有將近四年的時間，因爲《法華經講義》就要出版到二〇一九年五月底，共三、四年時間，那我大概有三年半的時間可以好好來寫這一部著作。這三年半其實沒那麼長的時間，因爲要扣掉大約一年的時間，可能不只一年，因爲要整理《佛藏經講義》，這部《佛藏經講義》到底會是多少講，目前也很難說；應該後面會講得比較快，現在講到第十頁已經快六十講了，所以也很難說。反正菩薩不是人幹的，所以就讓菩薩幹，不談辛苦不辛苦。

言歸正傳，我們《佛藏經》上週講到哪裡？「何況言說」嗎？好的，「**於聖法中計得寂滅皆墮邪見，**」有沒有談到「計有二乘」的「寂滅」也是「邪見」？沒有。那麼還是繼續在這一句上講：「**於聖法中計得寂滅皆墮邪見，何況言說？**」在我們正覺弘法之前，佛教界凡是談到「寂滅」都是說，只要打坐到心中沒有雜念、妄想，心中覺得很寂靜，那就是證得「寂滅」的境界了，又說「寂滅」的境界就是諸佛如來的境界；又認爲阿羅漢就是證這個境界，所以阿羅漢也是佛。這就是印順學派他們所說的。但是他們這個說法的境界，莫說成佛的境界，其實連二乘初果的境界都無。以前沒有人敢講這個話，也沒有人敢指出來，可是我們當年就把它講了出來，所以我們成爲佛門中的異類，因此當年佛教界群起而攻。

正因爲他們這樣誤會，才會有印順的傳記名稱叫作《看見佛陀在人間》。釋印順這樣也可以叫作佛喔？到底行不行？不行？眞的不行嗎？我說行！怎麼說呢？我說他那個佛是「理即佛」後面的「名字即佛」，再進一步的佛，叫作「觀行即佛」。可是他那個「觀行即佛」卻是錯了，那就別提在後面的「相似即佛」、「分證即佛」、「究竟即佛」了。所以他那個佛要叫作戲論佛，眞的戲論一場。早期我作法義辨正時不寫現代的活人，是顧慮他們的名聞利養，我專評死人。後來有人抗議說：「**老師啊！這樣作不公道；因爲人家都死了，沒有嘴可以回您。您爲什麼不評論活人？**」我說：「人家的名聞利養，我得要顧著。」後來他老兄說：「**管什麼名聞利養，他們誤導了衆生何其嚴重，而且正要趁他們活著來寫，而他們無法回應，才能顯示正法的偉大和勝妙。**」欸！有道理，我這麼一聽便接受了。

剛開始弘法時我有一點鄉愿，顧慮他們的名聞利養，但我想，那密宗假藏傳佛教一定是要評論的，那個附佛法外道現在不評論，以後大概也沒機會，而且是現在必須要作的事，不能延遲；那我們要挑一個臺灣佛教當代最有代表性，而且是和密宗假藏傳佛教的法有很深淵源的人物，當然就是釋印順；因爲他那個人，且不說眼裡容不下一粒沙子，連一根睫毛他都容不下，所以我們評論他最好了。然而評論他十幾年他都無法回應，在他死前幾年竟出了自己親自校對的傳記，叫作《看見佛陀在人間》。但這「佛陀」很奇怪，我這個還沒有成佛的人（都還沒有進入到第三大阿僧祇劫的人），寫了那麼多的書籍評論辨正他的法義錯誤，他竟然終其一生不回我一句話，那他是瞧不起我還是……？

這就是說他們不懂佛法，以凡夫的境界和凡夫的邪見自認爲成佛了；那麼有其師必有其徒，後來又出了一個「宇宙大覺者」，雕了一尊佛像，用她的面容和瘦削的身形雕起來，不是以釋迦如來剛出生的模樣讓人家雕出來浴佛；浴佛應該是剛出生時的模樣，因爲剛出生時要洗澡，所以九龍吐水匯爲兩道水，一熱一冷成爲溫水，來爲悉達多太子沐浴。可是她這個「宇宙大覺者」好怪，沐浴時是穿著衣服沐浴，而且是成人讓人家來沐浴。你們有沒有誰已經成人以後還讓人家來幫著沐浴的？都沒有！小孩子頂多幫他洗澡到幾歲？通常是幼稚園畢業就讓他自己洗了；因爲有些長大而不再幼稚，已經上小學了，那你就不用幫他洗澡，頂多有時幫他抹抹背就解決了。但這個成人還讓人家洗澡，眞怪！而且洗澡不脫衣服，確實很怪。

關於這個「宇宙大覺者」的浴佛，有個法師說：「**因爲信眾怕她走了覺得無依，所以把她造了像來作紀念。**」可是現在學者評論她是造佛，她出來說：「**那一尊不是我的像。**」有重要門徒出來說：「**那不是我們『上人』的像。**」那就不知是誰的像了？明明是她的臉像與身像，現在被人評論了卻又說那不是她，說那是 佛的像。問題是 佛有穿著衣服讓人家沐浴嗎？佛出世就生成大人的樣子嗎？一出生就是四、五十歲的模樣？所以這是「巧言令色」不足取哉！那她爲什麼會幹下這一些惡業？因爲不懂佛法。完全不懂才會幹下這種惡業，至於那一些不懂的人，我們就談到這裡爲止。

我們回來談談這一句聖教，佛說：「**舍利弗！於聖法中計得寂滅皆墮邪見，何況言說？**」「**計得寂滅**」，要留意這兩個字：「計得」。「計」就是錯誤的認知。由於錯誤的認知而以爲自己已經證得寂滅了，這就是正覺出來弘法之前的臺灣佛教界，現在的大陸佛教界依舊如此沒有轉變提升。臺灣佛教界在以前三十年的狀態中，他們都以爲那樣就是證得寂滅了。然而上週說的且就不談，我現在不單單說那兩個假佛，還要指責阿羅漢。阿羅漢是不是證得寂滅者？是！所以諸位才要點頭；可是今天我卻要進一步說他們也是「計得寂滅」。你們如果不是聽我講經久了，心中一定會罵起來：「**竟然連阿羅漢也敢批評！**」心裡面很氣憤。可是你們都笑咪咪的，一點兒都不氣，因爲你們知道我會有一番說法。

「寂滅」到底是什麼？要先探討後才能瞭解阿羅漢所證的「寂滅」是什麼？然後再依大乘法的實證來探討二乘的「寂滅」是不是眞「寂滅」。所謂的寂滅是沒有六塵的境界，那時是因爲六識滅了，連帶六根也滅了，成爲無餘涅槃，所以才叫作「寂滅」。沒有人敢站出來說「**我現在是寂滅的**」，現在沒有人敢說了；可是二十年前就有人敢講，因爲現在大家的佛法知見水平都提升了，那些人無法再籠罩佛弟子們。涅槃才是「寂滅」的，只有涅槃，無別無他，沒有別的境界可以說是寂滅的，因爲不管多「寂滅」，他至少有意識心在；有意識心在時就顯示他一定還有意根，有意根時就顯示他一定還有法塵；即使他打坐進入初禪乃至非想非非想定中，都還不是眞正的「寂滅」，因爲那時意識都還在啊！如果不是初禪的定境法塵讓他的意識領受，最少還有非想非非想定中的法塵讓他的意識領受著；意識有領受時意根就有所領受了，不離三界境界而有定境法塵存在，哪能叫作「寂滅」呢？更何況現代所謂的大師們全都落在六塵具足的離念靈知中？

所以依三界中的眞實「寂滅」境界來說，只有俱解脫阿羅漢進入滅盡定時，勉強算是證得「寂滅」，因爲他當時六識皆滅，而他的意根又滅掉受與想兩個心所法，這才叫作「寂滅」。可是依二乘菩提來說，眞正的「寂滅」卻是要入無餘涅槃以後，是把十八界全部都滅了，那才是眞的「寂滅」。這樣看來，斷除慧障再斷除定障以後成爲俱解脫阿羅漢，入滅盡定時算是證得「寂滅」，可是他不久之後要不要出定呢？當然要出定，出定時又不「寂滅」了，這樣看來他有沒有眞的證得「寂滅」？沒有啊！因爲他出定時就不寂滅了。入滅盡定是「寂滅」，出滅盡定就不寂滅了。

然而菩薩連滅盡定都還沒有證得，連初禪都沒有證得，還在三賢位中，或七住、八住、九住、十住，或者是初行位、二行位……等，這樣的菩薩遇見了俱解脫阿羅漢，一句話問他說：「您證得『寂滅』了嗎？」阿羅漢自信滿滿答覆說：「我早證得『寂滅』了。」菩薩當然要問他了：「您什麼時候不住在六塵中？」這俱解脫阿羅漢答得很快：「我入了滅盡定就不在六塵中。」

沒想到菩薩好整以暇問他：「請問您入了滅盡定時，您還在不在，還有覺知嗎？」阿羅漢當然說：「正因為我不在了所以沒有六塵的領受，才叫作『寂滅』啊！」那菩薩就說：「對不起，您進入滅盡定時您不在了，不在時就不可以說您『證得』寂滅。」這阿羅漢聽了能怎麼辦？也沒轍啊！

菩薩就告訴他：「我雖然還無法入無餘涅槃，也還進不了滅盡定，可是我證得『寂滅』是眞實證，而且我現在也正在『寂滅』境界中。」這阿羅漢一聽，眞的懵了，確實不懂啊！「你明明在跟我說話，你這覺知心還在現前，明明就在六塵中，而六塵很喧鬧，你如何說自己現在就是『寂滅』？」他當然無法接受菩薩所說，於是提出質疑；但因為他質疑了，菩薩就告訴他：「您別看我現在六塵了了，而我這覺知心在領納六塵時，我還是住在無餘涅槃境界中跟您說話。」他一聽更不懂了，怎麼菩薩說話越來越玄了？因為這不是二乘境界，這是實相的境界，所以他根本答不上話，只好求菩薩開示了。不巧菩薩弘法很忙，就告訴他：「等您迴小向大了來，再為您開示。」要他迴小向大後再來，否則不為他開示。因為這個講起來，既深又廣，他一定聽不懂，得講很久的。

等他決心要當菩薩，不害怕久劫生死了，菩薩告訴他說：「行！你週二到正覺講堂來。」要不然就說：「行！你週四到正覺講堂來，來上我的課。」他想要得法也只好乖乖來了，因爲這太勝妙了：「我是俱解脫大阿羅漢，竟然還聽不懂！」他當然要設法來學，這時不害怕生死了。於是叫他從頭學起，他得要從頭開始修學般若波羅蜜；學了一年半載，有一天忍不住提出來問，菩薩告訴他：「您問得太早了！」「那我什麼時候才可以問？」菩薩說：「等您見道時就可以問。」「什麼叫作見道？」「開悟明心證得實相。」「那實相又是什麼？」「閉嘴！等悟了再來問。」把他擺一擺。因爲如果知見不夠，你講再多也沒用，對他無所利益，只會使他的知見更亂，就讓他乖乖地學。

那麼這人既是解脫聖者的菩薩，當然要用用他——叫他開一門課，專講解脫道，把那些二乘人也度了進來佛法中，然後再慢慢來轉。那眾生看到了親教師就想：「不得了！這個菩薩看來只是個凡夫的模樣，也沒有三頭六臂，頭上也沒有長角，奇怪的是這大阿羅漢竟然會當他的弟子。」這是不是成就了正法的威德？正是！菩薩就借這個俱解脫阿羅漢來成就正法的威德。也許哪一天來個很惡劣的漢子找碴來了，菩薩就說：「某甲阿羅漢！來！現個神通給他瞧瞧。」於是這阿羅漢弟子飛升虛空十八變，變完了下來，那凡夫不就降伏了嗎？有一天這凡夫來學著學著，後來問說：「師父！您怎麼都不爲我們示現神通？」沒想到菩薩說：「我一通也無。」「那您怎麼可以收這樣的徒弟。」「因爲我有智慧。」就用這個辦法來成就正法的大威德，這就是菩薩的方便善巧。

話說回來，這二乘俱解脫的阿羅漢，爲什麼拳拳服膺於菩薩呢？因爲他所證的「寂滅」不是究竟的「寂滅」；他的寂滅是修而後得的「寂滅」，不是本來「寂滅」。修而後得的「寂滅」就不珍貴了，本有的「寂滅」才是珍貴的，因爲永遠不壞。所以等到阿羅漢弟子將來有一天開悟明心時教他觀察：「你自己這個『無名相法』亦名如來藏，祂自身的境界中是否迴無六塵？是否迴無六根、六識？」這阿羅漢弟子一現觀果然如此，菩薩又問他說：「那你如果沒有迴小向大，假設你今天入了無餘涅槃，滅了十八界『不受後有』，那無餘涅槃中是什麼境界？」他當然就懂了：「啊！原來是這個『無名相法』如來藏獨住的境界。」這時他還沒有轉過腦袋來，菩薩就繼續引導他：「那你現前觀察這個五蘊正在六塵中喧鬧時，你的『無名相法』境界中是不是迴無六塵？是否迥無六根、六識？是不是絕對『寂滅』？」他一觀察：「果然！是絕對『寂滅』。」那菩薩就指點他：「那你看，這樣的『寂滅』是不是本來就『寂滅』，未來不會壞呢？」這阿羅漢弟子也只能承認了。於是菩薩告訴他：「你現在十八界正在六塵中喧鬧時，是不是住在這一個『無名相法』的絕對『寂滅』境界中喧鬧著？」他一觀察確實如此，那菩薩可能往他腦袋一敲說：「那你想起當年問我的話了嗎？」他就懂了！這時他能幹什麼？可以啊！而且一定要幹的一件事情，就是趕快頂禮菩薩三拜。除此以外他能幹什麼？無所能爲。這就是說，這才是眞正的「寂滅」。

所以菩薩這時就要罵他了：「那你以前沒有學這個法之前，未證此法之前，豈不正是『計得寂滅』？」他也只能承認。這時才恍然大悟說：「啊！原來眞正的寂滅是在大乘法中實證般若才有的。」於是他很歡喜向菩薩說：「師父！我懂了！我懂了！」沒想到菩薩一槌又槌到他頭上去了：「你還沒有眞懂啦！」他一定會問：「爲什麼沒有眞懂？已經夠清楚了。」沒想到菩薩說：「連我都還沒有眞懂，你還能眞懂？」於是他只好問：「師父！您都可以教導我了，爲什麼還不是眞懂？」這師父可就說了：「因爲眞正究竟的『寂滅』是要到佛地，那才是究竟『寂滅』；我現在這個境界還有一些現行沒有斷除，而且還有很多的習氣種子也沒有斷除，怎麼可以說是眞正究竟的『寂滅』？而且從如來藏的境界來說，識種的變異流注還在繼續進行著，不是常樂我淨的境界，還不是眞正的『寂滅』。」那阿羅漢弟子聽到這裡，只好瞪得像牛眼一樣：「佛法是這樣喔？原來佛地的境界是這樣，我都不懂。」這時才終於知道說：「原來我今天悟了，距離佛地還不止十萬八千里。」

所以你們看，佛隨便一句話開示，「於聖法中計得寂滅皆墮邪見」，大家能眞的懂嗎？還眞難啊！這樣看來，「於聖法中計得寂滅皆墮邪見」的究竟說，我還眞不能拿到會外去講，只能在這裡跟諸位這樣談心。我們談的都是心的境界，對吧？這才是眞的談心。到會外去，我頂多以七住位、十住位菩薩的層次來說明「寂滅」，不能講更深的，否則我就是找罵挨。這樣看來，「寂滅」不可言說，在不可言說之中我們卻要把它言說出來，讓諸位可以如實理解。因爲諸位有很多人是實證如來藏者，也有許多人證了以後還沒有被印證的——還沒有通過考驗，所以你們能聽懂；但我若到會外能跟誰講？找不到知音啊！除非我哪天在路上去買個什麼、辦個事情正好撞見你們，才有辦法聊兩句，否則在會外我能跟誰講？所以我這個人應該要取個別號——孤獨禪客，因爲在會裡才有知音。

接著說：「何況言說？何況說者？」這樣看來不可言說的境界才是眞正的「寂滅」境界，因爲「無名相法」如來藏中的境界是無法言說的，只有親證了以後再由善知識詳加說明、巧設譬喻，聽者才能理解。但是善知識這樣巧設譬喻詳加演說以後，那些言說畢竟不是「寂滅」境界，因爲言說都在六塵中，聞者聽進心裡面也是在六塵中，所能理解的是從善知識的闡釋演繹之中去理解或驗證那個境界。如果有親證者可以在善知識的演述方便譬喻說明之中加以現觀，就能了知那個境界是「無名相法」自身外於一切法的境界。所以那個境界是沒有言說的，從無始劫以來到現在都是離語言道；接著到未來際一樣是離語言道，那才是眞正的「寂滅」。

既然如實演述這個境界的言說都還不是「寂滅」境界，何況這個坐在法座上正在言說、正在說法的人，當然更不是「寂滅」境界。可是有一天有人來詢問，我卻告訴他：「一切喧鬧的境界莫非『寂滅』。」然後就丟一句話給對方：「一切法悉皆『寂滅』。」這樣說有沒有過失？沒有過失喔！阿羅漢們聽了都要跟你抗議：「這有過失啊！因爲一切法那麼鬧，怎麼可以說是『寂滅』呢？」可是菩薩們卻說：「您誤會了，一切法本來『寂靜』，一切法從來『寂滅』，因爲一切法本來就存在於『寂滅』的如來藏中，而如來藏本來『寂滅』，歸屬於如來藏後的一切法不也就是『寂滅』的嗎？」那證悟般若的阿羅漢聽了也只能認同，其他未證的阿羅漢們心中即使有斗大的一個問號，嘴裡也只能認同，因爲他完全無法與菩薩對話。所以一切法本來「寂滅」才是眞正的「寂滅」。

如果不是依此而瞭解什麼是「寂滅」，即使像二乘俱解脫的聖者那樣證得有餘、無餘涅槃而自稱證得「寂滅」，我依舊說他們是「於聖法中計得寂滅」；既是「計得寂滅」，那麼二乘聖者所知的「寂滅」是不是「皆墮邪見」？爲何這麼小聲？（大眾答：是！）對啊！所以你們看，這大乘法厲害在什麼地方呢？就厲害在這個「無名相法」上面。只要你證得「無名相法」如來藏，然後依循佛道次第，一步一步次第進修，不要用三級跳的方式修，你就可以實證這一些境界。所以當年我剛出來弘法時，有好多道場他們聽來聽去、讀來讀去就說：「這蕭平實三句不離本行，講來講去就是個如來藏。」他們想：

「除了如來藏，你還有什麼？」（大眾笑…）諸位為何覺得這麼好笑？他們就是愚癡無智，不知道如來藏函蓋一切法，太小看如來藏這個妙義。

所以隨著弘法的過程，也是隨著人家的挑戰，我們就逐漸把如來藏的諸法一一寫出來或一一講出來，也出版了，佛教界才終於知道如來藏不是只有一個法，才終於稍微瞭解如來藏是函蓋一切佛法的，而且兼及世間一切法。但他們終於瞭解這件事情時，已經二十來年才能夠瞭解，這樣白白浪費二十來年多可惜！人生有幾個二十年？所以當年誹謗了以後晚上安板了，想著想著：「我是不是犯了菩薩十重戒？我是不是妄謗三寶？」於是這裡面怎麼樣呢？會有幾個吊桶？總共有十五個，這些吊桶七上八下。可是這張老臉皮太重要了，因為這張老臉皮附帶著名聞利養眷屬，所以通常都等到捨報時再來懺悔。這也行啊！只要他們免下三惡道就夠了，我都不抱怨！只要知道他們沒下三惡道，我就覺得歡喜；那他們生前的行為我不計較，因為終究妨礙不了正法的腳步。

所以佛法中單單以這個第八識大法作為根本，有根本就可以有樹盤，就可以有主幹，就可以有枝幹，也會有各種枝、葉、花、果、種子，全部具足圓滿；這樣再回頭來看什麼才是眞正的「寂滅」，就可以瞭解了；於是這時才終於瞭解 世尊說的：「於聖法中計得寂滅皆墮邪見，」還眞是聖言量，一個字兒都不許更改。因爲現量觀察也是如此，然後以這個現量再用聖言量來作比量觀察時，依舊逃不出這個聖教，所以還是一樣，這才知道佛法厲害啊！

既然如此，爲了說明這個「寂滅」而講出來的一切「言說」，以及「言說者」，當然就不是眞正的「寂滅」，還是在現象界中的事，所以 世尊接著就說了：「如是空法以何可說？」這樣的空法眞是不可說、不可說。別說佛地的究竟「寂滅」境界，單說眞見道時這個開悟明心的「寂滅」境界，老趙州就不太想跟人家討論，所以他援用經中一句名言說：「止止不須說，我法妙難思。」就不想再講下去了，這樣就把人家打發。所以這個「空」法確實難說，如果不是跟著各位親教師們學這麼久，諸位想要聽我這樣的說法而不起煩惱，也是困難啦！可是諸位今天聽得歡喜，是因爲你們佛法水平太高了！這是拍馬屁吧？是不是？不是。只要說的是實話，就不是拍馬屁。就好像法律上，如果說的是實話，就不叫誹謗；那我現在說諸位也是實話，因爲諸位聽得懂。那如果我去外面也這樣講，就眞是拍馬屁了，因爲他們聽不懂。

可是我不要跟人家拍馬屁，我無所求，爲什麼要拍人家馬屁？

這個「空」法確實難說，因爲不是三言兩語能夠講得清的。諸位回頭來想想，世尊示現成佛時，在菩提樹下心想：「這裡眾生什麼都不懂，這樣的佛法『空行』妙義要讓眾生理解眞的很困難，不如入涅槃去吧！」於是大梵天王趕了來；好不容易盼到　釋迦如來降世，怎麼要入涅槃了？那還得了？趕快請　佛住世。諸位請看，世尊初成佛是這樣想的：不如入涅槃，因爲「此法」難說。可是請　佛住世以後三轉法輪：正法時期、像法時期、末法時期，來到現在又傳到了蓬萊仙島；仙島是什麼意思？仙島當然是臺灣；我是問你們什麼意思啊？仙島是表示孤懸於海上，又因爲現在有正覺諸大仙在，所以叫作蓬萊仙島。

正法從西天來到震旦華夏發揚一番以後，在末法時期來到臺灣這個仙島，竟然有人出來說：「佛法很簡單，就只是緣起性空。」這麼簡單就講完了？諸位拿來跟　佛講的對比看看，當年　佛認爲空法難可說，不如入涅槃；而他竟然說就只是緣起性空，沒有別的了！若眞這麼好講，爲什麼不想度眾生而要入涅槃？那諸位就可想而知了！末法時代的眾生無明多麼深重，慢心多麼高漲，我這個實證者都不敢說佛法很簡單，他們那些凡夫大師們倒是說：佛法很簡單，就只是緣起性空。然而 世尊卻說：「如是空法以何可說？」

剛示現成佛時還故意要引那個大梵天來請 佛住世，免得眾生看輕了這個法，然後才開始三轉法輪，把正法具足宣揚。所以諸位將來成佛時，若是在五濁惡世示現，要記得啊！世尊教的這一招要學啊！將來成佛以後在菩提樹下，要起一個很強的念，讓大梵天王感應到：這個空法很難說明，這些眾生什麼都不懂，要如何為他們說？不如入涅槃算了！然後大梵天王來請 佛住世以後就會講出去。他來時的光明很強，諸天都會看見，而且人間的一切有天眼通的人也都會看見，然後就會來探討到底是怎麼回事，為什麼招得大梵天王來人間？才知道：原來有 佛出世，可是這個法很難學，所以 佛陀想要入涅槃，因此大梵天王趕快來請 佛住世。就知道 佛出世很不簡單。這是崇隆佛法第一步必要之作，我們既然自居為 釋迦如來的子弟，當然要孝順，總不能當不孝子；既然要孝順，就表示事事都要學祂老人家，所以什麼都要學祂，因此你將來成佛時要學的第一招就是這個，不然就是不孝子。如果被人家說為不肖（小字加個月），不肖的意思是什麼？不只是不孝順，是說你根本就不像佛。

所以「空」法眞的難思議，言說亦復極難；但你卻又不能不讓眾生理解，所以還得要藉各種語言來說明。但是就怕眾生依文解義落入言語之中，所以世尊特地提出來說：「舍利弗！諸佛何故說諸語言皆名爲邪？不能通達一切法者，是則皆爲言說所覆，是故如來知諸語言皆爲是邪，乃至少有言語、不得其實。」以前都有人誤會「如來」勝義，只要一談到修行就是閉嘴，一談到學禪就是要一念不生，所以東廂寫著「打得念頭死」，西廂寫著「許汝法身活」；可是問題來了，把念頭打死以後跟法身有何相干？完全不相干啊！若是念頭打死了法身就能活過來，三乘諸經都要改寫了！那兩千五百多年前世尊示現給我們的尋師訪道的故事也要全部作廢了！

你們看　世尊去找那些外道們，外道們自稱得阿羅漢了，世尊找他們學習，驗證他們的境界；也有外道傳說有成佛的法，但沒看見誰成佛了。也有外道自稱證得涅槃，其實只是初禪；世尊一聽外道說出所謂涅槃的境界時，當場就證得，立刻說明這只是初禪。另外一個說他層次更高，又去找他，結果只是二禪；外道教了以後　世尊當場一坐，又有二禪了！不是厲害，而是　世尊本來就已經有的，現在只是故意示現成一個凡夫來修學解脫。這樣一一經歷過以後，最後那一個得非想非非想定的鬱頭藍弗，世尊一證了就說這還是定境，依舊在三界之內，沒有超越三界生死。所以當時一切阿羅漢或者一切「如來」，都被 世尊推翻。

言歸正傳，如果把念頭打死後法身就能活過來，那 世尊示現這樣的一個求道的過程，不就是白白辛苦了嗎？眞是白白辛苦欸！我說後代這些佛門子孫們眞的不孝，因爲祖先已經示現給他們看，說這些都不是法身境界，全都只是定境而已，仍然是在三界內，只是外道境界；沒想到兩千五百年後這些不孝子孫們，竟然說一念不生（都還沒得初禪）就是證涅槃，就說法身活過來了。

哪天如果我到了哪一家寺廟去看，牆上若還寫著這兩句，我就喚了住持來，一巴掌給他，就問：「你的法身活過來沒有？」他說：「我正因爲還沒有開悟，所以還沒有活過來。」再給他一巴掌湊成一對：「你的法身從來不曾死，何須活？」然後叫他去把東廂、西廂那個標語都揭下來，揭下來以後叫他拿過來，我再唸一遍：「打得念頭死，許汝法身活。」就還給他，我就走了。如果今天是第一次來聽我講經到這裡，一定懵了，不知道是怎麼回事。可是我卻要說，我說的這些畢竟只是言語，愛聽就聽，不愛聽就忘了。哪一天會得禪了，再想起來，看看今天蕭老師說的有沒有道理？所以諸佛會說「**諸語言皆名爲邪**」是有道理的。

一切語言並不是眞正的法，語言永遠都是語言，都是生滅法；可是有智慧的人要藉這些語言，去瞭解 如來在語言的背地裡塞給你什麼樣的妙寶；而語言本身全部都是邪道，不能執言取義。如來意在言外，如來藉著這些語言來顯示出另外一個法，而那個法不是語言中的任何一部分，要能這樣體會。那爲什麼 如來要說：「**諸佛何故說諸語言皆名爲邪？**」如來很簡單的點出來：「**不能通達一切法者，是則皆爲言說所覆，**」這就是重點！而這個話兩千五百多年前講了直到現在，諸方大師們依舊墮入其中，深不能拔，拉不能出，你也無可奈何他們。看我們同修會二十幾年也出了這麼多書，可到如今依舊有人要坐在那個黑山鬼窟裡說：「**我現在一念不生時就是涅槃、就是如來境界。**」這表示那一些人都是被言說所遮蓋了，都是執言取義者。

所以他們讀了經典以後不解其意，執言取義的結果就落入文字表相上去猜測。正因爲如此，咱們正覺弘法早期，他們還振振有詞而在網絡上向我們抗議或毀謗；一直到十二年前（編案：這是二〇一五年三月七日所說）也就是二〇〇三年那一次法難以後，我們出了好多書，他們才終於瞭解：原來佛法這麼深妙，正覺妙道不是我們所能理解。從那時開始他們才不再罵正覺，只剩下那些外道，例如密宗假藏傳佛教，要不然就是大陸各省佛協的大法師們顧慮名聞利養，所以繼續在暗地裡罵，也不敢自己具名落實到文字上來。正因爲他們被「言說所覆」，所以 如來說「是故如來知諸語言皆爲是邪」；只要有一絲一毫落到語言上，他就落入邪法中了。善知識所說的言語亦復是邪，只有善知識言語中所顯示、所提示、所開示的「無名相法」——那個叫作「空」的不是東西的東西，才能說祂是正法，不然全都是邪。

不但如此，世尊還作了更明確的定義：「乃至少有言語、不得其實。」因爲只有這一些言語聖教中所闡述的那個「空」才是眞實法，只要有一點點的言語，就已經不是那個眞實法了。這時或許有人會想：「那麼只要心裡沒有言語時就是眞實法。那我今天下午聽經前在家裡打坐，當時一念不生都沒有言語，那就是眞實法，可是你蕭老師爲什麼還說這個不是？」當然不是，因爲連二乘菩提中都說這個不是。二乘菩提中還說覺觀就是言語，既然二乘菩提中都這麼說了，何況大乘菩提實相境界中，只要一落覺觀就代表是語言了。語言之所從生，不就是從覺觀來的嗎？如果不是覺察到那個有情身體橫著走，有四條腿也有尾巴，還會吼叫，你就不會說牠是狗；正是從覺觀而建立這個名詞叫作狗，所以覺觀就是言語。不只是大乘法中如此說，二乘法中亦如是說。

所以「**乃至少有言語、不得其實。**」換句話說，就是乃至有一點點的覺觀就「**不得其實**」。如果今天第一次來聽經，心想：「**這到底是什麼樣的境界？哼！我知道只要睡著無夢了那就是空，因爲什麼都沒有了。**」但問題又來了：眞的什麼都沒有嗎？且問你打呼不打呼？你這個色陰還在吧？意根還在吧？偶爾也作個夢吧？那時到底有沒有言語？有啊！因爲有覺觀啊！所以在夢中看見好風景時就好好欣賞，看見惡狗時拔腿就跑了，都沒有言語；但是不是眞無言語？不！還是有言語，因爲與覺觀相應了。所以只要有一點點的言語、有一點點的覺觀，就都「**不得其實**」；「**不得其實**」而自稱開悟，自稱悟得般若或者像印順跟證嚴兩個人自說成佛了，那要叫作什麼？「**得其實**」

或者「得其虛」？對！得其虛。

所以他們不能得到任何實證者給的掌聲，只能得到噓聲，所以諸位都說他們得其虛。這樣看來他們師徒倆還眞可憐，然而可憐之人必有可惡之處，就是因爲主觀太重，不聽建言。我對釋證嚴的建言是在二〇〇二年就寫書印製了，她聽不聽？不聽！因爲世間的名聞眷屬太迷人了！如果想要求世間的名聞，我也會啊！只要每一本書中都把照片印得大大的，全都印在封面，那時不管去到哪兒，誰都認得我，不論走到哪裡大家都頂禮，多好！我幹嘛不要？因爲那是鴆毒。鴆毒是什麼毒知道嗎？鴆毒還不夠厲害，聽說鶴頂紅，後代加工以後就是砒霜，更厲害，只要有指甲縫的一勺點到舌頭吞下去，很快就死了！那名聞利養恭敬，比砒霜、比鶴頂紅還毒，好不容易修來的功德這麼就燒光了！所以有智之人依於法，不依於世間。

那些世間的東西不值得留戀，縱使臺灣兩千三百萬人都當我的信徒，連臺灣島全部都給我、所有財產都給我，這值得高興嗎？眞不值得。因爲每一個人往世都當過轉輪聖王，轉輪聖王中最差的鐵輪王，至少也「王一天下」，那是有多少個小國？才臺灣這麼小小一島就滿足了，那眞的叫作淺見，心量太小！轉輪聖王都不想當了才能來當菩薩僧，還會去求世間的名聞利養與恭敬喔？那叫作其心顚倒，也可以加上一句「**其行也癡**」啊！所以眞實的法不落言詮，不在三界境界中。那我們菩薩有個好處，無妨在三界中來來去去卻不曾住在三界中，有沒有道理？（大眾答：有！）對！因爲你在三界中來來去去時都是在出三界的如來藏中，這樣的出三界而不離三界，叫阿羅漢摸不著頭腦，讓阿羅漢無法思議而五體投地佩服你；你有這樣的智慧何樂不爲？要去墮落在生滅不住的世俗法中求名求利，把眾生護持的錢財去搞國際化，想要獲得世間法中的諾貝爾獎。

請問諾貝爾的審核者跟頒獎者是凡夫還是聖者？（大眾答：凡夫。）是凡夫喔！結果自認成佛的人竟然想要凡夫頒獎給她，這叫什麼佛？正是凡夫佛、顚倒佛。還有第三種，名爲愚癡佛。可是古今一切佛，沒有顚倒的、沒有凡夫的、沒有愚癡的，所以那個不叫佛。一個尚未成佛的人可以宣示她的證量（雖然這個宣示依舊是不如法的），但至少弄清楚自己這個證量不該給凡夫來審核，不該由凡夫來頒獎；結果一個自認爲成佛的人還要去求凡夫頒獎，因此而到世界各國去搞救濟——國際化。我們同修會剛成立後第一次天災發生時，有人建議說：「**我們是不是可以把善款捐到慈濟去？**」諸位現在知道爲什麼當時我不要捐去了，因爲那些國際化的事情很早就有耳聞了！

但是你們看正覺會裡怎麼作，九二一大地震大家捐了錢，一分一毫包括會裡再撥款湊上來而整個捐出去，沒有一分錢留在會裡；後來的汶川大地震也是如此，沒有一分一毫留在會裡，包括八八風災時也都是如此。因爲人家捐款是要賑災用的，如果去挪用了，以後就有因果的問題，挪用的因果將來還是要負責的。可是她們敢去挪用，表示她們完全不懂因果律；不懂因果律的人自稱成佛了，竟有這種佛，還眞是無知，只能叫作愚昧，所以我們不敢妄自動用。如果有人捐錢來：「**我這筆錢要製作佛像用。**」我們就拒絕，爲什麼呢？如果將來沒機會製造佛像怎麼辦？那我不是要把這個業帶到下一世去了？所以我們希望：除非有特定專案的捐款，其他大家就不要指定用途；大家捐了錢來，會裡再衡量著去用到對正法最有利的地方。

而我們大家都不領薪水，至今沒有人領過薪水；那慈濟他們出國辦事都領薪水，一個人還領三、四萬元臺幣，最高的聽說可以領十萬到十二萬元，現在資料都被披露出來了；這些眾生要賑災的錢，他們敢領薪水，這是我不能認同的。以前也有人勸我去贊助基督教的創世基金會，我不願意，是因爲他們都領薪水而且還領獎金，那現在慈濟不也是如此嗎？以前我還沒有破參，在某個寺中學法，他們說要蓋佛教大學，我說：「好！**我也贊助**。」可是後來弘法時我就不贊助了，因爲我聽說入學的人要繳報名費，要繳學費、註冊費，我說：「**欸！你是拿我們的錢去蓋的學校，人家來學時你依舊有信徒護持的錢，應該免費給他們學習啊！**」結果不是這樣。那現在知道他們蓋醫院也是一樣，就算不能對每一個人免除掛號費，至少有低收入憑證的就不要收掛號費；但是不！她們照樣要收，不肯繳掛號費，那你另請高明。

這樣是有慈善嗎？這種心已經不是菩薩了。以前那個一攤血的故事，是不是要回來弄到自己頭上？對了，那一攤血就會回到她頭上去。道理一定如此，因爲她這個醫院是信眾捐錢出來作善事，而且還繼續支持著，那她不應該拿來謀利；所以很多事情其實是說起來……唉！還眞的喪氣。那意思就是說，去貪著世間的名位等，全都是愚癡之舉，只有愚癡人才會作這種事情。菩薩尚且不爲，何況已經宣稱成佛的「宇宙大覺者」，不只是地球的大覺者，還想求地球上那一些凡夫來審核她，然後爲她頒獎，這沒道理啊！這表示她的證量是在那些審核者之下。

像這樣的人，你要跟她講到這個「空」，一定沒有交集的。因此她從來不講這個「空」，她講的所謂法不論有無講到「空」，全都是講有：你只要快快樂樂的布施，一生都不起煩惱，很歡喜，那你就是初地歡喜菩薩了；不必斷我見也不必開悟明心，全都不用，這樣歡歡喜喜捐錢給她們用，就叫作歡喜地。她的書中有此一說，怪不得要稱之爲「末法時期」。那我講這一些話是什麼意思？意思就是說，末法時期的定義就是由於有許多這樣的大師，竟然證得初地的人不必斷我見、也不必明心、更不必修學道種智；一直到成佛都不用斷我見也不用明心——不必證實相。

怪不得她的師父印順法師說「**凡夫位的人菩薩行，可以成佛**」；他講的那個人是凡夫的人菩薩行，就可以成佛，就是這麼講的。凡夫繼續行菩薩道，最後仍然是凡夫也可以成佛，都不必開悟。這叫什麼佛法？啊？還眞不懂他們。所以你若是想要他們瞭解空性，那是很困難、很困難的事；至於要他們觀察空性的法相，那更甭提了。所以 世尊說得太精準了，兩千五百多年前說的到現在都沒有人能推翻，而且後代的大師們前仆後繼，一代又一代去證實世尊所說佛法不可思議的道理，因此說「乃至少有言語、不得其實。」我就把它改變一下：「乃至少有覺觀、不得其實」，來對治末法時代這些所謂的「佛」、所謂的「大師」們。

世尊又開示說：「舍利弗！諸佛阿耨多羅三藐三菩提皆是無想無念，何以故？如來於法不得體性，亦不得念。」像這樣的聖教，在我們正覺弘法之前，他們都會怎麼解釋呢？他們應該會這樣說：「舍利弗啊！諸佛的無上正等正覺都是沒有妄想、沒有雜念的，爲什麼呢？因爲諸佛如來於法都是不記掛不執著的，所以連念頭都不存在。」他們都會這樣解釋的，而且是前後一貫，大家異口同聲。然而如果這樣就是 如來的境界，那麼請問當年 釋迦世尊爲什麼否定那些證得初禪的人，說他們依舊是凡夫？乃至證得二禪、三禪一直到證得非非想定的人們，如來都說那樣還是凡夫？他們把什麼都丟了，全都有禪定，而末法時代這些大法師們坐在那邊無想無念時，都還沒有初禪，這樣就說是佛法，那外道們的佛法豈不是比他們更好了嗎？那他們乾脆去拜外道作師父好了，不要繼續住在佛門中吧！

這就是說，他們都是依文解義，然後加以揣測；揣測之不足，還要來誤導眾生，這才可惡！如果是揣測的，就應該在為大眾說明以後附帶一句話說：「**這是我的看法，不一定正確，諸位姑妄聽之。**」可是問題來了，姑妄聽之以後，下回沒人願意再聽他們說法了，所以他們都不肯老實講，就騙人說：「**這就是佛講的。**」但是 佛明明不是這樣講，他們硬說這是 佛講的，那是不是謗佛？對了！佛只是心量大，懶得理他們，不然晚上夢裡一定要去敲他們腦袋：「**我明明不是這麼講，你們為什麼說這就是我講的？**」所以那叫作謗佛。

那麼如何不是謗佛之說呢？世尊說：「**諸佛的無上正等正覺都是沒有覺知也沒有各種妄念想法的，是什麼緣故而這麼說呢？因為眞實如來的境界是對於各種法都不知道什麼體性的，所以也都沒有任何的念頭、想法。**」這不是講諸佛世尊的智慧境界，而是講諸佛的「自心如來、眞實如來」的境界，那正統佛教中的大法師們都誤會了。附佛法外道的密宗假藏傳佛教喇嘛們當然更是嚴重誤會了，所以他們那個明光大手印說：只要能夠一念不生，那就是顯教佛的境界。這都還沒有外道禪定的境界，竟敢誣蔑說這樣一念不生就是顯教佛的境界。密宗假藏傳佛教喇嘛又宣稱說密教佛是報（抱）身佛的境界，那我要說了：「我眞的覺得很冤枉，顯教佛的證境有這麼衰嗎？」眞的沒有啊！顯教佛的境界有四無所畏、大悲三念住、十力、十八不共法……等；且不說別的，單說一個開悟明心，密宗假藏傳佛教所有古今喇嘛們就弄不懂了，就別說眼見佛性、道種智、一切種智的境界，但密宗假藏傳佛教竟然可以說那種連欲界定都不到的外道境界是顯教佛的境界；他們連 如來的世間禪定境界都還不懂，（諸佛如來一定有四禪八定的，因爲三地滿心菩薩就全有了，否則無法到四地心去啊！）但他們竟然說 如來沒有那個境界，那你說那些喇嘛們不是外道謗佛又叫什麼？

他們之所以會產生這個問題，是因爲完全沒有基本的佛法知見，因此密宗假藏傳佛教的佛都是不用斷我見也不用斷我執，而且還要貪愛我所執，增長我所執，也不用開悟明心，不用眼見佛性，不用修學實證道種智，不必具足一切種智。可見他們那種佛都叫作凡夫妄想佛，正因爲誤會了 如來的聖教；他們就是前兩行說的「**不能通達一切法者，是則皆爲言說所覆**」，如來的言說有祂所要闡釋的眞實義，而他們不在眞實義上求證，全都是依文解義、執言取義，然後自立妄想就認爲成佛了！所以 佛意難知自古已然，非唯現今。如來親向舍利弗呼喚了以後說：「**諸佛的無上正等正覺都是沒有覺觀的，都是沒有語言妄念的，**」而這個沒有覺觀、沒有語言、沒有妄念，是無始以來本已如此，盡未來際依舊如此。

然後 世尊又說明：「**如來於法不得體性，**」這裡「如來」不是講諸佛如來，而是講眞實如來——第八識自心如來。爲什麼第八識是眞實如來？因爲諸佛也是以這個第八識爲眞實法。諸佛是依第八識而能示現在人間，也是依第八識來弘法利樂眾生，更是依第八識心性來爲眾生演說三乘菩提。諸佛如來的眞實本質就是第八識「**無名相法**」，所以這「**無名相法**」才是眞實如來，是諸佛如來的本際。而這個「如來」當然諸位知道是指如來藏，在因地又名阿賴耶識，佛地改名無垢識。

那麼眞實如來「**無名相法**」的境界中，祂對於一切法「**不得體性**」，是因爲祂從來不了知一切法；並不是像覺知心一樣學佛以後去探究一切法而探究不懂，所以不得體性，而是祂從來都不探究、不加了知；既然不探究、不了知，當然「**於法不得體性**」。所以哪一天你悟了以後一時興起就問說：「**喂！如來藏！一切種智到底是怎麼回事？**」你別期待祂會告訴你，也別期待祂會說：「我不知道。」祂不會這樣回答，因爲你對祂提問時祂不加了知，所以你問了問題祂沒聽到也不知道，如何能爲你講？如果是第一次來正覺講堂聽經，今晚聽到這裡時心裡會說：「法怎麼會是這樣？從來沒聽過。」但我告訴你，沒聽過的還多著呢！這樣的說法古來難遇，但是我得要講給各位聽；因爲這是個好年代，不講白不講，講了記錄下來在各地圖書館留存下來，未來世再有人讀到時就回復往世的證量，多好！

當你問祂說：「喂！如來藏啊！我今天開悟了，接著要如何悟後起修？」如來藏對你不理不睬。爲什麼？因爲祂患盲、患聾又患啞，你問了祂沒聽見，你跟祂打手語祂沒看見，不然你試著搖祂讓祂去領會，但祂無形無色你怎麼搖祂？你說「不然我用打的」，打時祂又不領受你的觸覺，痛還是你在痛，祂又不知道。所以祂完全不答覆你，因爲祂永遠不加了知，當然就不了知任何一法，不可能知道任何一法的體性，所以說祂「於法不得體性」。既然祂「於法不得體性」，你就不能要求祂回答你。雖然如此，祂卻是你的老師，因爲祂雖然「於法不得體性」，可是祂不斷地在告訴你種種法，你得要深入去觀察，而祂以不同的形式爲你說法；但祂爲你說法時祂不認爲自己在說法。怪不怪？

有人說怪，有人說不怪，那到底是怎麼樣才對？但我告訴你，兩種都對。說怪是因爲從還沒有悟的立場來說這叫作怪，但如果悟了以後就說：「這個不怪，因爲祂都一直在說法，熾然說、經常說，不曾中斷。」但因爲既盲又聾，兼又口啞，所以祂根本不懂語言文字，一切言語之道無法來到祂的境界中，所以祂的境界中沒有言語之道，那祂當然不可能心中起各種語言妄想，自然不會記住什麼法或想起什麼法，所以說祂「亦不得念」。祂不得念，到底好不好？好！有沒有人說不好？當然是要說好，如果祂也會起妄想雜念，那你不精神分裂才怪；變成每天不論作什麼事情，兩個心都要在那邊拉扯，只好想個辦法：「不然我們來划划拳，看誰贏誰輸？贏的人決定。」那問題就來了：不論作什麼都要雙方先划拳或商量，麻煩大了！而且你都無法緊急應變，因爲凡事都要先商量，所以祂不得念才是好的；祂永遠都沒有妄想，永遠沒有念頭、永遠沒有想法，全部都由著你，這樣才好。

因此不能依文解義說：「諸佛如來就是對於種種法都沒有執著，所以全部都放下，放下以後便叫作『不得體性，亦不得念』，祂都不牽掛。」這叫作依文解義，這個人就是被「言說所覆」。那你如果眞的懂得「如來」二字的意旨，你會知道 如來在這一句聖教所講的「如來」兩個字是在講眞實如來第八識，而不是講應身、化身如來。因此這裡講的「如來」就是諸佛的本際，就是「**無名相法**」如來藏；是說這個如來藏「**於法不得體性，亦不得念。**」如此才是正解。今天講到這裡。

看到諸位（指大陸上週來的同修）繼續留下來非要聽完今天的講經才走，對法的向心力非常足夠，我想中國佛教復興的希望應該可以再提高（大眾鼓掌…）。眞的不容易，這樣辛苦而不嫌苦。但是現在還不覺辛苦，大概明天踏上飛機時才知道辛苦、才知道累。（有人大聲答：不辛苦。）不辛苦喔？眞不容易。還好！還好！菩薩不能喊苦，只能繼續幹下去。所以我常常說「**菩薩不是人幹的**」，該誰來幹？菩薩！諸位現在就有這個味道，果然越來越像菩薩，希望不必幾年就能成爲眞正的菩薩，可以把復興中國佛教的大業一起承擔起來，這才是最重要的！當諸位努力去作，我希望再九年半以後就可以回西藏去走一走了。（大眾鼓掌…）假使屆時眞能回西藏走走，就代表玄奘菩薩這個正法在神州大地已經站穩腳步，接著再十年就是諸位上場了。那時你們一個一個都要上場，然後我還有五年多的時間要盯著諸位努力不要懈怠，這樣我這個計畫總共幾年？對！就是二十五年。

所以這二十五年中，什麼時候我會過去哪裡看了些什麼人，那可不一定，或許突然間我就到你家裡去看你。那我們希望這個計畫可以如實地實踐，一一把它完成。這不是單爲我們這一世打算，也不只是這短短二、三十年的復興佛教理想，是因爲我們學佛時，菩薩一定要看現世利、後世利，要二世俱利；不能單有此世的利益，來世的利益也要照顧到。那我們作這一件事情有來世的利益，因爲我們不會想要下輩子當美國人，也不會想要去當歐洲人，我們依舊是華夏子孫炎黃子弟，所以我們還會生在中國，不會到別的地方去。不要像喇嘛們他們有一句俗話說：「有奶便是娘。」他們根本不管是誰生他養他，只要哪裡有奶可以喝就認了娘，而且各國到處認。

所以喇嘛們所謂的活佛法王到處出現，一下子有美國人、有臺灣人，共兩個，然後外國也出現好多個，爲什麼呢？因爲他們沒有法上的實質，只是藉著在各地拱出一些洋人的小孩，說那是某某喇嘛來轉世的，藉這個辦法跟他們融合爲一體來獲得他們要的世間利益。他們只看一世利，而且這一世利還是無常必壞的，帶不到未來世去。那上一世已死的喇嘛跟這一世被指定靈童的小孩其實不是同一個人，就好像達賴從第一世開始到現在十四世，其實每一世都不是同一個人；他們就只是在權謀與政治的運作下，在世俗利益的分配下大家互相磋商，然後取得一個共識來共推某一個小孩子，說那是某某喇嘛轉世的靈童，只是這樣。

我們不要學他們，我們不但要看今世利，也要看後世利，而且是眞實的後世利。所以我們這一世努力把中國佛教復興起來以後，我們下一世還生在中國，要一直生到什麼時候呢？到九千年後沒有正法時，我們就去彌勒內院。那我們如果有能力，再把它多延續一千年、兩千年，諸位要不要幹？（大眾答：要。）要！我告訴你們，如果我們眞的能多延續一千年、兩千年，不但娑婆世界魔宮震動，十方諸佛世界一定會傳遍，諸位功德可就大了，這樣才能夠快速成佛。諸位剛才已經允諾我了，說要努力再把它延續，那我們就以此相勉，所以我們這個事情要先從這一世作起，在這一世把根基整個打下來，讓正法的根基在華夏地區可以久住不衰，我們下一世出生再來時這法還在，仍然有正法的道場在流傳這個法，那我們出生再來一聽到「如來藏」就立即相應：「我要學的是這個。」然後又回到正法家庭中來。就這樣一世一世大家攜手共進，我們將來成佛之道就會走得很順遂。

這就是說，這一世所作的是爲這一世自己的利益，也是爲未來世的自己利益而作，不單單是這一世。大家眼光要看遠一點，假使偶爾有一點挫折，不要當一回事；我們要設法避免挫折會發生的原因，但不要當它一回事，當它是一種鍛鍊，然後我們繼續走下去，最後終究會成功。就像正覺在內地推廣正法以來，前後也有十年了，挫折很大，所以一向都是鴨子划水。那個挫折的原因現在已經漸漸地消失了，希望不久的未來可能我會抽個空，也許就去大陸走一走（大眾鼓掌…），屆時也許把臺灣的同修暫時晾半個月，我到大陸到處走一走（大眾鼓掌…），我相信會（編案：這是二〇一五年時所說），但是還是要靠大家努力。

如果九年多以後在西藏開了禪淨班，我一定會踏上西藏高原去，但那不表示正法已經在神州普及了，而是說那是一個象徵，表示正法在中國站穩腳步了，我才有辦法上西藏去。西藏只是一個現象，一個階段性的表現而不是目標，目標是要把如來藏的正法普及到整個中國，這是我的想法。所以我才說希望有十年的時間，要看你們誰上來承擔這個任務，最後的五年多，我就背後拿著螺絲起子去找你們，哪個螺絲鬆了就扭緊一點，把你們上緊發條，利益更廣大的同胞。這個事情眞的要作，而這個機會其實不多，所以講經前先跟諸位聊一聊心裡的話，算是聊天兒。《佛藏經》我們上週剛好講完第十頁，今天要從第十一頁第一段開始：

經文：【舍利弗言：「如來何故說有念處？」佛告舍利弗：「經說『若人得四念處，是人能得諸法體性，能得自身、得我、得人』，無有是處。示法別相空，故說四念處。四念處性無性無處，無念無說無有貪著；念性尚無，何況念處？是故如來說名念處。舍利弗！諸法若有決定體性，如析毛髮百分一者，是則諸佛不出於世，亦終不說諸法性空。舍利弗！諸法實空無性一相，所謂無相，如來悉見，如來以是說有念處。舍利弗！念處名爲無處，念無非處；無念無念業，無相無分別，無意無意業，無思無思業，無法無法想，皆無合散，是故賢聖名爲無分別者，是名念處。如來以是說有念處，隨順無所有故名爲念處。」】

語譯：【舍利弗向世尊請問說：「如來是因爲什麼緣故而說有四種念處？」佛陀告訴舍利弗說：「假使有人說經中這麼講：『如果有人證得四念處，這個人就能證得諸法的體性，也能證得眞實的自身、眞實的我，證得眞正的人』，沒有這個道理。爲顯示諸法別相空的緣故，才要爲大家說明四念處。四念處的體性沒有法性也沒有處所，沒有念、沒有言說也沒有貪著；連念的體性尚且不存在，何況是念處？由於這個緣故如來說這叫作念處。舍利弗！諸法如果有決定眞實不壞的體性，猶如分析毛髮到百分之一而仍然是有的話，如果是這樣，那麼諸佛就不會出現於世間了，也終究不會說明諸法的自性是空。舍利弗啊！諸法眞實、空、沒有自性、前後不變的一相，就是我所說的無相，如來全部都看清楚了這些事實，所以如來因爲這個緣故而說有念處。舍利弗啊！念處名爲沒有處，因爲念也沒有非處；沒有念也沒有念的業行，無相也無分別，沒有意也沒有意所造的業，沒有思也沒有思所造的業，沒有法也沒有法上的種種知，諸法全都沒有合也沒有分散，由於這個緣故賢聖就被稱爲無分別的人，這樣才叫作念處。如來以這個緣故而說有念處，隨順於無所有的緣故而稱之爲念處。」】

講義：這樣聽懂了沒？這就是依文解義。但是能如實依文解義也是不容易的，因爲好多大法師們依文解義都還錯了，更別說要再演繹發揮，那我們就來一一說明。舍利弗是智慧第一，舍利弗於兩千五百多年前在佛座下出現了，後來究竟哪裡去了？他其實就是九百年前那一位 克勤佛果，或叫作 克勤圜悟，就是咱們正覺供的祖師爺，就是那個老和尚，不是別人。他的個性跟舍利弗一模一樣，經過一千多年下來沒有改變，眞是一點兒都沒變。依世俗法來講，說他目空一切根本就沒變，雖然他沒有目空一切可說，但他的行爲就讓人看起來目空一切，因爲誰也說不贏他。

而今又已經過九百年，他又到哪裡去了？還眞不知道，所以每一次上山主三時總要跟他抱怨，要抱怨到他耳朵癢到受不了來了爲止，否則就一直抱怨下去。雖然如此，可是瞿曇老人家——咱們大家的老爸夠慈悲的，還眞的施設了因緣把他的舍利給弄來了（大眾鼓掌…），眞的想不到啊！只要我們心裡想的 佛就幫我們安排來，哪個道場有這個恩寵？大概是沒有，就只有正覺。所以我們想要誰的舍利時 佛就安排來了，過一段時間就眞的來了。還有別的大菩薩舍利也來了，現在先不宣布，因爲這裡講到舍利弗，跟他有關，咱們就先說。

這舍利弗是智慧第一，善於爲眾生發問，也善於請佛爲自己解疑，所以他提出這個問題來。爲什麼他要提出這個問題？因爲很多人在佛法中不瞭解三乘菩提之異同：差異在何處？相同在何處？根本不瞭解。莫說正覺弘法之前，即使正覺弘法到現在二十來年了，二十三年了吧？不止？包括同修會成立之前我已在弘法，那就不止；那我們法說這麼多，書也印出這麼多了，可是佛教界能如實瞭解三乘菩提的差異跟相同之處，畢竟還是少數。所以把二乘菩提當作佛菩提，這個現象比比皆是；甚至他們認定爲佛法的所謂二乘菩提，都還是錯誤的。以前我們儘管說他們的解脫道是錯誤的，連二乘菩提都不對，更別說是佛菩提，可他們都不信；不得已，咱們就寫《阿含正義》；我剛動筆時曾經跟同修們說：這套書出版以後，臺灣再也不會有人敢自居爲阿含專家了。而今果然如是。

以前臺灣有一個很有名的阿含專家，還被四大山頭所推崇，可是我不知道他的專家實質在何處；因爲他所編輯的那一本書，是某個大山頭的堂頭和尚送了一本給我，但我翻一翻、看一看，無可參考。爲什麼？因爲說白了就是經文剪貼簿，是把四大部阿含諸經這裡拿一段、那裡錄一段，編進來說這就是阿含的著作。其中哪一句不是 佛講的？沒有一句是他講的，這樣也可以稱爲專家？而這樣的專家以前在臺灣是很有名氣的。但現在沒有阿含專家，都消失了。也就是說佛教界，臺灣比起大陸，在我寫《阿含正義》當時，程度上大概進步十五年；等到我《阿含正義》出版時，臺灣的法師們比大陸的法師們進步不到十年了，因爲我這書同時也送到大陸去。

那麼我現在要的就是把兩岸佛教界的距離不斷拉近，將來看那四大山頭的信眾們是不是要跑到大陸去找你們求法。對啊！本來就是如此！因爲我住在臺灣離他們太近，他們不好意思來；如果去大陸找你們，那距離很遠，沒有人認得他們。所以要趕快把大陸佛教界的佛法水平提升上來，而且時間一天一天過去都不能等……。這就是說，在傳統文化的層面只有靠我們大家，那一些大法師們都無一可靠。

本來我的想法很簡單：我出來傳法，把法傳了以後有人繼承了，我就歸隱山林去。最早的想法是歸隱田園，所以在故鄉的土地重劃區，買了住宅區中的一百多坪，大約三百多平方米，準備退休蓋個兩層樓就在那邊安老自修，因爲我還沒有回復的禪定，還得要把它完成，今生修了一半就這樣擺著。後來發覺那兒不能住，因爲那住宅區多有路燈，鄉下人有個壞處就是喜歡養雞，那雞到了十二點過後開始叫，因爲牠覺得天很亮；不像以前沒燈，牠要到東方出現魚肚白時牠才會叫；但現在有路燈，牠看不準，所以凌晨一點也叫、兩點也叫，一直到天亮才不叫，眞的沒法子住，怎麼辦？只好又去我同修故鄉有個明航寺，旁邊再買塊農地八百多坪，等於多少平方米？大約兩千九百平方米，準備蓋個農舍在那邊養老。心想這下妥當了，沒想到法務進行到現在抽不了腿，就這樣子一直作下來，因爲那些大法師們不屑於得這個法，不肯繼承這個法。

他們不屑的原因是因爲這蕭平實當年默默無聞、籍籍無名，又不是剃髮著染衣燙了戒疤，總是想：「我幹嘛跟他學？多沒面子。」他們就是無知。那你也許說：「老師啊！您把往世的名號拿出來用啊！」我說：「鬼才相信！只有你們眞正知道某人的實質以後，知道他的證量到什麼地方，才會知道這確實可信，否則沒有人信的。」他們連一點點的修證都沒有，無能判斷時又怎能信受？所以只有我們這些老師們信，他們自己去檢查過去世的心性，比對這一世心性；爲人如何？過去世又是爲人如何？再從證量來檢查，因此他們相信。可是我跟那些凡夫大法師們講出來，恐怕是自取其辱，完全沒用的；所以後來想，乾脆這擔子自己挑，即使他們現在想要挑這家業，也不給他們了。現在要分擔子給你們挑，不會給他們的。

這顯示一個道理，當年佛教界對於三乘菩提的異與同完全無知，直到我們出來弘法之後一一加以說明，才終於稍微瞭解，還不是知道很多；而諸位也不能依於自己對正法的認知，來認定那一些大法師們對正法也有同樣的認知。比如今天因爲諸位還沒有回去，所以開了個例子，就是我講經前先播放了我們親教師說法的影音給諸位熏習，那是在電視上講的；在電視上講的法義，我一貫要求他們要講得很淺白，希望一般的學佛人可以聽懂；但我們依然常常接到電話抱怨：「**你們正覺在電視上說法，爲什麼一定要講那麼深呢？我們聽不懂啊！**」而講這種話的人往往是學佛已經十幾年了。可是對你們來講，這些都是一聽就懂，表示諸位都知道自己與一般學佛人的層次差異了！所以請諸位千萬不要妄自菲薄，因爲在正覺學法一年勝過在外面學十年。

有的人也許不信，我講個實例給諸位聽：有的同修是從別的道場來的，他來學了一年半，之前在別的道場跟人家學了將近二十年；有一天和原來道場的同修不期而遇，就談起佛法來，結果對方說：「你為什麼能講這麼深的法，我都聽不懂？」我們同修好好解釋了，對方還是聽不懂，那對方就很訝異：「你離開師父這麼幾年，」指頭數來一隻手都數不完，因為才一年半，兩根指頭都數不完，「為什麼你現在進步這麼大？」「有嗎？我有嗎？」他自己根本沒感覺，可是人家感覺就是完全不同，所以他那個朋友很好奇，然後就跟著進來同修會了，就這樣來學法。那你們想想，你們學這個法，短則一、二年，長者已經三、四年了，甚至有人在我們開班之前就已經讀了很多正覺的書，所以不要妄自菲薄，你們在一般學佛人之中正好有一句成語可以讚歎你們——鶴立雞群。因為你們在一群學佛人面前一定很突出，只要站在他們之中一談起佛法來，大家會覺得你們很突出，那不正是鶴立雞群嗎？

所以說，對於三乘菩提的理解一直是末法時代學佛人的瓶頸，這個瓶頸是普遍存在的。那舍利弗瞭解這個道理，所以他故意提出來說：「如來何故說有念處？」念處有幾種？四種：「觀身不淨、觀受是苦、觀心無常、觀法無我」，最後才是觀行之後的結果，就是三法印中的「涅槃寂靜」。前四個是觀行的法門，最後是結果，到達涅槃。可是這個結果「涅槃寂靜」，我卻要同時教給大家先瞭解什麼是「涅槃寂靜」。總共是有四種念處，以前大法師們總是把聲聞的解脫道當作是佛菩提道，那就不說他們。現在來說眞正的聲聞解脫道所說的四念處觀，爲什麼 佛說：「『若人得四念處，是人能得諸法體性，能得自身、得我、得人』，無有是處。」爲什麼要這樣說？

先談談四念處，當然只能簡單地說，不能細說，因爲我們不是在講二乘菩提。「觀身不淨」諸位都瞭解，沒有一個人身體是清淨的；管她是世界小姐，照樣是不淨，要不然她爲什麼早上起床要洗臉刷牙？爲什麼也要蹲馬桶？對啊！那也許有人想：「那我想天女應該清淨吧？」天女要不要飲食？也要，只是比較微細而已；她們吃甘露也喝水，那就表示也有五臟六腑。欲界天女有五臟六腑，諸位不要懷疑，因爲我這一世初學佛，打坐不到半年發起欲界定時就知道了。天人天女包括天王都一樣，都有五臟六腑，他們還得要飲食，當時我就知道了。

那初禪天人不吃不喝，爲什麼不吃不喝？因爲他們沒有五臟六腑；爲什麼沒有五臟六腑？因爲他們的境界是超越欲界的，以禪悅爲食。初禪天人的境界，智者大師的描述並不正確，他說發起初禪時觀見身中如雲如影；根本就不對，應該叫作如雲如霧。所以我由他這一句說明，判定他那一世沒有證得初禪。初禪天人的全身毛孔，從頭頂到腳底都一樣是內外相通的，只要有氣流通毛孔時就會有快樂，所以每一個毛孔都有快樂，那他何必要再下墮欲界？不要說人間，就說他還會想要下墮欲界天中來找天女嗎？都不需要。

欲界天人既然色身是要飲食的，特別是人間的人類，當然不清淨。如果有人說他眞的清淨，那他買房子時就不需要設置廁所也不需要淋浴間（你們叫作衛生間），就不需要衛生間，因爲是清淨的啊！所以早上起床不必洗臉、不必刷牙，但顯然不是。那爲什麼會不淨？因爲飲食本身就是不淨的。而色身的取得也是不淨的，你投胎時那個境界是清淨的嗎？對喔？

那你吃的飲食，我問諸位：譬如你們拿到盒餐，我們香積組的菩薩們烹飪功夫很好，吃起來色香味美，但那其實不是清淨的東西。諸位也許懷疑：「那明明是清淨的，你總不可能拿髒的東西給我們吃嘛！」是了！是了！但問題來了，那食物是什麼東西生長出來的？古時都還用糞尿去澆肥。美軍以前來臺灣都說臺灣的蔬菜不吃，因爲以前臺灣也是用糞尿澆的，他們就從美國進口；可是美國人後來又改回去了，同樣用糞尿做肥料才下肥去種，因爲化肥使土地越來越貧瘠；最後，美國人有多清淨，不一樣要吃糞吃尿啊？因爲都從泥土裡長出來的。爲了菜的營養得要施肥，不施肥的菜吃起來覺得只是纖維，大家就說：「這菜都不肥美。」不願意買，因爲它沒有肥。如果要吃肥美的菜，就要有糞尿作營養。現在弄好一點就叫作有機肥料，其實就是剩菜剩飯和一和泥巴、加上牲畜的糞尿和一和，讓它發酵了以後，再把它製成一顆一顆黑色的肥料，叫作有機肥。經由那東西種出來，人吃了不等於間接吃了糞尿嗎？是了。那飯鍋剛煮好時，第一次掀開那一剎那，你聞聞看那味道，那其實是糞的味道。對啊！只是你們沒有觀察出來而已。

所以諸位看，身根的取得是不清淨的，然後還要靠不清淨的東西來長養；要活在這種不清淨的人間，又會有各種的汙染，於是色身是不淨的，這個大家都不會有意見，「觀身不淨」是很容易修的。如果眞的還無法接受色身不淨，叫他去看死人。我們以前跟著 釋迦老爸樹下坐、山洞坐，這樣過一夜；有的人修行不好，就讓他去屍陀林，也就是棄屍林（沒錢的人家死了用粗布包一包，請個背屍人背到棄屍林就地一丟就沒事了），就去那裡看著死人身體一天天的變化，從剛棄屍看到最後分解剩下白骨時，這一下再也不貪色身了，這時「觀身不淨」就成功了。

那麼有身就能稱爲有情嗎？也不成；因爲有身不一定是有情，例如人死了還是有身在那裡，但已不是有情，被叫作屍體。人之所以爲人，正因爲是有情，也就是有七轉識在身上運行，讓大家可以看見這是一個活著的人，可以雙方互相溝通。既然是有情，就表示不單單有這個色身而已，還有許多的法。以二乘菩提來講法就簡單了，就是五陰、六入、十二處、十八界，就說這些叫作法。如果證得解脫果了，佛陀還爲他們開示一些法叫作「心所法、煩惱法、善法」等；但對凡夫不開示這一些，反而要開示次法，次法就是「**施論、戒論、生天之論**」，這些次法說完了，看對方信受了，再勸進他，所謂「**欲爲不淨、上漏爲患、出要爲上**」，鼓勵他要修出離三界的法。這一些法能不能離開有情而有？都不能。

這一些是比較間接的，但是如果要證得自己本有的法，就把它區分爲五陰、六入、十二處、十八界，說這一些法無一有我；而這一些法之所以能存在，是因爲入胎後出生了，以後這一些法就開始存在、開始運作了；但這一些法都是有生之法，既是有生之法就不是眞正常住不壞之法，就不是眞我——眞如來。所以眾生所認爲自我的這一些法全部都是生滅法，因爲有生必滅；既有生滅就不是常法，不是常法就不是眞正的「我」。假使要尋找自我、要當自我，結果找錯、當錯了，把這一些生滅的法認作眞實的自我；而且觀行之後也知道這些都是生滅的，那你要不要？當然不要了。因爲如果是生滅的就顯示最後你會變成斷滅空，沒有誰願意自己變成斷滅空，當然要設法實證眞我第八識。

可是臺灣有個大山頭常常教導大家說：「要把握自我、要當自我。」然而過個一、二年後卻倒過來了，說：「要消融自我。」因爲這兩個是互相矛盾的，其中最少會有一個是錯誤的；那到底是兩年前說的錯，還是兩年後的現在講的錯？都錯？算你有智慧。這代表那位大法師沒有自省的能力，連自己錯了都還不知道。那臺灣有句話笑人家說：「你憨到不會抓癢（你戇甲袂扒癢）。」意思是說「你笨到不知道要抓癢」，這算天下最愚癡的人了。再笨的人也知道身體癢時要抓癢，但他連癢都不知道要抓，放著讓它去癢而繼續難受。這也就是說，自己前後所說互相矛盾，如果不是後面的自己把前面的自己掌嘴了，就是兩年前的自己把兩年後現在的自己掌嘴了。必然如此啊！

而且把握自我的結果是把握到什麼自我？是把握到識陰六個識。但問題來了：識陰六個識能不能把握得住？當然把握不住啦！識陰六個識只能存在一世，不從前世來也不去到後世。有沒有人不接受我說的這句話？有沒有？沒有！諸位眞有智慧。所以我在會外不說法的，因爲沒有知音，要說給誰聽呢？（大眾鼓掌⋯⋯），他們總是說：「我們這個離念靈知是從過去無量世來到今世，未來還要去到無量世以後，所以要把握離念靈知，只要離念離開妄想就是眞實的自我。」可是這個所謂的眞實自我，我們先不談它的自性，先說說這個所謂的眞實自我如果是從前世來的，是不是剛一出生就要先向媽媽道謝說：「媽媽！您辛苦了！」對啊！因爲是從前世來的，當然什麼事情都知道。那如果他前一世是美國人來生到中國，他就應該用美語向母親講話，至少要表示意思：「媽媽這麼辛苦生下我來，我不能不感恩哪！」接著馬上就要問：「那我的爸爸是哪一個？」可是就沒有一個嬰兒是這樣的。假使哪一天眞的有一個離胎昧的菩薩來人間，他也會裝迷糊不開口問，否則恐怕人家會把他丟了，因爲可能認爲這是個妖怪，不知道是大菩薩，所以他只好裝迷糊。由此證明這離念靈知不是從前世來的。

他們不可以推翻說：「你講的嬰兒的覺知心不是離念靈知。」因爲不管怎麼修行，他們的離念靈知境界永遠輸給剛出生的嬰兒。有沒有想到這一點？對啊！依據他們的定義，只要沒有語言文字生起時就是離念靈知，剛出生的嬰兒永遠是離念的，因爲絕對沒有語言文字，對不對？而他們所謂的離念，不過是離個一小時、半小時罷了；那嬰兒整整六個月都離念，豈不勝過他們？眞可以說是遠勝於他們。如果這一個離念靈知是從前世來到這一世的，就表示一定是會再去後世的心；如果離念靈知是會去後世的心，應該所有人都沒有胎昧了，又哪來的隔陰之迷？

洋人就是無知，他們面對這個問題時無法解決，就說人沒有前世，人是上帝創造的；創造出來死了之後就生到上帝的國度。他們無知，中國人遠比他們聰明，所以中國發明了一個說法——孟婆湯。中國人能解決這個問題，因爲是死後的事，誰也無法推翻中國人的說法，但洋人不會解決這個問題。所以如果要談到精神文明且不說文化，說文明就好，洋人根本及不上中國人。中國人想，這個問題沒辦法解決，要怎麼辦？於是發明這個孟婆湯的說法，眞棒！所以人家質疑時就說因爲他投胎之前喝了孟婆湯，忘記了前世。由此可見中國人在思想層面是遠勝洋人的，如果不是這樣，佛法到中國來將難以立足。現在印度有佛法嗎？沒有了。有人曾經建議說：「**老師！我們將來有沒有可能把佛法帶回到印度去？**」我說：「**沒希望。**」因爲佛法在那邊弘揚的時機已經過了，文殊菩薩早就看清楚這一點，才要催著玄奘趕快回中國；而且菩薩們一個一個生到中國來，就是諸位，沒有別人。因此佛法就只能在中國存在，因爲中國有大乘氣象。

這道理是告訴我們說：離念靈知只是識陰六個識的組合體，眼、耳、鼻、舌、身、意六個識組合起來就是離念靈知。如果要詳細說明的話，可以用五個遍行心所法、五個別境心所法、六個根本煩惱、二十個隨煩惱再加上十一個善法，最後有四個不定心所法，可以用來證明離念靈知正好是這六識的心性。離念靈知既然是識陰，就是生滅法；世尊在《阿含經》中處處都說「**意、法因緣生意識**」，從眼識開始說起：「**眼、色因緣生眼識，乃至意、法因緣生意識。**」世尊在四阿含諸經中處處這麼開示。並且還怕後代有不孝子出來主張意識是不生滅的，還特地開示了一句話說：「**諸所有意識，彼一切皆意、**

法因緣生故。」前面講過遠的意識、近的意識、粗的意識、細的意識，最後總結說：諸所有意識都是意、法因緣生。這夠明白了，竟然還會有自認「證悟」的大法師們把識陰當作眞我，就表示這些人沒有智慧。

可是佛門中到了末法時代處處都是把識陰當作眞實我的人，臺灣最有名的代表就是釋印順；他活了一百零一歲走了，但我從他九十歲開始批判他，批判到他去世，他終不敢回應我。以前有人怪我說：「**老師！您都寫死去的人，死去的人沒有嘴巴，無法回應您，這樣不公平。**」我想也有道理，就看看誰活著而且對佛教傷害最大，在正統佛教裡就是釋印順，寫了什麼《妙雲集》、《華雨集》，講的佛法眞是狗屁不通。接著就是密宗假藏傳佛教，我把密宗假藏傳佛教四大派都評論了。那釋印順死了，但他死前不死心，還貪著名聞恭敬，把自己的傳記取了名字叫作《看見佛陀在人間》；那是什麼佛陀？如果他們是佛陀，那我們增上班所有同修們都要叫作佛上佛，親教師們該叫作什麼？那佛的名號可就太長了！不幸的是他死後有個女弟子更膽大，自稱「宇宙大覺者」，還公然在書上講「**意識卻是不滅的**」，公然跟　佛陀打對臺；大概她認爲自己也是佛，可以不聽　釋迦牟尼佛的教導。可現在吃了苦頭，臺灣佛教界對她群起而攻，其實我們十三年前就批判過她了。

那這個就不談它，這樣看來，不論次法或者自身的法——蘊處界等乃至心所法，這一切法都在有情自身上而有，可是這一切法有哪一個法是眞實的自我？無有一法是眞實我，因爲都是生滅的。即使是無始劫以來一直來到這一世的意根，一樣是生滅法，因爲可滅——阿羅漢入涅槃就滅了，而且現前也是剎那剎那生滅的，所以這些都不是眞實我。因此說諸法無我，阿羅漢永遠滅盡，沒有一法不滅。也許有人現在想：「**你這句話有語病吧？因爲如來藏祂滅不了。**」可是我告訴你：「**我的話沒有語病。**」怎麼說呢？因爲阿羅漢又不知道如來藏在哪裡，他不需要滅祂呀！他需要滅的是他所知道的法，他根本不曉得如來藏在哪裡，要滅什麼？所以是他所知道的一切法全部都滅盡。既然蘊處界等一切法都是可以滅盡的，就表示這一些諸法都沒有眞實的我，這就是「**觀法無我**」。

但這還是在講二乘法，還沒有談到《佛藏經》。不曉得諸位聽我這樣講過**諸法無我**，在別處聽過沒？對啊！在別的地方你聽不到誰這樣講諸法無我的，他們只能依文解義。先不談「**觀身不淨、觀法無我**」，還有一個諸行呢，

「行」有身行、口行、意行，全都是行，有哪一種行可以說之爲常？你找不到。從**諸法無我**諸位就知道有情的一切行都是念念變異，最後歸於消滅；然後又換新的行上來，繼續念念變異歸於消滅，所以諸行刹那刹那無常。因爲即使是覺知心現起的當下，覺得這個覺知心好像是延續不斷的，其實不然，這覺知心現起後存在的過程中是刹那刹那延續下去的。

好比電影，電影片是一格一格拉過去的，一格一格這樣拉過去。我告訴諸位，人即將捨壽時一世的業行，在很短的時間內全部現行，讓你全部看見，那時的覺知心很明利，那過程不到一秒鐘，一生的所有事情就好像影片一格一格拉下來，每一格代表一件事情，正當看見那些影像時，就知道這一生總共有多少有記的事情；那不到一秒鐘之間，一生的所有事情——跟生死有關的所有事情，你下一世要去當什麼樣的有情都跟這些有關，也就是有記業；這樣由下往上拉過去，前後不到一秒鐘都看完了，接著就開始逐漸進入正死位，這就是業鏡。看完了就知道自己下一世要生到哪裡去，差不多就知道了。如果你所看見的大多數是善事，你想：「**我要生天去了。可是我不要去，我是菩薩。**」就留在人間。

話說回來，以前你去看電影時，並沒有發覺它是一格一格放過去的，最多只是感覺到有點閃爍。看電影跟看DVD不一樣，你會覺得它有點閃爍，這是表示它的品質比DVD的影像品質差，所以你會覺得一閃一閃的。覺知心的生滅和電影的片子一格又一格放映出來很類似，讓人不容易發覺，因爲覺知心的識種流注速度太快了，使人無法察覺到剎那生滅。覺知心這六個識包括意根現行時，你覺得好像沒有中斷，認爲這就是一個心，怎麼會是六個？又怎麼會是剎那剎那生滅？所以一般人聽了都不信。然而我們卻要說覺知心必須是剎那剎那生滅才能有作用，如果不是剎那剎那生滅，覺知心就無法了別，因爲如果不是剎那剎那生滅的話，覺知心就只能了別第一剎那的境界，那你要這個覺知心幹嘛？

就好像去租了一部電影回來看，結果打開看了兩個小時都只是同一個影像，那你要不要？當然不要。所以必須是影像不斷地運作過去的才能有作用，因此說有作用的就是有生滅的；除了如來藏的作用以外，因爲如來藏作用出來也是生滅的，但祂的體是常住的；作用一樣是生滅的，所以有作用的就有生滅。那麼既然覺知心運作的過程就是剎那剎那生滅的，當祂在運作過程中的種種行，可能是常住的嗎？不可能！因爲覺知心本身就是生滅的，祂所運作的過程當然也會是生滅的；所以刹那刹那生滅的行，必然就驗證了諸行的無常，對於各種行應當如是觀。

最後，覺知心會不會中斷？會！晚上睡覺就中斷了。也許哪一天聽到某個大師說的法，他依文解義讓你好沒味道，不想聽又不好意思離開，於是坐著坐著就打瞌睡了；睡著時有沒有中斷？中斷了。中斷時覺知心的行也中斷了，所以心行也是無常。乃至於意根恆審思量，從無始劫前一直來到現在；假使你現在證得阿羅漢果了，捨壽時入涅槃，這意根的行一樣要中斷。同樣的道理，身行會不會中斷？什麼時候會中斷？死掉時？還有沒有別的答案？悶絕？要斟酌一下了，悶絕時他有沒有身行？色身還要不要呼吸、心跳、血液循環等？看來還有身行的。除了死亡以外，身行有沒有中斷時？沒有？有？對了！所以你們程度夠高，剛剛這位法師說在第四禪時，說得對，即使只在三禪後的未到地定——接近四禪的未到地定中，身行就停了。

如果有人自稱證第四禪而誇口炫耀說：「你們正覺太差了，你們才只有初禪、二禪，我們是先證四禪然後再來修初禪、二禪。」那時丟給他一句話就好了：「四禪之中息脈俱斷。」就走人，不必理他，讓他去懊惱。四禪之中呼吸脈搏都停了——息脈俱斷，所以他的身行也停了。四禪之中不但身行停了，心行也停了，因爲他沒有一般人的心行了，只剩下四禪定境中的心行；但那心行很微細，因爲他已經到達念清淨、也是捨清淨了，這時與捨法相應，所以他住在四禪的定境中，都不必用到腦筋，因此不需要氧氣，就不需要任何的血液支援氧氣，於是心臟的心跳就停了，當然就不需要呼吸。至少表面上看起來他的身行是停了，因爲他全部停頓了當然是停了！那進一步，在無想定、滅盡定中當然也沒有身行。一般人只能到死亡時身行才有停，假使不是死亡時，那就是悶絕即將死亡時，在那短暫的時間說他休克了，要趕快急救，這樣看來身行也有停時。那心行也一樣，口行更甭提，一打瞌睡，或是一睡著時，口行都停了，所以「諸行無常」，應當如是觀察諸行。

那如來藏的運作能不能叫作行？如來藏有行的，只是祂很微細而不容易理解，但如來藏的一切運作不能稱之爲行，因爲這是常法；是常法眞我就不能稱之爲行，不屬三界中法。這樣諸行無常中沒有一種行是常，因此不能說「我正在吃飯時這個心就是眞正的我」，也不能說「我正在游泳時這個心就是眞正的我」，不能這麼說，因爲都落在諸行中；而諸行都是無常的，無常的就不是眞我。那麼這樣看來身、法以及各種身行、心行、口行都是無常，如果想要解脱生死、想要出離三界，是不是該把這些全部滅掉？是啊！所以要滅掉一切行才能出離生死，這樣才叫「涅槃寂靜」。因爲滅掉以後十八界都不存在，沒有六塵、沒有六識，意根也滅了，還有誰能夠知道諸法？還有誰能夠運行於六塵中？因爲已經沒有六塵了；所以這時就是無餘涅槃，因此說「涅槃寂靜」。

怪的是末法時代的大法師們號稱是阿羅漢，結果他們「入涅槃」都是想要怎麼入呢？都是要一念不生進入涅槃中，繼續一念不生、永遠一念不生。這不是想要把三界中的我帶到三界外的涅槃中安住嗎？但三界中法無法去到三界外的涅槃中存在，所以這些人叫作愚癡人。因此我們十幾年前印出了《邪見與佛法》，書中說明阿羅漢不證涅槃，因爲阿羅漢入涅槃時十八界全部滅盡，所以沒有阿羅漢證涅槃。那時他們都說這蕭平實是邪魔外道，當時我們大陸的同修去翻印兩千冊，全國各寺院都寄，好多寺院都去收集起來公開焚燒。前些年河北有位大法師，幹過中國佛協會長，我就不要說誰，他因爲也曾燒過，但他死前特地吩咐徒眾們說：「我那一些講禪的書、講到開悟的書，以後都不要再印了，剩下的全部都燒毀。以後我們再也不要評論蕭平實，他是有證量的。」這算是救了第一個免墮三塗的人，所以我這些書有用沒用？有喔？至少已經證明他不必墮落三塗了。他當然懂得懺悔，都已經這麼吩咐了。

就是說「涅槃寂靜」的道理，到末法時代少人知，只好靠我們重新再把它講出來，而且記錄成書本以後要靠諸位廣爲流通，才能提升佛教界一切佛子的水平。當大家水平提升了，就不會再被假名大師籠罩，表示諸位藉著這些書籍可以救護很多人免墮三塗泥濘。這樣概略說完了，講得夠省略了，但諸位也聽懂了。

但這四念處所有的內容都仍然不曾涉及第一義諦，還沒有觸到實相法界，因爲這都是依現象界中存在的諸法來說的，還沒有觸及到實相法界。現象界的諸法就是只要你說明了，大家隨時隨地加以反觀就可以證實有這些內容；你現前證明、現前觀察印證自己身上有這些法以後，也可以確定這些是生滅的、是無常的，當然不是眞我，所以蘊處界等法無常故苦、苦故無我、無我故空，因此就說苦、空、無常、無我，這就是二乘菩提的眞義。想要解脫只有一個辦法，就是把蘊處界我全部滅盡；滅盡以後成爲無餘涅槃而不受後有，就是寂滅的境界。這樣才能符合三法印，因此說二乘菩提中所說的一切心全部都是無常，因爲都是如來藏藉根塵觸的因緣才能生起的；心既然無常，心的行爲也無常，無常就無我。如果繼續取得後有，那就是苦；因此二乘法中想的就是要取無餘涅槃、離開生死。

那如果現在讓諸位可以證得慧解脫，然後就入了無餘涅槃，諸位要不要？（大眾答：不要。）爲什麼不要？因爲心量小，對眾生眞的沒用。證得無餘涅槃眞的沒用，沒用是什麼？從現實層面來說：又不能拿給人家看，說我證得無餘涅槃。你證了無餘涅槃，是斷盡我見、我執、我所執等煩惱，死時把自己滅盡；現在斷盡煩惱，世人看不見；死時滅盡了，世人也看不見。就算你是俱解脫而當場就走人，他們也看不見你的無餘涅槃有多麼殊勝，所以從世人的現實面來說這個沒有用。那麼從法上來說，因爲你是菩薩，不是聲聞人；縱使有一天你眞的證了俱解脫，死時坐脫立亡，還是要被菩薩恥笑。

石霜禪師有個首座弟子禪定非常好，他可以坐脫立亡，但他誤會了涅槃的眞實義；且不說大乘涅槃，單單二乘涅槃他就誤會了，他就把石霜禪師的開示都當作一切法空，認爲證悟應該就是第四禪中所有法都捨的境界。有一天石霜禪師捨壽了，這時到底該誰來承擔起石霜的家業？有很多人不明就裡，公推首座來繼承，沒想到那九峰道虔站了出來說：「**且慢！先要看看首座懂不懂先師的意旨**。」首座很不服氣說：「**我是首座咧！**」問題是他不知道自己沒有眞的開悟，所以他不服氣，放話說：「**你不肯我？但裝香來！**」大眾眞的把香裝了來，他就開口說：「**香煙斷處，若去不得，則不會先師意。**」那九峰道虔就說：「**好啊！**」於是大眾點了香，那香裝了來用火去點它，古時候沒有打火機，要用火燭來點香粉，那可能要花個幾分鐘；大家看著某人在點香，點燃後終於把火焰滅了而有煙生起，煙生起之後不久，首座已經走了，眞的走了。

首座坐脫立亡是爲了顯示他的證量，沒想到九峰道虔走過來撫著他的背說（就是消遣他）：「**坐脫立亡即不無，先師意未夢見在。**」用現在的話來說就是，你只是空有坐脫立亡的功夫，但先師石霜慶諸禪師所傳的意旨，你是連作夢都還不知道的。你們看，人家都死了，九峰道虔竟然還消遣他，可惡不可惡？眞的不可惡，因爲佛門中以證量爲歸，首座只是修得禪定中的第四禪。但證得禪定有什麼用，有四禪的功夫可以坐脫立亡，卻依舊是凡夫，得要重新受生去色界中，不離生死。那石霜慶諸的眞正意旨就是這個「妙法蓮華經」——第八識如來藏，而首座並不知道，沒般若智慧，是個愚昧的人。他如果有智慧，當九峰道虔提出異議時，很簡單就解決了：「**那你過來過來，我告訴你先師的意旨。**」等九峰道虔走上來時，一把將他推倒就行了，講那麼多幹嘛！這就是說，四念處觀所觀行的諸法全部都在現象界中，沒有牽涉到實相法界，但實相法界都顯現在現象界中。所以光聽是不懂的，要實證才能懂。

現在回到經文來：【佛告舍利弗：「經說『**若人得四念處，是人能得諸法體性，能得自身、得我、得人**』，**無有是處。**」】四念處諸位大致上瞭解了，由四念處的實際觀行來看，得到四念處觀的人，他們於諸法的體性中能不能找到眞正的自身？當然找不到；能不能找到眞正的我？也找不到；能不能看見有哪一個人是眞實常住的？也沒有。因爲四念處所觀行的都是蘊處界等生滅法，不涉及實相法界中的眞我如來藏，所以 佛就說了：「**假使有人眞的能**

藉四念處的觀行而證得自身、證得眞我、證得眞實存在的他人，無有是處！」確實沒有這個道理。

世尊這樣開示以後當然要說明原因，所以 世尊就說了：「示法別相空，故說四念處。」顯示諸法的別相是空，是依這個緣故而說四念處。那請問「法」是指什麼？（有人答：如來藏。）三句不離本行，「法」就是如來藏。爲了顯示「法」的別相是空，所以才說四念處。爲什麼要說「示法別相」？爲什麼要講法的別相？

不知道？我們先把這個放著，我先來說法的相是指什麼？是指如來藏運行中顯示的法相，這才叫作眞法——法的眞實相。回來說：爲了要顯示這個如來藏眞實法的別相是空，所以才要說四念處。那麼請問「別相」是什麼？如來藏所生的諸法就是法的別相。如來藏有自己的法相，但如來藏所生的諸法不能說是如來藏，要建立這個正見與正念。達賴讀不懂三乘菩提諸經，所以謗佛說：「如來說的初轉法輪經典跟二轉法輪不一樣，前後矛盾。」這個人眞是地獄種性，他公然謗佛；然後有一個愚癡人，在臺灣以前很有名的人，也當過大官、選過總統，落選了。知道了？因爲我也跟他有兩面之緣，好歹他也稱過我老師。他之所以誤會佛法，也是因於此、緣於此、不離於此，才會無知到替達賴喇嘛印出謗佛謗法的書本。他的出版社不像咱們叫作正智，它叫作「眾生」；諸位想想看，既然出版社的名字叫作眾生，出版的自然就是眾生層次的書。有智慧的人命名時不會用那個名稱，所以他出版的書與出版社的名稱很相當，很適合爲達賴出書，很適合印密宗假藏傳佛教的書，因爲所講的都是眾生的法，全都與三乘菩提無關。

話說回來，二乘菩提中的經典都說「**一切法無常、無我、空**」，可是諸位有沒有發覺來到《大般若經》中說「**一切諸法無我**」以外，還說「**一切諸法本來清淨**」、「**一切法本來無生**」、「**一切法常住不壞**」，有沒有讀過？有時說「**一切法本來寂滅**」、「**一切法本來不壞**」、「**一切法本來不滅**」，有時又說「**諸法常住**」，同樣是說無我法，但這時一切法變眞實了，這是什麼緣故？這是因爲一切法就是如來藏的代名詞。爲什麼一切法變成如來藏的代名詞？因爲諸法都是如來藏所有的，諸法從來不曾外於如來藏。佛菩薩的所見，一切法本來就是如來藏中的法，猶如影像之於明鏡，你能不能說那影像不是明鏡所有？不能啊！如果明鏡中沒有影像，那就不叫明鏡了，所以凡是明鏡必有影像，影像的本質是鏡子所有的。那每一個有情的如來藏比喻是一面明鏡，既有明鏡就有影像，什麼影像？正是五陰、六入、十二處、十八界以及藉這一些法間接衍生出來的無量無邊法，而這些法都在如來藏中生滅不住，全都歸屬於常住不滅的如來藏，所以一切法本來不滅而常住。

老趙州說：「**如明珠在掌，胡來胡現，漢來漢現。**」這顆明珠在你手掌中拿著，胡人來了它就顯現胡人的影像，胡人走了，換個漢人來了，又顯現漢人的影像，所以說「**胡來胡現，漢來漢現**」；這時你不能說那個漢人影像不是明珠所有，也不能說那個胡人影像不是明珠所有。那麼胡人是誰？就是上一世的你；上一世也許你姓胡，這一世姓漢，下一世又換另一個姓。不管是哪一世的影像，都是在明珠的表面上來來去去，而這一切法都歸明珠所有。明珠顯現的一切法，也許顯現出五彩繽紛的光明，也許顯現出純白或純黃、純金的光明，但這一切法都歸明珠所有。所以當你說到一切法時，這一切法就是指明珠。那麼每一個人都有一顆明珠，每一條狗、每一隻螞蟻都有一顆明珠，所以禪師說「**我有明珠一顆**」，只是太難證，很難爲人說明，所以寒山子說：「**教我如何說？**」

眞的很難說明，因此般若諸經中若說一切法時，就是指眞如，就是指如來藏。這時既然說的是眞如、是如來藏，那麼這時若說一切法眞實、一切法常、一切法不空，有什麼不對？這跟二乘菩提講的一切法無常、苦、空、無我又有什麼矛盾？完全沒有矛盾啊！因爲二乘菩提是依現象界的蘊處界等法，來說無常、苦、空、無我；大乘菩提卻是依如來藏這個眞如、妙眞如心，來含攝一切法，所以一切法屬於如來藏；當一切法歸常住不滅的如來藏所有時，一切法就跟著是常、是我。所以你從如來藏來看上一世、這一世以及未來的下一世，不能說這三世的五陰等法無常；因爲三世的你始終都在常住的如來藏中，而如來藏是常，所以你本來就是常；只是單從五陰影像看來時有生滅，上一世胡先生走了，這一世漢先生來了，下一世你又換了另一個身分，但畢竟還是由你的如來藏所生，還是在你的如來藏中存在，攝歸如來藏時就成爲一切法常，因爲如來藏常。

《般若經》應當如是閱讀與理解，不應該依文解義。當你這樣瞭解時，就知道 佛開示這句話的意思了：「**示法別相空，故說四念處。**」法的別相，法是指如來藏，法的別相就是如來藏所生的蘊處界等；爲了顯示法的別相是空，所以才說四念處。可是法的自相空，就不能用四念處套上來說；以前有人自以爲是，開示說：「依四念處來看如來藏，也是生滅緣起的。」那就出大問題了。這就好像有一個人把小孩子騎的三輪車，當作勞斯萊斯來用，於是他一個大人騎著小小的三輪車上高速公路，結果如何呢？粉身碎骨了。粉身碎骨的意思是說，他們的法身慧命粉身碎骨了。好在出了個討人厭的蕭平實，在交流道先把他們攔截下來，幾乎要毀壞的法身慧命終於救回來了。所以《佛藏經》容不容易理解呢？不容易，眞的很難。

說個故事給諸位聽，在臺北以南、新竹以北，有一個專門教念佛的道場，聽說正覺要講《佛藏經》，他們也開始講《佛藏經》；可是他們規定：大家可以聽他講、也可以讀，但是後半部不許讀。這可怪了！佛說的法是完整的，爲什麼只能讀前半部而不許讀後半部呢？那原因到底是什麼？不告訴諸位，等諸位聽完了自己再想一想就知道。老實說，即使是前半部，莫說他們是聽者不懂，說者亦復不知；諸位想想看，我們這《佛藏經》講多久了？已經講到幾講了？現在已經是六十幾講了，才講到第十一頁，這容易理解嗎？如果容易的話，我爲什麼要講這麼多、這麼慢？可知講這部經是不容易的，因爲這得要從自心流露來說。這是我開講所用的經本，其實也不算經本，只是列印下來成爲單張的經文，因爲經本裝訂好了講經時翻來翻去不好固定。今天講的是第一段，是過去兩個月所講的，我在上面寫了幾個字，只有這幾個提示的字，沒有註解或其他的文字，就這樣依著經文直接講解。

這就是說，得要眞實理解 世尊所要告訴我們的眞實義，才有辦法講解。依文解義能講得了什麼？所以我還沒有開講，他們就已經講完了。就好像《瑜伽師地論》，我從二〇〇三年因爲法難的緣故開始講，講了十二年，一百卷現在才講到六十一卷。那些退轉的人聽說我開講《瑜伽師地論》，他們跟著我後頭也講，不到半年就講完了，大約是唸一遍吧，因爲全部唸完一遍也得要半年。這就是說，世尊說法前後連貫，有次第性，不能加以切割；可是他們規定後半部不許讀，那我根本不必去判斷，立刻就知道他們連前半部也不懂，只有不懂的人才會這樣規定。所以你們看 世尊說：「**示法別相空，故說四念處。**」有誰知道法的別相空？誰知道這個道理？爲了要解釋這兩句聖教，我得要先講出一堆的法。

前面的經文才兩行，我講這麼久，將近兩個鐘頭，已經快要敲引磬了才講到這裡。可是前面的這一些說明如果省略掉，單是依文解義，只有說者懂，聽者不可能懂；因爲說者知道這是什麼眞實義，可是聽者只聽到那些語言文字，無法瞭解其中的眞實義；因此前面說了這麼多，包括四念處觀的略說，全都是爲了解釋這兩句話：「示法別相空，故說四念處。」可是如果不加以詳細解說，你再怎麼解釋說「什麼叫作法？什麼叫別相空？所以才要演說四念處。」再怎麼說明，大眾多數也是聽不懂的。

現在諸位瞭解了法是指什麼呢？是指如來藏；那麼次法就是爲了證如來藏而必須要修學的種種法。法的別相與法的實相，當然是不同的層次；法的實相就是如來藏本心，而法的別相就是如來藏所生的諸法。如來藏所生諸法全部緣起性空，而緣起是要藉緣而起，既能藉緣而起，一定先要有個主體，才能藉緣而起；沒有主體如何能藉緣而起？那個主體就叫作「法」。所以緣起性空本來講的是大乘法，只是他們不懂所以錯會了。而這裡的結論是說：「爲了顯示眞實法所生的別相諸法的緣生性空，所以我釋迦牟尼佛才要爲大眾解說四念處。」這樣一講，諸位就懂了。時間到了，今天只能講到這裡。

《佛藏經》我們上週講到第十一頁，第三行的第一個字，今天要從「四念處性無性無處，無念無說無有貪著」開始講。上週講了四念處，好像跟一般人所認知的四念處觀不太一樣喔？一般所知的四念處觀，都是講「觀身不淨、觀受是苦、觀心無常、觀法無我」，然後說三法印的「涅槃寂靜」，但那是二乘法的四念處，不是大乘法的四念處。那麼在大乘法中講的四念處，就是我們上週所講的內涵，也就是把「觀心無常」納在「諸法無我」裡面一起講；但不管是二乘法的四念處或是大乘法中說的四念處，其實這個四念處的法性都沒有實體性，所以也沒有處所可說。無論是二乘法的四念處或者是大乘法的四念處，其實都只是依於眞實法如來藏而說的法；也就是說，眞實法如來藏是個實體法，不是個名言施設；稱之爲實體法，是因爲祂可以遺世獨存，可以單獨存在而不依他法。除此以外，沒有一個法可以遺世獨存。

「遺世獨存」的意思是說，祂可以把世間法丟棄而後自己獨自存在。那麼請問諸位：當祂把世間丟棄了，自己獨自存在時是什麼境界？欸！正是無餘涅槃。我要是去外面問的話，大約沒有人知道是什麼，他們會想：「你怎麼會問這個問題？好奇怪！」當然「遺世獨存」這四個字是一句成語，這句成語世間人也常常在用；他們自以爲是出世間的人，所以叫作遺世獨存；但他們何曾遺世？都把世間抱得緊緊地，而且是把人間的鄉野或者山野當作是離開世間，所以稱自己遺世獨存，其實都不曾離開世間。

話說回來，只有眞實的法能夠遺世獨存，其他的法譬如我們剛剛說的涅槃的境界，就是三法印最後一個法印「涅槃寂靜」，或者說三法印的最後一個「涅槃寂滅」，這個法（這個涅槃寂滅的法）並不能單獨存在，因爲這個法是依於如來藏捨棄三界一切法之後，祂自己不在三界中而獨自存在的境界來施設。所以這個「涅槃寂滅」或者「涅槃寂靜」的境界，其實只是如來藏的別相的空性單獨存在的法相，是菩薩之所證的法；也就是上週最後講的「示法別相空」。所以涅槃寂滅這個境界，只是在顯示法的別相的空性獨自存在的空相，於菩薩尚在人間時顯示出來，這就是「示法別相空」，因爲法的總相與別相都只是意識所了知、所安住的境界，如來藏自住境界中並沒有法的總相或別相可說，當然也是空。

既然是這樣，顯然四念處觀最後所得的「涅槃寂靜」，祂的法性並沒有眞實性可言，只是意識之所知；既然沒有眞實性可言，也就沒有處所可說了。譬如我們在修學佛菩提道的過程中，先建立一個「如來藏與自己五陰同時同處」的正見，這就是建立一個處所，表示「如來藏與我五陰同在一起」，既然與我五陰同在一起，就有處可尋；但卻又說祂沒有處所，因此沒有來去，因爲祂無形無色。無形無色就沒有處所可言，可是爲了接引有緣人，卻要告訴他說：「祂跟你五陰在一起。」既然說同在一起就有處了，所以你有了尋覓祂的處所，因此善知識告訴你不要望虛空討尋。凡是望虛空討尋的人，我們就稱他爲虛空外道，就像達賴喇嘛、盧勝彥同時也都是「虛空外道」，他們有時說眞如在虛空中。

那麼如來藏「有處」是一個方便說，實際上你從十二處中尋找看看，有哪一處是如來藏？沒有一處是如來藏，這十二處全都是「無性無處」；因爲都沒有自己可以常住恆存的自性，也就無處可說；那麼「涅槃寂滅」既然是依法—如來藏—而施設，當然涅槃寂滅的法性也就「無性無處」了！「涅槃寂滅」如是，往前推溯「諸行無常」，這「諸行無常」究竟是依什麼而有呢？「諸行無常」能不能自己單獨存在？也不行；因爲諸行的無常是依於五陰的運作過程才有行，但所有行不斷地生住異滅而無常住的法性，也沒有能夠單獨存在永恆不壞的法性，才有各種運作過程來顯示出來諸行的無常。那諸行無常既然是依五陰的運作過程而顯示，但五陰是「法」如來藏的別相，是如來藏「無名相法」的別相，這五陰不能自己單獨而有，必須依於法—就是《佛藏經》說的「無名相法」—才能存在；五陰既然如此，依五陰而有的諸行無常，當然更是「無性無處」。

再往前推溯「諸法無我」，「諸法無我」也是依於五陰等諸法的無常、苦、空、無我來說的；五陰本身既然是「無性無處」的，由五陰的無我性而顯示出來的「諸法無我」，當然更是「無性無處」；所以演說「諸法無我」時，目的只是在顯示眞實「法」的「別相空」。

再推溯到第一個「觀身不淨」，這「觀身不淨」是依五陰的局部而說的；由於五陰中的色陰從來不清淨，可是這色陰不清淨的觀行而成爲四念處觀中的第一個念處，卻是依色陰中的五色根而施設；但色陰不是眞實法，色陰不能常住，色陰沒有眞實性，所以有智慧的人瞭解色陰是依於「法」——「無名相法」如來藏妙心而存在的，因此它只是「法」的別相；觀察色身不淨時，這個色身不淨的念處，只是依於法的別相色陰來說，所以四念處觀——大乘法的四念處觀，尚且是法的別相，何況是二乘法中的四念處觀，更是法的別相。因此說四念處的法性「無性無處」。

下一句「無念無說無有貪著」，請問大家了：四念處自己會不會起念？不會呀！那是由誰起念？可不能再三句不離本行了！是誰起念？說意識也行，說五陰也行，總之就是補特伽羅起念，稱之爲有情起念；但四念處本身不會起念，有情才會起念，所以四念處法本身「無念」。那麼四念處的教導，其中的道理只是要讓大家理解如來藏的「別相」是「空」，所以四念處觀的修學不能及於第一義諦，四念處觀的實證也不能觸及到第一義諦。如果是二乘法的四念處觀，那還牽扯不上「法」的「別相空」，因爲完全是在講五陰、十二處等世間有情之法，純粹在說五陰等都是無常、苦、空、無我，有智慧的人應該追求涅槃的寂滅境界。這都沒有談到「法」第八識，這就是二乘的四念處觀。

然而大乘的四念處觀就告訴你說，你所追求的四念處的實證，這觀行的結果最後是要了知眞實「法」。但是這四念處觀的本身是在了知法的別相——五陰等一切法全部都是「法」的一部分，所以一切法就是眞如心，眞如心就是一切法，眞如心又名如來藏。所以「法」眞實的緣故，法的別相—無量無邊萬法—也就依於「法」這個空性而成爲眞實不壞法，因此導致眾生可以輪轉無量世永不壞滅，乃至將來成佛之後不斷地有三身繼續利樂一切有情。因此四念處本身永遠不起念，要依於「法」才有五陰，才能起念觀行這四念處。「法」的本身永遠不起念，四念處本身不會起念，「法」自己也不起念；但「法」的別相五陰會起念，來修這四念處觀，來證得「**法從來不起念**」的事實，這樣才是大乘法。

有點像在繞口令吧？但是事實正是如此，所以每回打禪三我總是說，佛菩提的根本心就像相聲大師說的，學相聲入手要練的第一門功夫就是繞口令：吃葡萄底不吐葡萄皮，不吃葡萄底倒吐葡萄皮。我說這就是佛法，怪不怪？眞的怪。然而等你哪天悟時卻說這不怪，爲什麼是如此？且賣個關子，等你悟了自然知道，也不用我多嘴。我現在如果不賣關子加以解釋了，未悟者一樣是聽不懂，那就不如省了口水。所以眞正的佛法難可思議，不是小事！

接著又說「**四念處性無性無處**」，四念處會告訴你佛法嗎？不會的。四念處雖然是法，它是佛法中的一個法，而它不會告訴你佛法，得要你依著四念處的內涵自己去作觀行，正確觀行之後才會懂得：原來這只是幫助我實證法的一個基礎。換句話說，二乘的四念處教導大家修學二乘菩提、實證二乘菩提的正知正見；但是大乘的四念處觀教導大家的是實證佛菩提之時所應該要有的正知正見，而這一些正知正見得要你依著四念處觀去作觀行，觀行之後才能理解那個道理，然後你要實證大乘菩提中說的「法」第八識才能夠成功。因此你要去瞭解四念處、去作四念處的觀行，你得要在心裡面自言自語去作思惟，這叫作「自說」。如果自己不太瞭解，要聽聞善知識的開示，要去聽聞、熏習才能自己作觀行，那麼這時四念處的內容可就是「他說」了。

然而不論是自說或者他說，終究不是眞實法，因爲眞實的「法」是如來藏，如來藏妙眞如心無始劫以來不曾講過一句話。有的人出家後一世禁語都不講話，顯現她的修行很好；可不像我一上座就講個不停，都不用打草稿，那你們要跟隨哪一樣的師父？啊？跟我啊？我修行不好啊！老是講個不停，修行似乎不很好啊！爲什麼要跟我？喔！因爲有法可聞。可是我哪一天如果也來學她禁語，就無法可聞了！（大衆答：有。）行！既然禁語者也有法可聞，爲什麼你們要選我？啊？不一樣喔！怪不得有的禪師一生吝於開口，不管哪個弟子進得門來請益，一棒就打出去了；懶得開口卻是有力氣打人，因為他有法。所以說，一生都禁語、都不說話，其實徒眾們正該感恩涕零，可是為什麼竟然沒有一個徒弟可以出來接引眾生利樂有情？因為師徒都只得到一個表相。

然而跟隨了有「法」的師父，他卻是一生都不開口，從來無說，你想要聽他說法可就困難了，因為他說法不在嘴皮上，你得長年等著悟入的因緣。如果等到幾年後突然我宣布禁語，到底你算不算倒楣啊？不算喔？那可好，我跟諸位約定三年後禁語好了！好不好？又不好了。也就是說，佛法實際理地雖然無言無說，然而當你觸證之後，這悟後起修可有非常多的法，都得要靠言語來解說，大眾依言隨聞入觀，才能理解更深妙的法，才能夠次第到達佛地，並不是悟了就沒事。假使像六祖慧能大師從理上方便說的「一悟即至佛地」，拿來當作眞實說，那 釋迦老爸講的三藏十二部那麼多經典豈不都是贅語？然而 釋迦老子是個實語者、不誑語者，千萬別把六祖的方便說當作究竟說。

咱們說句老實話，如果不是玄奘翻譯了那麼多經典，還把《成唯識論》寫在那邊，六祖能弘揚佛法才怪；達摩看準了玄奘什麼時候會把這一些經論翻譯好，他知道那時是可以廣弘禪宗了，因此吩咐得要到那個時候才可以弘揚禪宗，才能一花開五葉；否則六祖慧能一個人儘管有那一件祖衣，有那個佛鉢也無可奈何！因爲全天下那些瞎眼阿師一個人一口口水就把他給淹了，信不信？怎麼點頭點得這麼勉強？啊？信喔！我說老實話，咱們可以說是群雄環聚之中一枝獨秀，可是我們一枝獨秀的今天已是弘法二十幾年後的事了；二十幾年前我一個人說：證悟內涵是如何，想悟時應該是如何，修行的內涵是如何，佛道的內容又是如何。誰信？沒人信。那爲什麼今天佛教界信了？爲什麼各大山頭不敢說一句話，原因何在呢？因爲 釋迦老爸講了那麼多經論在那裡，玄奘菩薩翻譯給我們作依據；而且他們也風聞：這蕭平實會講《成唯識論》，咱們連讀都讀不懂，他這一講就講四年多。於是大家都不再提蕭平實，免得惹事生非。

這表示什麼？表示「法」本身「無念無說無有貪著」，可是我們卻必須要有念有言說，而且還要執著於「法」，一點都不放鬆，把「法」的內涵從各個不同層面一一爲大家詳細解說，這樣「法」才能廣傳。可是「法」的廣傳方法是要向下扎根，不能是個空中樓閣。以前曾經有些師兄姊私底下說：

「老師最好拐啦！你跟他問個問題，他送給你一堆法。」意思是說從我這裡要挖法寶很容易，看起來我好像很笨；其實菩薩本來就要笨，於「法」廣有智慧，但是在世間層面要笨得可愛，讓人家覺得可以從菩薩身上不斷挖到很多法寶。到了二十幾年後的今天來看，我那一種笨的作法到底對不對？欸！諸位眞有智慧。如果我不是無保留的把相關的法義都教給大家，同修會哪有今天興盛的局面？當某一個人問了這個法與另一法有關的法，我就全部開示給他，所以今天我們這些老師們派出去時，都可以獨當一面。不管哪個大法師聽到這人是正覺的老師，他們心裡就慌了！因爲心想：「不曉得這老師會質疑我什麼題目，我可就吃不了兜著走。」於是我們這些老師們不就有法上的威德了嗎？因此咱們今天要復興中國佛教就沒問題。

現在倒有點像是無門慧開禪師在《無門關》中評論潙山靈祐的那一句話，叫作「百丈重關攔不住」；現在正法眞的要復興，如果不是二十幾年來，我這樣毫不保留的盡量把法教給大家，今天沒有這麼多的老師們可用。你們看那些大道場，他們上電視說法時通常就是一個住持法師從頭講到尾；但我們不是，我們是一個老師輪過一個老師，大家共同來成就護法大業；所以會外有好多人看法界電視弘法節目以後說：「那正覺道場好大！」大在哪裡？就是法，因爲我們法大！正覺又沒有大山頭一、二百公頃地，我們臺北講堂也不過六個講堂加上一個大辦公室，就這樣而已，哪來的大？可就是法大，隨便哪一個老師上去都勝過一百個大法師，竟有那麼多的老師都能上臺說法。

我說的好像很誇口，其實不然！就好比擁有一百克拉的鑽石，切割得好好的一百克拉，另外有一個人有一公噸三分的鑽石礦土，能比得上這麼一顆一百克拉的鑽石嗎？遠遠比不上。何況我們正覺這一百克拉的鑽石，現在親教師席上有幾顆了？把桃園、新竹一直到高雄等講堂算上去，總共有幾顆？你們算算看。這成績，都是因爲我傻不拉嘰，要五毛不是給一塊，而是給一百塊錢，所以我們今天有這樣的人才可以進行中國佛教的第二次復興，我相信是可以成功的。

但是話題拉回來，「法」本身是無說的，「無說」的法，你實證了以後只不過是個總相，而這個總相，我們依據經教、依據 釋迦老子的教判，說這只是三賢位中的七住位；接著要怎麼入地呢？入地的內涵是什麼？這些悟後進修的相見道位深妙法義，可以用無言說的方式教導弟子嗎？不可能。「法」的總相是可以運用無言說的方式來幫助弟子親證，然而「法」親證之後，祂的別相以及「法」親證之後如何具足圓滿而到達佛地，這些都必須要靠言說來說明，所以才需要有經典論典以及雜藏的存在。那麼諸位也知道我們講過了《成唯識論》，現在增上班講《瑜伽師地論》已經講了十二年，才講到六十一卷；後面還有將近四十卷，講完之後應該是將近十年後的事，大約要十八年左右的時光才能講完（編案：此書出版時已講到卷九十五）；然後還要再重講《成唯識論》，因爲以前沒有錄影下來很可惜，而且以前講時聽聞的同修們大多是未悟之人，大部分人都聽不懂。現在證悟的人多了，應該重講一遍並且錄影下來。

我們爲何如此重視《成唯識論》？因爲它把《瑜伽師地論》濃縮成爲十卷，擇其精要而作。《瑜伽師地論》總共一百卷，濃縮爲十卷，是把整個佛道次第從最淺的到最深的——到究竟的——一起把它說了，這等於是把整個三乘菩提的內涵濃縮在這一部論裡面，所以它很重要。那諸位看見我們九樓主講堂供著玄奘菩薩，有的人也許很敏感而聯想到某一個想法來，但我告訴諸位，當年我刻意造這一尊供上來時其實跟我無關，而是因爲我認定《成唯識論》非常重要，必須要好好弘揚下去；既然《成唯識論》被我們認定是正覺的主論，這部論的論主總不能不供吧？所以這樣子供下來。當初雕刻的師傅說：「**你又沒有給我個模樣，我怎麼雕？**」我說：「**簡單啦！**」當場腿盤起來就作出這個樣子說：「**你就照個相，就這樣子雕。**」那他就這樣雕，就是現在這個模樣啊！當然後來漸漸開始往世的種子流注了以後，終於知道某些來歷，那已經是將近二十年後的事了。

但是由這裡就可以瞭解說，其實中國佛教從唐太宗那個年代開始一直到現在爲止，乃至將來的中國佛教，還是要依玄奘這個法來建立、來鞏固、來流傳，否則中國佛教沒有未來，因爲他講的才是法的根本！而禪宗的法也依於玄奘翻譯的經和他所造的論而獲得支持，才能無所遮難地流傳下來，否則早被人家推翻。這個第八識「法」既然如此重要，而我們增上班講解的《成唯識論》又不可以公開流通，那就只有一個辦法：把密意撇開不談，加以略註之後公開流通。因爲那些註解《成唯識論》的人，解得一塌糊塗，其中有一個本子是比較好的，就是普行法師的註本；但是也不完美，那我不如自己來作個略註，將來流傳下去，諸位悟了以後到未來世雖然有隔陰之迷也不打緊，總是還會再悟；悟了重新再來讀一讀，你自己也可以往前進。

所以我現在預備二年時間來寫這一部略註，斷句已經把卷五解決了，大概再兩週斷句可以全部完成，正式開始註解。（編案：後因事務越來越繁重，註解的事也耽擱下來，可能要等重講時一面講解、一面註解。）（此書出版前編者重案：此書出版時剛好註釋完畢，重講到足夠出一本書的分量時就會出版一本。）那這部略註將來會有什麼作用？就是幫助諸位——當然包括下一世的我——重新再回到正法中時可以閱讀，就能把往世所證的那一些法快速找回來；於是大家一世又一世繼續把這個如來藏妙義在神州震旦弘揚下去，擴而大之，將來全世界一談到文化的祖國那就是中國，這是我想要達成的目標。

老實說外國人沒有文化可說，他們只有文明；但經過二十世紀末現在二十一世紀初，在這一百年之中，中國被滿清皇帝們搞壞了，故步自封而外國人船堅炮利不斷發展文明，於是大家都想「外國人文化比較高」，可不曾想到他們只有文明而沒有文化。所以現在基督教的高層把佛教的代表認定是誰呢？就是正覺；他們基督教把我們正覺當作假想敵了，但他們沒想到的是我現在不破他們，眞要破他們的話，就會讓基督教開不了口，將來那一些外國人就會知道：「原來眞正有文化內涵的還是佛教，那我要去找佛教學習。」而佛教的根在哪裡？在中國，沒有別的地方。到那個時節，不會像現在那些電影明星們說「佛教就是密宗藏傳佛教，密宗藏傳佛教就是佛教」，再也不會了。所以密宗假藏傳佛教信徒們漸漸有一點耳聞，敢再沾沾自喜洋洋自得說「我學的是密宗藏傳佛教」啊？不敢了。

那接著有個問題跟在後面，就是怎樣幫助大家提升佛法知見水平。這就是最重要的事了，所以我們爲什麼一直在幹傻事？道理就在這裡。人家都說：「每一個宗教團體到了宗教電視臺製作了節目播放出來，中段跟最後一定會打上自己的郵政劃撥帳號，可你們正覺都沒有，反而打上那個電視臺的劃撥帳號，眞怪！」但是不怪，因爲我們目的不在賺錢！那我們這樣去作，每年幾百萬元花出去，幾年下來可以看見的是臺灣佛教界大家知見水平都提高了，如今再也聽不到哪一個大法師私底下說：「如來藏是外道神我。」他們只要敢說就死定了，因爲信眾們都會說：「唉呀！師父您才是外道啦！因爲如來藏妙法第八識是如來所說，而且三乘菩提都依此建立，您還說是外道神我，那佛教不就是外道了嗎？那師父您也是外道。」所以如來藏妙義現在成為顯學，不再是玄學了。

我們講了這麼多，花了這麼多的錢去教育臺灣佛教界的所有佛弟子們，導致那些大法師們不得不閉嘴，因為大家的知見水平提升了，對佛法有正知見了，這是從「無言無說」的如來藏直接達成的嗎？當然不是，而是要靠我們五陰這一張嘴不斷地把它講了出來。所以我們這一些老師們上電視臺說法時，這不就是有說嗎？不可能是無說。「法」本身「無說」，實證了法以後轉依了法的境界而安住其心，稱之為「得忍」；但是得忍的人可以「無說」，面對所教化的有情時卻不能「無說」，否則就叫作聲聞種姓——聲聞一類。因此悟後要在「法」上有自己的思惟，就叫作「自說」；也要從善知識去聽聞熏習，才能使自己作更廣、更深的各種層面的現觀，智慧才能快速增長，這就要藉著「他說」來快速增長，就是悟後廣為聽聞大善知識說法。所以「法」的本身是無說的，但是你悟後起修時卻必須有說。

當你實證了「法」以後，知道「法」是「無說」的，也現前觀察確認祂是「無說」的，可是你一定會面臨一個題目，就是悟後進修要入地時能不能

「無說」？上求下化時攝受眾生實證這個法，能不能「無說」？結果當然是不能。所以「無說」之法因為太勝妙、不可思議，所以你想要幫助眾生實證時，必須說上一大堆法。也正因此，號稱不立文字的禪宗，留下的言說典籍是諸宗之最，沒有哪一宗比禪宗多。那麼「法」本身「無說」，當你證得「法」以後安住下來，說你轉依成功了，也住在法的「離念」境界中，那也是「無說」；可是證這個無說之法卻必須要經由言說聽聞熏習才懂得如何修學，然後才能實證，這卻又要「有說」了。所以當你如實親證之後發覺：法「無念無說」，我卻必須要有念有說；我有念有說時，而我自身中這一個常住的法卻又「無念無說」。

接下來又說「無有貪著」，貪著是世間有情很正常的事，那些畜生去掠食得手，但老大卻不許別人來吃。如果你們看過動物影片，知道掠食是母獅的事；當母獅圍捕了一匹馬或者一頭羊，結果雄獅走過來卻要先吃，母獅們都要退開，如果誰過來咬一口，牠就齜牙咧嘴，這不就是貪著？要一直到吃不下時才不情願地走開。有情會有貪都是正常的，可是「法」本身永遠無貪。現在問題來了，實證了「法」以後是不是可以說：「我已經實證，沒事了，大事已畢。」因此就立刻跟師父告假？當然也可以，禪宗史的記載中也確實有這樣的人，而且有的還是很有名的禪師，例如德山棒、臨濟喝二個公案的主人，都是這樣的人。

你們看，德山得法的過程我們以前講過就不再講，他在龍潭崇信手下悟了，第二天就告假，那他的證量高不高？爲什麼你們搖頭？因爲知道他確實證量不高。可是我說這話卻不能去外面講，不然又要被罵慘了，人家會說：「**德山宣鑑是大師，你還敢貶抑他！**」但我不是貶抑他，只是說如實語。因此德山終其一生只知道法的總相，最後捨報前三年，還是他的徒弟巖頭全豁指導，他才懂得什麼是末後句，也只是解悟，才稍微懂一點別相。如果是臨濟義玄呢，才悟了不久，他就不可一世；老實說，他當年初悟時，還眞的叫作眞妄不分；而他的師父黃檗也是潦草的勘驗，就給他禪板出去開山了。

去開山時竟然找上了普化、克符師兄弟倆，要他們把臨濟院讓給他；但是人家當場把臨濟院讓給他，而他的證量有超過普化、克符兩個人嗎？差遠了！所以從表面上來看，臨濟義玄跟德山宣鑒好像就是「無有貪著」，所以悟了就走人；「無有貪著」不是很好嗎？那只是從不貪世間法來說，可是這樣其實不好，菩薩不能捨棄法貪，因爲法貪是善法，不是惡法。因此佛世那一些大阿羅漢們迴心成爲菩薩以後，一個個賴在 佛陀身邊不走，因爲希望可以從 佛陀金口聽聞更多的法，所以大家跟隨在 佛陀身邊；即使是三明六通的大阿羅漢，也都像小孩子依戀父親一樣緊跟不捨，爲的就是希望學到更多的法，最後講《法華經》時才可能被授記未來成佛。

直到有一天因爲旱災托缽困難，佛陀才說：「**你們各人往四面八方去，不要兩個人去同一個地方，每一個人都各自去一個地方，好好傳法；這地方托缽不易，我留下來。**」於是弟子們才到處去弘法。這告訴我們一個道理，法的貪著其實不叫貪，而是精進和樂欲於法，因此「無有貪著」講的是對三界境界的貪。三界境界的貪太廣了，且就不說，來說我們現在的人間，人間最貪的是什麼？錢財、名譽、眷屬。假使告訴你說明天有人送一億元給你，條件是你的老爸要被帶走或者你的老媽要被帶走，你要不要？當然不要，只有不孝子才會要，因此說人最貪著的其實是眷屬。

也許有人說：「**老爸？老爸沒關係啊！他常常會罵我。**」可是那個人說：「**給你這一億元，你那兒子得要跟我走，將來再也不許見面。**」那你要不要？

又不要了，證明眷屬是第一貪。因此假使有一天老媽病了，你賣房子也會賣了幫她籌醫藥費，不是嗎？這時到底是錢比較重要還是老媽比較重要？對喔？所以最執著的是眷屬。假使你賺得全天下，可是沒有一個人跟你親善，每一個人見了你都是咬牙切齒，那你賺得全天下又有什麼用，最後即將死時，你的天下也不曉得要給誰啊，大家都不想要；爲什麼不要啊？「等你死了我們來分就好了，爲什麼要你給？」

所以世間人最貪著的其實是眷屬，其次才是錢財，然後才來求名聲，名聲排在最後，這一些都是貪著。然而法本身「無所貪著」——如來藏永遠沒有貪著，那你證了「法」以後是不是對「法」可以無有貪著呢？不應該，因爲成佛前都不應該對法無著，也因爲那不叫貪著，所以就方便說「法貪一直要到成佛時才滅盡」，在此之前不可滅、不該滅。那麼證得這個「法」次第進修，在整個三大阿僧祇劫的過程中，你發覺「法」永遠沒有貪著；「法」固然永遠沒有貪著，而你繼續精進修學以後將來到達佛地時，「法」本身仍然沒有貪著，因爲連「精進」度都不用修了，到那個時節所證的「法」已經具足圓滿，無人能夠剝奪，那你更不需要貪著。

假使現在突然給你中了一個樂透獎，不必多，十億臺幣就好；剛開始老想著這十億元，心裡想：「我要是讓人家知道就不得了，連住在山中的遠親都會來跟我借錢，這一去就是肉包子打狗，有去無回啊！」本質上就是來打抽豐。可是如果辛辛苦苦賺來的，今年賺個一百萬，明年賺個兩百萬，後年賺個三百萬，這樣賺上了四十年以後，你想：「我眞的是萬貫家產。」你有了很多錢財，但其實不覺得有什麼，因爲你是一步一步學上來、一步一步累積上來的；付出了很多的辛苦而沒有人會來跟你借錢，因爲大家都知道你賺這一些錢眞的很辛苦，瞧你沒日沒夜的。那麼你已經很習慣於有許多錢時，而且你設定的目標達成了，你說：「我這一生只要賺十億元，再多我也不要。」於是在達成目標以後於錢財得自在了，你再也不去牽掛這些錢財。

這就是說，成佛之後你所有的法具足圓滿了，沒有人可以剝奪，你也不需要再去觀察有什麼法是還不曾證得的。所以具足一切法而運用自在時，你當然對一切法都無有執著，一點點的法貪都不存在，這才是一個眞正「無有貪著」的人。這時假使哪一天，有個轉輪聖王來時：「我把轉輪聖王的位子讓給你吧！」你根本不當一回事，因爲你是超過兩大阿僧祇劫之前，把轉輪聖王的福德捨了去求悟，又修行超過兩大阿僧祇劫才成佛的，這時你還會把轉輪聖王的權勢看在眼裡嗎？當然看都不看，棄如敝屣，所以「無有貪著」。

但是當你於「無念無說無有貪著」的境界，如是現觀、如是安住以後，你往世入地時的十大願依然不能棄捨啊！因爲那個願是無止盡的，所以沒有棄捨時。因此你自己可以是「無念無說無有貪著」，卻要依那個大悲願繼續利樂有情，時時刻刻起念觀察：「這個弟子現在道業如何？那個弟子道業如何？應該施設什麼方便善巧來幫助他們。」所以成佛之後都不起念嗎？都不起念嗎？你們現見《四分律》的記載中，佛陀爲了這些弟子們常常在起念。祂是沒有能力不起念嗎？當然不是，而是因爲悲願所攝，因此常常起念爲這些眾弟子們作各種施設，所以本身可以「無念」卻不妨時時爲弟子起念。本身是離言說的，從來無語言的，因爲眞如境界本來如是；可是 佛卻無妨持續不斷地爲眾弟子們宣說各種法義，不斷地生起語言。本身完全沒有貪著，卻無妨時時顯現攝受弟子似乎是有眷屬貪著。所以每一個弟子都不肯放捨，一一加以攝受；有時爲了攝受一個弟子，人天至尊可以上天下地，那個有名的孫陀羅難陀阿羅漢，不就是這樣被攝受成功的嗎？

因此修學佛法的岔路就是依文解義，把實際理地的境界當作是修行的境界，而不知道那是實證的境界。就好像經中說「**無分別**」，「**無分別**」是你要證的境界，而不是你要修的境界。如果覺知心一天到晚住在無分別中，那不就是越學越回去了嗎？學佛是要增長智慧的，結果越學越笨，因爲心中對佛法與世間法都不分別。所以掏了一千塊錢出去買了東西也不知道要找錢，東西買了也不懂要拿回家，因爲覺知心想要眞無分別。但要這樣才是眞的無分別：就只是作了，什麼都不知道，才叫作眞無分別。他們都還懂得找錢，還懂得把買的物品帶回家，那能叫作無分別嗎？早是分別了。可是他們自稱無分別，因爲他們誤會了無分別，所以當人家告訴他們說：「**你這樣不對。**」也告訴他們應該如何修時，他們就責備說：「**你不是悟了嗎？怎麼一天到晚在分別我修的法？**」就變成這個模樣了。

所以「**無念無說無有貪著**」，這是第八識「法」的境界，證悟以後應該要轉依這樣的境界，但並不是說這樣轉依以後就永遠不能起念，也不是轉依以後永遠不能開口，也不是轉依以後永遠都不能有所貪著。假使轉依本來「**無念**」的法以後，就要永遠無念，那你能悟後繼續進修嗎？都不行了，只好原地踏步；原地踏步三大阿僧祇劫以後人家都成佛了，他還在第七住位。所以悟後千萬不要被語言文字的表義所繫縛，老覺得學術研究才是正道；依此類推，「**無說無有貪著**」，道理是相同的。

接著說「**念性尚無，何況念處？**」法的實際沒有念的法性。四念處修學完了以後是不是要憶念？你觀行完了就是要憶念，憶念就是對於你所觀行過的那些境界和智慧明記不忘，叫作念。這四個法觀行完了以後明記不忘、記在心中，這四種法就叫作四念處。但這四念處畢竟只是法的別相，而別相無常，沒有眞實的體性所以是「空」。這四念處的法本身也沒有「念性」——沒有能憶念的體性，所以你把四念處觀行完成而宣稱證得四念處觀時，那個念處依舊在你五陰身上，不在四念處觀本身，所以四念處的「**念性尚無**」，它一點點起念的自性、一點點明記諸法的自性、憶持諸法的自性都不存在，何況能有「**念處**」可言？所以沒有憶持的處所可說，因爲四念處是你心中的法，而不是它本身有自性，因此沒有「**念性**」也沒有「**念處**」可說，世尊說：「**由於這樣的緣故才說這叫作『念處』。**」如果不是這樣，就不該叫作「**念處**」，而要叫作「法」；然而「法」不可言說，那你要怎麼樣加以宣演流傳呢？

所以凡是眞實法如來藏之外，不會有什麼法是眞實的，因爲那些法都是眞實「法」如來藏心的別相，不是「法」的自身。

講到這裡，世尊又呼喚舍利弗說：「**舍利弗！諸法若有決定體性，如析毛髮百分一者，是則諸佛不出於世，亦終不說諸法性空。**」這是說：「**諸法假使有決定的體性，也就是說諸法假使有眞實不壞常住如實的體性；如果這樣的體性縱使很少，少到像毛髮分析到百分之一那麼微細時，終究還是有眞實體性，**」世尊說：「**即使是這樣的話，諸佛也不會出現於世間，**」世尊爲什麼會這樣說？是因爲諸法都依於如來藏「**無名相法**」才能存在，所以諸法都是所生之法；所生之法一定依於能生之法才能夠存在，沒有眞實不壞的體性。

這表示說，這個被生的諸法是有生的，將來一定有滅，沒有眞實常住的自性，沒有眞實性可言，所以諸法不可能有決定眞實的體性。換句話說，或者轉個層面來講，假使諸法有決定不壞的自體性，縱使它只有一點點，諸佛也不出於世來演說這樣的法。因爲出世沒有用，諸法假使有某一小部分有眞實體性的話，卻又有一個眞實法如來藏是有眞實的體性，那麼就會諸法雜亂，三界不能成立，因果律也不能成立，眾生也無法修行成佛，那麼諸佛出世幹嘛？因爲這已經顯示那樣的法是不可能存在的。假使有佛出世來講這樣的法，就表示這樣的法是虛妄的。因此說諸法沒有決定的體性，正因爲諸法沒有決定的體性，連一絲一毫的決定體性都不存在，所以諸佛才要出現於世，出現之後才來爲眾生說明「**諸法性空**」。

所以「**諸法性空**」，是講「法」還是講諸法的體性是「空」？「**諸法**」不是講「法」，而是被「法」所生的種種法；「**性空**」的意思是說，被稱爲性空的諸法都是有生有滅，其性本空，無有實質，所以「**性空**」不是佛法。如果要強說「**性空**」是佛法，只能套在解脫道上面來說，不涉及佛菩提道。講到這裡，諸位有沒有想到哪一個人講過什麼名詞呢？對！釋印順講了「性空唯名」；他把第二轉法輪般若系列諸經所說的法判定爲「性空唯名」，那他是不是在指責 釋迦牟尼佛那二十二年都在講戲論？因爲其性本空而只有名相，那就是一堆言語湊成《大般若經》、《小品般若經》等經典，所以叫作「性空唯名」。但是這有問題，第二轉法輪般若系列諸經所講的是眞如，說的是實相，既然是眞實而又如如的實相，怎麼會是性空唯名？

這表示他讀不懂，凡是談到眞如法的經文，他就突然變瞎而沒有讀到；大約是他眼睛掃過去時腦子沒有瞄到，所以都沒有讀到，因此所有講到實相的字句對他而言都不存在。他只讀到五陰性空、十八界性空、三十七道品性空，所以全部都是性空，等於是重講一遍四阿含諸經，就只是講一堆文字語言的佛法名相而已。他認爲，其實在解脫道已經講過一切諸法緣起性空，般若只是重新再講一遍而已。因此他把般若諸經判定爲「性空唯名」，其實是在指責 釋迦老子講戲論。這樣的人還可以被尊爲導師，而臺灣佛教界還容許他披著僧衣直到死亡，這眞沒道理！

諸法全部都是緣生性空，沒有一個法有常住性、有眞實性。既然沒有常住性、沒有眞實性，就不會有如如不動的法性，當然不是眞如。因此諸法都是緣生緣滅，諸法都是由常住的法所生，出生以後生住異滅無有中斷，就因爲這個緣故 佛才會出現於世間，也才會爲大家說明「**諸法性空**」。既然「法」出生的「**諸法性空**」，而「法」能生諸法，這「法」的本身卻又「**無念無說無有貪著**」，顯然祂也是無我性的；因此從「**諸法性空**」來說「**諸法無我**」，再從「法」的本身沒有三界我性來說「法無我」，所以這兩部分綜合起來就是「法無我」的實證內涵。正因為如此，所以諸佛才會來到人間為眾生演說這樣的不可思議法。

接著 世尊又呼喚說：「**舍利弗！諸法實空無性一相，所謂無相，如來悉見，如來以是說有念處。**」「**諸法實**」跟上一句是不是剛好顛倒？是好像顛倒，可是為何這麼說？剛才還說諸法沒有「**決定體性**」，現在竟然說「**諸法實**」，然後又說「**諸法空**」，這是怎麼回事？因為你若是從法界實相來看時，生住異滅剎那剎那不斷生滅的「**諸法**」，其實本來就在不生滅的「法」中，不曾外於「法」；「法」就是眞如，就是第八識如來藏，而「**諸法**」生住異滅的所有過程全部都在如來藏中，附屬於如來藏而不外於如來藏。

就好像上週我們說的，明鏡的影像是生滅的，但這生滅的影像因為明鏡的緣故，就永遠都會存在，因此這些影像成為不生滅。誰都沒有辦法把明鏡中的影像消滅掉，最多只能拿一塊黑布把它遮蓋掉；遮蓋掉時譬喻什麼呢？是「無什麼」？對！是無餘涅槃。明鏡還存在著，只是影像不在了；當你把「法」所生的五陰滅掉而不受後有時，就好像用一塊遮布把它蓋掉，使影像不再出現一樣，可是你不能把明鏡（如來藏）滅掉，因為祂是眞是如啊！你壞不掉祂，最多只能把祂遮蓋，使影像（五陰）不再現前，道理是一樣的。所以當你把影像蓋掉之後，發覺那個明鏡繼續存在，而你無法把祂消滅掉。

當明鏡存在時影像就繼續存在，不管你黑布蓋著或者拿掉，「法」一直都存在著，而影像只是被遮在黑布後面沒有顯現出來而已，不是消失。蓋掉了沒有顯示的作用、無利於眾生，不如把黑布拿掉，有利於「五陰我」這個眾生；每天早上起床就這樣刷一刷、洗一洗，所以女眾有時也畫畫眉毛、點點胭脂，這明鏡就有利於這個眾生。既然這個眾生是在「法」之中永遠存在的一個現象，但是藉這個現象卻可以有利於眾生，就無妨讓這一些影像繼續存在於「法」之中；轉依於「法」時這些影像就變成永遠的、不壞的、繼續存在而有利眾生的現象，這時這個影像依於明鏡而言就變爲眞實，因爲沒有辦法把明鏡中的影像毀壞；也因爲你不是要入無餘涅槃，而是要當菩薩，所以這時諸法就變成眞實。

因此假使有人威嚇你說：「你如果再繼續弘揚如來藏妙法，我就要把你殺掉！」那你怎麼辦？你就說：「我偏偏要繼續弘揚。」對方放話說：「我明天就去殺你。」那你就準備著跑路的工具，他來了你就跑開，他走了你就繼續弘揚，他又能奈你何？菩薩有智慧，不會說：「你來啊！你來殺，我就站著，看你敢不敢殺？」菩薩有三十六計可以用，最好的一計就是走，他走了你又回來繼續弘揚，菩薩不故入難處。因爲「法」眞實所以五陰影像就眞實，「法」眞實的緣故，所生的「諸法」當然就眞實，就這樣一世一世邁向佛地。「法」眞實，所生的諸法雖然也眞實，可卻又空，因爲諸法不會是眞實的存在，只是現象之中暫時的存在；固然不可以否認這個暫時的存在，然而諸法的存在並不眞實，因爲終究會過去。所以這明鏡中上一世張三走了，這一世李四來了；而這一世的李四總會走的，下一世換王五來了；依於這個明鏡來說，當影像攝歸明鏡時，鏡中的張三、李四、王五本質都是眞實的，誰都不能否定他們的存在；可是他們不是眞實法，終究會過去，所以也是「空」。

「諸法」是這樣的「實」，因爲事實上存在著，又是這樣的「空」，可是卻又「無性」，因爲沒有常住不壞的自體性；雖然有作用但沒有自體性，就好像你早上起床刷牙洗臉，照照鏡子，什麼地方該修飾一下，那鏡中你的影像有作用。就像每週二要來講經之前，我得要刮刮鬍子，我對著明鏡刮，那明鏡中的影像有一個實質嗎？沒有，摸不到也抓不到，但是有作用——可以用它來作用。說它「無性」，但可以用來利樂五陰，而它的本質「空、無性」。可是「諸法」除此以外還有一個法相，這「一相」隨你怎麼說都行，你要從眞如相來說也行：「諸法」永遠都是「一相」——眞如相；要不然你也可以說：諸法永遠都是「一相」——「無相」。你也可以說諸法永遠是「一相」——生滅相，隨你怎麼說都行。因爲你這個人腳踏兩條船，一腳踩在實相法界，另一腳踩在現象法界，這就是菩薩。所以你從「法」來看「諸法」，而不是像二乘人單看「諸法」時，那你所看的「諸法」是攝歸於「法」的，那麼「諸法」就是眞實的，「諸法」也是「空」如來藏。「諸法無性」卻可以有作用，讓你在某一個時段來用它。但是這諸法爲什麼要說是「一相」而 如來說它是眞如相呢？因爲「諸法」本來就附屬於眞如，而「諸法」在運作的過程中顯示出的一相叫作眞如；而眞如「無相」，眞如是實相，所以實相「無相」，這樣就通了！

若是不懂這「眞如實相無相」其實是在講如來藏時，那你讀起來就會生疑：「怎麼會是實相而又無相？又是一相？」老是弄不清楚，其實說的就是同一個「法」。因此 世尊說：「舍利弗！諸法實、空、無性、一相，所謂無相。」眞如有沒有相？眞如是長的還是短的？或是方的圓的？眞如沒有相啊！那你說「諸法實、空、無性、一相」時，就算是生滅相也行，生滅相在哪裡？生滅本身有相嗎？也沒有，還是你這個五陰顯示出來的生滅相。而五陰的生滅相是你的眞如妙眞如性顯示出來的，否則哪來的生滅相？因此匯歸起來都叫作無相，所以實相無相。那麼 如來對於這些道理全部都看見了，無一遺落，正因爲這個緣故讓眾生可以實證，才說有二乘法的四念處、大乘法的四念處，讓大家可以循序漸進而得實證「法」以及「非法」，這就是「示法別相空，故說四念處。」今天講到這裡。

《佛藏經》上週講到十一頁第六行，今天要從第六行第三句開始：「舍利弗！念處名爲無處，念無非處；」不管是二乘法說的四念處，或大乘法中說的四念處，凡是「念處」都沒有處可說。爲什麼沒有處可說？因爲四念處的根本還是「無名相法」如來藏心。既然是如來藏「法」——「無名相法」如來藏心，而祂空無形色——沒有形沒有色，那你就不能說祂有一個處所。如果是有色的法，你可以說它有處所；譬如我們有一個五陰在，這個五陰依於其中的色陰而存在——是依五色根及六塵境界而存在的，當然就一定有一個處所。如果是心，不落在色陰上（色陰總共有十一法：五色根、六塵），你就不能說祂有處所。那麼二乘法中說的或是大乘法中說的四念處，都是依於「無名相法」第八識才能存在；若不依於「無名相法」如來藏心，五陰尚且無法存在，何況有四念處之可言？所以大小乘的四念處觀都是要依於「無名相法」如來藏；也就是依這空性心和祂的別相來作觀，才是眞實的四念處觀。否則所觀行的四念處就不是正法，只是相似像法而已，只能叫作相似正法而非正法。既然是依如來藏妙眞如心來作觀才能有四念處，顯然四念處的本質沒有處所之可言，所以 世尊說「念處名爲無處」。

可是緊接著又說「念無非處」。「念無非處」到底是有什麼道理呢？就是說：四念處的觀行一定要依於正法處來作觀；若不依於正法處來作觀，四念處的觀行將不能成就。而這個四念處既然說名爲「無處」，爲什麼這裡又說「無非處」？如果「無處」，是不是沒有一個眞實法可作爲標的來作四念處觀？那麼這樣豈不就跟斷見論的外道一樣？就成爲這一世的五陰諸法在現象界上眞實有，但是滅後就成爲空無，所以「念處」名爲「無處」之後，必須緊接著又說「念無非處」。否則眾生聽到開示就誤會說：原來就是一切空無，要這樣來修四念處觀就是眞實觀。那這個誤會就很嚴重，所以必須要說「念無非處」，兩邊兼顧首尾相照。

這裡就談到「處」了，「處與非處」意義不同，「非處」是說那是不正確的、不應該的，才叫作「非處」。如果是正確的、是應該的，就叫作「處」。譬如佛十力之中有一個「處非處智力」，道理是一樣的。衆生在人間生存，是上生或下墮的樞紐；在人間造作的業可能會往上生到諸天去，但也有可能往下而墮落三惡道中，那就有「處與非處」的差別。上生於天界時不論是欲界天、色界天，或者繼續生在人間，都叫作「處」，因爲攝受了身口意善法；但若是墮落三惡道，乃至於受生到阿修羅道去，都叫作「非處」，因爲攝受了身口意惡法；甚至擴而大之，假使有人與「法」不相應，不能具足四不壞信，嫌棄三乘菩提，於是下一輩子往生到修羅道去，甚至於墮落畜生道，都叫作生於「非處」。而諸佛如來有「處非處智力」，所以才一看到某一個衆生時，立刻會知道他未來世將會受生到何處去，這就是「處非處智力」。這表示「處」是正確的，「非處」是錯誤的；處是正道，「非處」是邪道；「處」是向上提升的，「非處」是向下沉淪的。

那麼 世尊說了「念處名爲無處」，大家瞭解這個意思時難免又產生誤會，所以得要緊接著說「念無非處」。爲什麼這四念處的所念以及能念都沒有「非處」呢？就是說，當眾生在修學四念處觀，在作觀行時，不論他所觀行是依二乘四念處而作觀，或者依大乘的四念處而作觀，其實所作的觀行都沒有非處；因爲這一些觀行，不論他懂不懂「無名相法」如來藏心，當他作觀時必定是依於正處而觀；正處當然就是這個「無名相法」如來藏妙心。

也許有人想：「眞的有如此嗎？」那我們就說明一下。譬如斷見外道他們會不會修四念處觀？會還是不會？不會啦！爲什麼不會？因爲他們想：「人死後一了百了，什麼都沒了，既然如此，我修觀行幹嘛呢？別說四念處，一念處我都不觀。」所以他因爲墮於「非處」，誤以爲人死後一切斷滅，所以他不願意作四念處觀。如果是常見外道，他願不願意修四念處觀？願不願意？還有人認爲不願意喔？常見外道是想：「我有個眞正的自性不空，就是我這個離念靈知，這就是永恆不壞的眞我；爲了要預防來世下墮，我當然要好好修四念處觀，我也不要去造惡。」因此他願意作觀。

雖然他所謂的常住的眞實我，是錯誤的、也是邪見，因爲他並沒有眞正的理解到眞實我是什麼，所以當他認定能覺能知的自我是常住法時，他會想：「人有後世，既有後世當然就有前世，我今天生而爲人是因爲前世沒有造惡業，那我未來世想要繼續保住人身，就得要修善行淨行；能不能成爲賢聖，那是另一回事，但是我今天修行不會去造惡，來世就可以永遠保住人身。我若能保住人身時，一世又一世至少可以當人，不會下墮三惡道，何樂不爲？」他想通了，所以他願意修四念處觀。所以不論是哪一類的外道，只要他們不落於斷見，就願意修四念處觀。所以你看一貫道他們有時也會跟人家講四念處，因爲他們的身分是一貫竊道，當然要竊盜佛法來表示他們很行。

那佛門中其實沒有眞正的斷見外道，我們有時辨正印順派那些六識論者，說印順的本質是斷見論，可是眞要叫他安住於斷見論中，他們究竟願不願意呢？根本就不願意。所以釋印順還是提出來主張，說有個細意識常住不壞，最後還是落回常見外道去了。到如今，他的門徒們，不管是自稱成佛的後山比丘尼，或者不敢自稱成佛卻很強勢的那位比丘尼，她們都沒有人敢公開說細意識也是會滅的，否則等於打了釋印順的嘴；因爲她們也都認定細意識不滅，同樣落入意識中，那不就是常見外道了嗎？既然是常見外道，她們相信有個眞實的自我從前世來到這一世存在，還會去到未來世，於是她們就願意修四念處觀了，所以諸位可以看見她們也會講四念處觀。那她們講四念處觀的前提同樣是認定有一個眞實我常住不壞，就是細意識，因爲這樣認定的緣故就願意修學四念處觀。

她們的問題只是理論與方法的錯誤，但是理論與方法背後的認知則是正確的——有一個法是常住不壞的。也就是說五陰固然是虛假，但這虛假的五陰是要依於眞實法才能存在；而眞實法是常住的、是不滅的、是永恆的、是貫通三世的，這就是她們的想法，只是否定如來藏以後另外建立一個細意識常住的說法。後山那位「宇宙大覺者」還在書上公開講：「意識卻是不滅的。」那她這樣講不也是一樣認定有一個常住法嗎？否則她領著一群迷信的信徒一天到晚在作布施，說只要布施得很歡喜而不退轉，久了就可以成佛；不必斷我見、不必明心、不必見性、不需要根本無分別智、後得無分別智，也不需要道種智；但她一樣認定有一個常住法，只是她把常住法認錯了，不認如來藏第八識而錯認意識常住，眞的叫作「半路認老爸」。

中南部這句話是專門在罵人的，說有人在半路上隨便抓一個老人就認作自己的老爹，其實是「認賊作父」。因爲意識是不斷攀緣的，也是不斷使人損失法財的，除非意識改變了、修證正法了。那麼這在顯示一個道理，不論是誰，同樣都認定有一個眞實法意識，把這個非眞實法認定作常住的、能生世世五陰的自我本體，正因爲這個緣故他們落入「非處」裡面去了。但她們的認知是正確的，正確的認知意思是說：她們認定有一個眞實我是常住不壞的。只是錯誤的認知使她們落入「非處」裡面，是因爲把眞實法認錯了，成爲「半路認老爸」。因此實際上「念著四念處」這個「念處」，其實並沒有眞實的處所；而「念著四念處」的這個「念」，如果是正確觀行的正念，一定不會有「非處」可言；如果落入「非處」之中，表示這個觀行是錯誤的，觀行所產生的念也就是錯誤的。

也就是說，當你轉依於「無名相法」妙眞如心時，再來看四念處的觀行，整個觀行的過程從頭到尾都是依於「無名相法」的存在來觀色身的不淨，乃至觀到涅槃寂滅時，何曾有個處所？並沒有處所可言；這就成爲另一個層面的「念處」，名爲「無處」。可是這個「無處」卻又要依於「無名相法」妙眞如心來作觀行才能成功，所以如實作證的四念處觀，世尊說這叫作「念無非處」——一定要依於正處來作觀，才能成就四念處觀。如果不能先建立正處的「**無名相法**」妙眞如心的正知正見來修二乘四念處觀，當他把意識的粗心、細心、遠心、近心、染污心、清淨心、有念心、離念心當作是眞實「法」時，他修的四念處觀，我保證他不能成就；因爲一定會落入識陰裡面。那麼二乘法中說的「**觀心無常、觀法無我**」，他也必定不能成就。

所以雖然還沒有實證「**無名相法**」妙眞如心，但他至少要認定有一個妙眞如心不含攝在五陰十八界之內；並且信受這個妙眞如心是能生世世蘊處界的常住我，這樣來修二乘法的四念處觀才可能成就。否則他連初果都證不得，連初果向都無法取證。那麼大乘之人修四念處觀的道理也是一樣，表示必須依於正處「**無名相法**」妙眞如心來修四念處觀，才可能如實作證，然後終於得以斷結以及證悟明心，這才是正確的大乘四念處觀的觀行理論以及基礎。所以 世尊特地開示說：「**舍利弗！念處名爲無處，念無非處。**」

關於這兩句 世尊又作了一些開示：「**無念無念業，無相無分別，無意無意業，無思無思業，無法無法想，**」先來談這幾句。「**無念無念業**」，假使不是眞懂佛法，讀到這裡他就想：「**世尊是不是說錯了？**」好像以前元覽居士說佛是「人之將死其言也亂」，這是嚴重謗佛，眞是要命！不談他了，因爲這是一種嚴重慢心的人。我們再反過來，有的人會想說：「啊！我知道了，這不是佛講錯，而是因爲一切都空，所以佛講一切都緣起性空啊！如果一切都空，四念處當然就沒有念可說，也沒有念所成就的業可講，什麼善業、淨業一切都空，你沒看《大般若經》都這麼講的嗎？」很多初學佛人聽到那些剛剛出家的法師這樣解釋，心中都會信：「可能是這樣，應該沒錯。」

可是等你學久了以後，會發覺這道理很難理解，心裡面想：「我初學佛時遇到那個小法師這麼講，覺得好像有一點不對。」但是爲何不對？也講不出一個所以然來。一直到有一天讀到正覺的書，努力去尋找也是找不到答案；因爲《佛藏經》還沒有開講，他當然找不到答案。可是有一天明心了，就豁然貫通，原來如此：「有念、有念業，那是五陰的事，爲了要滅除我見我執等煩惱，我得要修這四念處觀。爲了要建立正知正見，所以我得要修四念處觀；而這樣修觀之目的，只是幫我建立正見，幫我滅除基本的煩惱，然後我可以藉此努力精進參禪而獲得證悟。」

把四念處深入廣泛觀行好了，上禪三進一步參禪而證悟時，心裡面想：

「這好像也沒什麼。」可是回家以後《般若經》請了出來，一讀就說：「懂了！懂了！」原來以前所謂的懂都是誤解了，現在才是眞的懂。然後把蕭平實老師的書拿來一讀，不知不覺三個鐘頭過去了，竟然忘了睡覺。禪三後是很累的，應該要睡覺了，但悟後一時好奇把書拿下來這麼一讀，可就放不下手，忘了時間一直讀下去，一晃三個鐘頭過去了。你想，解三後回到家午夜十二點洗過澡，然後讀上三個鐘頭上了床，眼睛才剛合了，沒想到鬧鐘響，要上班了。不都是如此嗎？但這時也還沒想起這個問題，直到有一天突然又想起這一個問題：「無念無念業？啊！」後腦勺一拍：「我這麼笨，原來這是依如來藏講的，不是從我五陰這個能觀的身心來說的。」終於懂了！果然沒有念。

儘管五陰不斷地作四念處觀，正觀之時當然就有淨業存在，有了勝解時自然就有念的業了；作觀時當然也有正念存在，所以也有「念」，當然不是無念。他這時想：「這只是五陰的事，然而佛這時是依實相境界來說的，那實相如來藏的境界中離一切念；既然實相『無名相法』是離一切念的，當然此時也就沒有念，沒有念時就不會有念業。」於是這時懂了：原來如此！不消別人爲他解釋，自然就懂了。

接著又說「無相無分別」，道理也是一樣的；當你在修二乘法的四念處觀或大乘法的四念處時有沒有相？有沒有分別？假使你在作觀時無相無分別，我看是在作觀時睡著了！只有睡著了才會無相無分別；而且睡著時還不能作夢，作夢時又是有相有分別了。但是，睡著無夢的狀態並不是 佛說的「無相無分別」，因爲 佛講的是有相有分別之中，就已經是「無相無分別」了，是二者同時並存的。這個「無相」跟「無分別」讓多少大法師與學人起煩惱，以前沒有人如實講解大乘法時，大家學佛都快快樂樂沒有煩惱；就像後山那個團體一樣，他們如果有煩惱就是出去布施時，同夥之中有誰說了他的閒話被當事人聽到，否則他們都沒有煩惱；因爲他們認爲：只要歡歡喜喜布施久了就是歡喜地的菩薩了，那當然要每天歡喜才行：「我如果去爲窮人作事，我如果去布施給窮人時，心中若有一點點不歡喜，那我就不是歡喜地菩薩，因此不可以不歡喜。」

用這一招來拐騙大眾很有效，絕對有效，因爲信眾們都會想：「師父說這樣我就是初地菩薩，我是歡喜地菩薩了。可是我如果出去爲眾生作事時不歡喜，讓人家知道了，那我就不是歡喜地菩薩，大家都會看不起我；因爲所有人都是歡喜地菩薩，只有我不是，那還得了！」所以大家儘管有時遇到不樂之捐，有時不歡不喜地作事時也要表現得很歡喜，於是大家看來都很歡喜，大家都是初地菩薩；這個師父好不好當？好當啊！如果哪天我也學這一招，告訴你們：「只要你們學得很歡喜那就是歡喜地菩薩，未來大家都不可以不歡喜。」因此大家都不會再抱怨了，當大家不再抱怨時，換我來抱怨：「正覺講堂老是缺錢，要幹什麼都沒錢。」那大家可不可以皺眉頭？不可以。因爲是歡喜地菩薩一定得要歡喜布施，那就天下太平不是嗎？可是那個其實叫作假歡喜。

歡喜地菩薩會讓你看見他每天歡天喜地喔？才怪！極喜地是極喜，初地名爲歡喜地菩薩，是極喜！有一句成語不曉得諸位有沒有聽過——喜極而泣。對了！但歡喜地菩薩不會歡喜而泣，不會流淚地哭，因爲他的歡喜是極喜而很深沉，你根本瞧不出來。所以那一些人就是被誤導，錯認爲假使有誰不歡喜時，師父就會罵他：「你都是歡喜地菩薩了，竟然還在那邊分別東、分別西。」所以他們的信徒都不會去管師父拿了錢怎麼用，因爲只要一問，應該就會有比丘尼說：「**你又在分別了，初地菩薩是證得無分別智的歡喜地菩薩，你怎麼又在分別了！**」於是大家都不管，因爲都不可以分別！結果連善款也不能分別如何使用時，紕漏就開始出現了。這樣子大家都很聰明很歡喜地當傻瓜，於是這慈善團體就快速擴張了。

可是「無分別」的道理是在說明實相的境界，不是在講五陰中覺知心的境界。五陰得要實證「無分別法」如來藏以後，轉依於祂的「無分別」實相法界，然後才說自己不分別。但是這個無分別卻是 世尊講的「**無分別中能廣分別**」，因爲實相法界妙眞如心能夠分別很多事、很多法，是屬於五陰所不懂得分別的部分。而五陰實證了這樣的實相法界如來藏，現觀到這個眞實的境界時又轉依成功了，雖然這時五陰還是能廣作分別，也可以說是無分別者，因爲五陰這時有無分別的智慧。無分別的智慧是有沒有智慧？有沒有智慧？如果沒有智慧，怎麼能叫作「無分別智」？既然叫作「無分別智」，顯然是有智慧的啊！而凡夫或者二乘愚人沒有這個「無分別智」，表示他們的分別智慧不及於此，所以無法實證，因此說二乘人有解脫的智慧而沒有這個「無分別智」。

既然是「**無分別**」的智慧，就表示這個智慧是很能分別的，爲什麼很能分別？因爲既能分別現象法界諸法，也能分別實相法界的無分別境界，這不是二乘阿羅漢等愚人所能知道的，即使他有三明六通依舊不知道。所以這個「**無分別智**」不是什麼都不懂，不是任人家欺矇拐騙。

那麼「**無相**」究竟是什麼？「**無相**」就是實相。可是這個「**無相**」不是斷滅論者所說的無相，斷滅論者說的無相其實都是有相的，因爲他們都落在五蘊、十八界諸相裡面而自以爲無相；由於有種種的相，他們看見種種的相滅壞之後，不能去到未來世，所以他們認爲一切諸法死後斷滅空無，空無時就「**無相**」。可是他們沒有自己去檢查到，當他們空無時那個無相其實是依有相的蘊處界諸法來建立的，是相對法；如果離開有相的蘊處界諸法時，他們就沒有無相可以建立了！所以那個「**無相**」不是究竟法，是依有相而建立的。但眞正的「**無相**」是外於蘊處界的法，是與蘊處界同時同處的第八識心如來藏，在本經中名之爲「**無名相法**」或「**無分別法**」。

而他們認爲的一切諸法不從前世來，不去到未來世，是一種邪見；因爲他們沒有智慧，只看到現象界諸法的表相，他們認爲說：「**如果這個心能覺**

能知是從前世來的，那我們這一世就應該知道上一世姓甚名誰，住在何方，幹過什麼樣的事業。」而他們不瞭解，又現見一切人對前世無所知，於是認爲這個心非從前世來；既然非從前世來，當然死後不去未來世，於是他們成就斷滅論者。可是他們不曉得這斷滅論其實還是依於常見論而存在，因爲他們這一世很照顧五陰，很執著這個五陰，這一個行爲的本身就是常見論者的具體表現。

而且他們比常見論者更常見，因爲如果是一般常見論者，他們會想：「我這一世死了，還有未來無量世，所以該走時我就走了。」因此有時會講：「人生七十古來稀，我活到七十五歲，夠了，可以走了。」他們這麼想，所以看得開，灑脫地走了，在第一個中陰身就投胎去了。可是斷見論者非常強烈地執著自我，臨命終時怎麼樣都不肯死，一直拖到這個色身實在撐不住了才終於願意死，那時爲他助念的人才終於能鬆一口氣。正是如此啊！所以這種斷見論者比常見論者更執著五陰自己，那是不是常見更加的深？只是被邪見隱藏而蓋住了。那他所認知的諸法緣起性空、歸於空無的斷見論，那種所謂的「無相」其實不是眞正的「無相」。這就是晚近三百年來的佛教界對於「無相」的錯誤認知，一直到我們出來糾正這個錯誤。

至於「無分別」的法義更是「害」慘很多人，我們正覺眞是個惡人，本來佛教界大家學佛學得快快樂樂的：各個都是聖人，各個都是阿羅漢，各個都是五地、八地、十地法王，眞快樂啊！偏偏正覺這「壞蛋」出來說明「無分別智」的眞實義，結果「害」這些聖人都打回凡夫去，眞沒道理！而且：「這正覺一出來弘法，顯示天下人都悟錯了，只有他一個人悟對了，眞是大壞蛋！」於是就開始罵正覺是邪魔外道：「大家都在演說無分別的法義，就是不要有分別心；但正覺一天到晚寫書在分別這個人錯了，又分別那個人錯了。」所以我們弘法早期網路上常常看見有人在上面罵，異口同聲罵：「都說正覺證得『無分別』境界，偏偏一天到晚在分別別人，哪有證得『無分別』？」有此一說而且是多人共說。

可是問題來了，如果是現象上都不要分別才叫證得「無分別」，那麼全世界就時時刻刻都有大修行者，而且數量驚人；因爲全球每一個地方都有嬰兒出生，每一個嬰兒剛出生時什麼都不分別，豈非聖人不斷出生、聖人滿天下？正是如此啊！從另一面來說，古今大修行人的「分別」多得很，把經典請下來：這是般若部，這是阿含部，這是經集部，這是密教部，這是律部，裡面的法義什麼都能分別，那些大菩薩們豈不是比嬰兒修行更差了嗎？那是不是應該成立一個殺嬰團，當所有嬰兒出生時就把他們殺了，因爲這時最沒有分別，剛好可以入無餘涅槃，免得他們開始成長時起了分別又變成凡夫而退轉。對吧？對呀！理論上或邏輯上應該是這樣才對。可是當你把這個建議告訴他們，他們又開始罵你。

可是他們對「**無分別**」的道理都沒有詳細加以理解，從現象界來講無分別時，正應該說明所有嬰兒證量最高，越長大修行越差；如果出家修行五十年以後七十幾歲了，一天到晚在罵徒弟：「**你也在分別，他也在分別，你們都在分別。**」是不是修行人中他最差？對了，就是這個師父最差。因爲徒弟都不跟他計較，他是堂頭和尚，結果他一天到晚在看某甲徒弟又在分別，某乙徒弟又在分別；可是他的徒弟們只是努力的幹活都不分別他，偶爾講一、二句話就被他罵「**分別**」，那到底誰修行好？原來是幹苦活的那些徒弟最沒有分別、修行最好了！那應該換徒弟上來當堂頭和尚才對，豈不是應該如此？可事實上卻不然，因爲那些大和尚們自己不會有所反觀。

甚至於也有密宗假藏傳佛教人士登報罵我們：「**你蕭平實不是說你證得無分別嗎？那你寫書罵我們時，你不是還有意識在分別嗎？還敢說意識是虛妄的，還說你沒有分別。**」你們看密宗假藏傳佛教人士誤會到這麼嚴重。我們很多書上明明說：要用有分別的意識來證得另一個無分別的第八識如來藏。是說意識本來就是分別的心，如果意識生來就不分別，要人家打了、罵了才懂得分別，那還叫意識嗎？果眞如此，所有佛經都要重說及改寫了，菩薩們寫的論典也要改寫了。意識本來就有五遍行、五別境心所法，怎能不分別？可怪的是當他在要求自己意識不要分別時，他的意識不會自己出來反抗說：「**老子生來就要分別的，你幹嘛叫我不分別？**」所以這些人好奇怪，只有你們諸位不奇怪。

所以這個「**無分別**」的法義還眞「害」死很多人，什麼時候才開始「害」呢？正覺出來以後才開始「害」的。本來大家「**無分別**」得很快樂，所以遇到不如意的事情不要去分別，逃避就好了；遇到如意的事，譬如人家送來三億元的供養時你要說「收下」，卻故意裝著漫不經心的模樣；等那大施主離開後，他馬上就呼喚：「**侍者！侍者！快來！**」侍者來到面前，幹嘛呢？「**這**

三億元你去存銀行，要趕快，不能拖時間，不曉得會不會跳票？趁他還沒有反悔趕快去存。」那到底他是有分別還是「無分別」？他分別得比誰都厲害。這捐錢的人都還沒想到要後悔，他倒先想到了，可是他又裝作一副「無分別」的模樣，要這樣施主才會信他。像這樣子修行還眞的很難受，因爲要裝模作樣啊！

可是如果你眞悟了，把本來面目拿出來應對大家就好了；該如此便如此，該那樣就那樣，不需要在那邊扭扭捏捏；因爲已經轉依於無始來就「無分別」的如來藏，無妨咱們意識廣作分別，能廣作分別才能夠了知「無名相法」如來藏心的各種「無分別」中所作的廣爲分別各種妙法，這樣才是眞正的證得「無分別」。所以那些斷見論者所謂的「無相無分別」都是錯會，至於落入常見中的那一些大師們所謂的「無相無分別」亦復錯會。那麼「無相無分別」時，請問這「無名相法」妙眞如心自己的境界中究竟有沒有所得？都沒有所得！別說財產、名聲……等，單說六塵境界就好，根本就無所得，連境界祂都不了知，怎能說祂有所得？所以祂完全無所得。既然無所得，又何必管自己這個運作過程的形象如何？所以祂也不顧慮自己的身分地位形象等，因爲祂從來沒有身分，祂從來沒有地位，祂不需要顧慮。如果你能如實轉依到究竟了，那你便成就了諸佛如來的「三不護」功德。

接下來 世尊又說「**無意無意業**」。當你這樣修四念處觀時，不但是「**無相無分別**」，而且必然「**無意無意業**」。從凡夫位來修四念處觀時，觀行到最後是涅槃之中滅盡一切法，一切法都滅盡時意根當然也不存在了，所以 佛說「**無意**」。意根不存在時還有意根的業行可說嗎？所以是意存在時才有意行，沒有意行就沒有意業；在涅槃—如來藏自住境界中—根本就沒有意業可說，因此 佛說「**無意業**」。那這個意行範圍就很廣了，意行很難了知，莫說一般的學佛人，即使是那些大法師們也都不知道意和意行，就別提「**意業**」了。可是他們每天都在起意行、犯意業，自己卻都無所知。也許有人想：「**眞的嗎？**」我告訴諸位：「**是眞的。**」

譬如釋印順，他不相信有意根末那識；最後也許有徒弟們提出來問：「**經典中都說有意根，那我們總不能明著跟釋迦老子作對吧？**」因爲剃了頭、燙了戒疤、穿起如來衣了，總不能公然跟 釋迦如來作對吧，只好承認有意根。那是什麼時候承認的？是他老年時，到八、九十歲才承認的。但是他承認以後說明意根是什麼？（有人答話，聽不清楚）大聲一點！對！他說意根是腦神經。正因爲他這樣講，所以我說他是老糊塗，越老越糊塗啊！如果他是剛出家那幾年說意根是腦神經，還可以原諒他；但他已經八、九十歲時還說意根是腦神經，我就說這個人越學越回去、越老越糊塗。所以我勸諸位，假使哪一天你夢中遇見他了，就要問他：「印順老和尚！你說意根是腦神經，請問你上輩子來投胎，今生在人間活到一百零一歲，那麼前一世死時你有沒有把腦神經取出來帶到母胎中投胎？然後生長成這個五陰？」因爲意根通三世，當然要問他呀！

他也許忘了上一世，那你就問他：「說你這一世吧，這一世活了一百零一歲，你死時有沒有把腦神經拿出來帶去下一世投胎？」問他這一點。那是好聰明的人，伶牙俐齒，而且他眼裡不是容不下一粒沙子，而是容不下一小點灰塵；灰塵比沙子細很多很多倍，他是眼裡容不下一點兒灰塵的人，結果被蕭平實寫了那麼多書、指出那麼多的錯誤，他竟然可以悶不吭聲，修養眞好啊！所以這個「意」眞是很多人都弄不清楚的事，連印順老法師都弄不清楚，他還被臺灣佛教界推崇爲導師呢！都說他是佛教界的導師，竟然連意根都弄不清楚，想要弄清楚意行和意業可就難乎其難了。

意根又名末那識，佛和諸大菩薩的論中都說這個心「恆審思量」。那麼意根到底是哪一個？很簡單，當你睡著無夢時，意識等六個心都滅了，那就是剩下意根存在的時候；可是問題來了：「**睡著無夢時我又不知道，我什麼都不知道，又怎麼知道我的意根在哪裡？**」當這個疑問一提出來質問時，就已經證明意根眞是不了知諸法；祂對色、聲、香、味、觸等完全都無知，而祂對於法塵的了知也是極少分，並且又不會反觀自己，所以說祂沒有「證自證分」，這不就把聖教的正確給印證出來了嗎？如果你意根有「證自證分」，那你睡覺時就會說：「**我現在正在睡覺。**」

有一個表淺的笑話說：「**那某某人，我打電話去他家時都不肯接。有一天我就深更半夜時知道他一定在家了，我就打過去，打整晚，打到快天亮時他受不了終於接了，可是他竟然說他正在睡覺沒聽見，都接電話了竟然這樣跟我回話。**」那就變成一個笑話。如果他能接電話也能夠說明他正在睡覺，那他就不是在睡覺了。在睡覺時什麼都不知道，只有突然產生大變動時，才會對那個變動有所了知，但意根自己也不知道怎麼回事，只知道有大變動；

於是趕快把意識叫起來，意識剛起來時朦朦朧朧也不知道，於是趕快又把前五識拉起來，再經過幾個刹那才知道：「**原來是大地震。**」

所以當你睡著無夢時，被人家把你搖醒了，你剛開始還是不知道怎麼回事；明明意識已經出現了，還不知道是怎麼回事，得要接下來一、二個刹那前五識也被拉上來時才知道：原來如此。所以當他說「**我睡著時都不知道怎麼回事，你怎麼說那時就是意根？我又怎麼有辦法瞭解？**」那不就證明意根沒有「**證自證分**」嗎？可是那個意根很差的了知性始終沒有中斷過，否則睡得正酣，為什麼大地震時還懂得醒過來？表示祂也有知，只是祂不曉得自己在了知什麼？祂沒有辦法反觀自己——沒有「**證自證分**」；所以你睡著無夢時，什麼都不知道時，那個很微細的不了知色、聲、香、味、觸，也不了知大部分法塵的那個你，就是意根。

可是我這樣講了也等於白講，因為不知道意根的人依舊不知道，所以要換個方式來說明意根到底是哪個？譬如說，我剛剛說不知道的人聽了依然不知道，諸位覺得我講得蠻幽默，於是笑了起來，那是誰決定要笑的？（大眾答：意根。）對啊！意識了知到「**這個很好笑**」，於是意根在背後知道很好笑，就笑了起來，背後是誰決定要笑的？是誰在作決定的？是意根。那你說，意根有沒有時時在審查著一切事情？當然是有。只要意識、前五識現前了，意根藉著這六識時時在審查一切事，隨時在作決定；這個特性其實到處可見，隨處可見，所以當我講到某一句、某一個法而你意識覺得：「嗯！這個有道理。」於是你就點頭；你有沒有先由意識說：「欸！現在該來點頭了！」然後再點頭？都沒有啊！你直接就點了；這是誰能這麼快決定的？是意根。那你正在聞法的過程中，意識分心在身識上面，覺得眼皮有點乾時，誰決定眨眼的？還是意根！你眨眼皮之前並沒有先下了命令說：「現在眼皮乾，眨一下。」然後才眨？也沒有，意根主動就決定而當下作了，就這麼簡單。

意根無處不在，這種無處不在的功能，你把祂移到睡著無夢時，那時如果睡得正酣什麼都不知道了，老爸突然來敲房門，不停地敲；因為老爸睡得早，不知道你已經回來睡覺了，他接到電話說你被綁架，要確認一下你有沒有眞的被綁，所以他敲房門敲得很急；那你的意根如果不是時時刻刻都在思察著法塵，會知道法塵有大變動而喚醒意識等六識醒過來嗎？你根本不會知道房門被敲得震天價響。正因為意根還在，所以當這個法塵有大變動時就把意識喚醒，意識醒來無法分別就把前五識拉上來，就知道：「原來有人在敲房門。」你就趕快去開房門，老爸開門一看：「原來你在，那個人是騙子。」他就知道了。

這表示你意根每一剎那都在思察著法塵，如果意根是會中斷的，得要等一段時間才又會來瞭解法塵，那你睡著無夢、睡得正酣時，就不可能被老爸那個敲門聲吵醒，這不也證明意根時時刻刻都在思察法塵嗎？這就是祂單獨存在的狀況。如果醒來了，有六識同時存在，祂和前六識之間是等無間的，沒有間隔的，前六識了知什麼就是祂的了知，這些了知都被祂據爲己有；祂就藉著前六識了知諸法，因此祂時時刻刻都可以極快速下決定。那麼這樣大家對意根就瞭解了。對意根瞭解了以後，意根究竟有沒有照應著五陰所有一切法？顯然時時刻刻都在照應著；所以一面聽經，不管這經講得多麼棒、聽得多麼專心，眼皮照眨不誤；只要覺得有一點點生澀的感覺就趕快眨一下，意根就這樣默默工作著。

這個默默工作的祂才是眞正的你，因爲作主的意根才是眞正的你，只是白天往往因爲意識的錯誤認知，而使意根被誤導以爲自己是意識。意根一直都不中斷，意識睡個午覺便會中斷，晚上睡著時又中斷了，那會是世間法中眞正的你嗎？才怪！如果有人認定意識是眞實的自我，我就說那個人是「傻瓜呆」——傻瓜再奉送他一個「呆」。通常傻瓜呆是罵那種已經長到六、七歲了還是什麼都不懂的孩子，才叫作傻瓜呆；如果現在有個活到七十幾歲的人，跟傻瓜呆一樣願意認定夜夜中斷的意識是眞實我，還眞的要罵他是傻瓜呆。印順好一點，他知道意識等六個識每天都會斷滅，因此再發明一個「**細意識常住**」的學說；但他所謂的細意識其實就是直覺，所以他認定禪宗祖師們開悟的標的就是直覺；怪的是禪宗那些祖師們沒有一個人去他夢裡敲他腦袋，眞的叫作大人大肚量。

如果直覺就是常住的眞實我，那請問：「**當釋印順睡著無夢時直覺哪去了？**」早不見了！這不等於證明細意識非常住法了嗎？所以他是次級的傻瓜呆，不像後山那個比丘尼那麼嚴重的呆，因爲她公然主張夜夜斷滅的意識是常住的。所以意識現起時會與意根配合著運作、揉合在一起，看來好像是同一個心；因此在《阿含經》中既然不講唯識——不講增上慧學，就常常把意識與意根合在一起叫作「意」；有時則是分開來講的，例如「**意、法因緣生**

意識」。但這裡是分開的，因為下一句才開始說：意根存在時剎那剎那都在決定各種事情。包括意識正在思惟某一個法義的過程中，意根既緣於其他諸法、也在緣於意識所思惟的所有法；當意識思惟這個法時，如果知道這樣的思惟是錯誤的結論，意識故意要騙意根也騙不了，因為意識所有的一切思惟都在意根的鑑照之下，不曾一剎那錯過。

有人也許想：「搞不好那時候意根正在打妄想，祂就錯過這個思惟，我意識就能騙祂了！」我告訴你：「意根不會打妄想。」「不打妄想？也許祂那時剛好在打瞌睡，就能騙祂了。」可是意根祂從來不打瞌睡。如果意根會打瞌睡那可麻煩了，表示當你睡覺時祂也會睡覺。如果你睡覺時祂也睡覺，萬一大地震屋子垮下來時沒有人了知法塵大變動，你意識又不存在了，那是不是完全無所知就白白被壓死了？但明明是會醒過來的呀！所以意根從來不睡覺的。因此不管是誰，正當睡著無夢時，你去搖晃他、叫他，一定會醒過來的，因為意根無始以來沒有睡過覺，祂繼續在極少分的法塵上作了別。這樣證明意根存不存在？男眾呢？也確定存在。因為你們男眾沒反應，就得再問你們。

如果意根是不存在的，意根若只是一個施設的名詞，問題就來了，當你睡得正酣，有緊急事情必須要叫醒你來處理時，你將永遠叫不醒；因爲你的六識都滅了，那時沒有誰能了知法塵的變動，那麼如何去喚醒這六識？也許有人想：「嗯！還有一個第八識如來藏在，祂可以了知法塵變動，就把六識叫起來了別，就可以醒了。」可是另一個問題又來了：這第八識永遠不了別六塵，不論多分、少分、極少分，祂永遠都不了別；祂既然永遠不了別，你努力搖他、呼喚他，他也不知道你在搖他、呼喚他，那他又如何醒來？可是偏偏都會醒來，表示六識不在時一定有個意根還能了知一點點法塵的變動，才能把六識喚醒。這不就證明意根眞的存在了嗎？因爲無不能生有，意識等六心都滅了就是無，無時不能無因無緣而出生意識自己。

再不然，當你睡著無夢以後，不論你中夜有沒有作夢，總之睡到天亮了，太陽升上來了，大放光明，然後有種種聲音，蟲鳴鳥叫都有了，甚至於家人中也有人起來作事；這時不管是自己或者家人，是爲什麼而醒來？是因爲意根接觸到法塵的大變動而喚起意識等六個識。本來眼皮的覺受是完全沒有光亮的，現在變得很亮，那個法塵變動很大；本來完全無聲，現在變成有聲，於是意根又開始了別，覺得是可以醒來，就把六識給喚醒了，就這麼醒來。如果沒有意根在了別，人這一睡著，妳們都會成爲永遠的睡美人，你們就會成爲永遠的睡王子，就沒有王子救美人的故事可以成立了，這也證明意根確實存在。因爲在現量上看，如來藏對六塵是完全離見聞覺知的，所以證明意根是存在的。

那麼經由對意根存在的說明，諸位現在就知道，原來意根有好多的業行。但是意根的業行，主要是在無記業上；除非配合了前六識—五俱意識—才會產生有記業。有記業是有善惡的，或善或惡，就會產生了異熟果。那麼意根和意業如是瞭解之後，你來想想看：當你修四念處觀時，意根有沒有配合著意識以及前五識來作這四念處的觀行？答案一定是有。因爲如果沒有意根配合著，你什麼都不能觀，還能四念處觀？半念處都無了。既然四念處觀是有意根存在、也有意根和合意識觀行的業，那就表示「**有意有意業**」。但這是七轉識的事情，而第八識「**無名相法**」妙眞如心自己的境界中，卻是沒有意根這回事，也沒有任何意業的事情可說；因爲不論意根造作什麼業，祂都不作了別，而意根存在與否，祂也不去作了別。

也許這時有人想：「奇怪？明明這如來藏唯意根之命是從，顯然祂知道有意根啊！爲什麼你又說祂不知道有意根？」怪不怪？不怪？你們眞的有智慧！眞有智慧的人才會說不怪，爲什麼呢？猶如一面明鏡，影像不斷地演變，影像的演變是因爲外面光影的演變，所以鏡中影像跟著演變，從明鏡中顯示出來，但明鏡有沒有去了知那些光影？都不了知的，「無名相法」妙眞如心正是如此，所以叫作「如鏡現像」。在《解深密經》中說「有分別影像、無分別影像」，我們上週的週末增上班一開頭，又重新再說明這個部分，說你的五陰、十二處、六入、十八界都只是影像，因爲從如來藏來看這五陰、十八界時，補特伽羅就只是影像，如來藏才是眞實法；可是這個眞實法不去了別，猶如明鏡現像一樣；所以意根怎麼樣祂就怎麼樣，但是祂不了別意根存在不存在；所以眾生都不會知道如來藏的存在，這時便叫作「日用而不知」。

那麼參禪人一天到晚找禪師：「如何是學人自己？祈師指示。」那不叫作推己及人，那叫作長他人志氣，滅自己威風。釋迦老子來人間明明就告訴你：「天上天下唯我獨尊。」唯我獨尊，爲什麼你還要去求禪師呢？反求諸己不是更好嗎？說的也是。但、是不是？是喔？其實不是，因爲你自己沒能力，得要禪師幫忙。所以有的禪師講得很不客氣：「爾小命在老僧手裡。」眞的如此！因爲他如果要像 釋迦老子那樣說禪，管保一萬個人有九千九百九十九個人悟不了；他如果願意幫忙，有時就如探囊取物那麼簡單。所以這時也只好把自己的威風滅一滅，長長老禪師的志氣，看能不能撈個好處，因此才需要走江湖，否則幹嘛那麼辛苦走江湖呢？古語的「走」就是現代人說的跑，就是跑步的意思，但現在這個「走」字的一般語義已經變了，變成緩慢的行路了。

走江湖是什麼？對！就是從江西湖南、湖南江西這樣快速的來來去去，不停地奔忙；這邊問了不懂，就把和這個禪師的問答拿去江西問，江西馬大師答了以後又不懂，又把江西禪師答的拿去湖南問，就是在石頭希遷跟馬祖大師兩個道場之間來來去去奔忙不停，所以才叫作「走江湖」。就是江西與湖南，終於懂了。走江湖這個詞兒就從這裡來的，但後來賣藥的「王祿仙」四處奔走打拳賣藥很忙，人們就套用上來說，就把到處耍拳腿賣藥的事叫作走江湖，其實那樣只是在賺錢，哪能叫作走江湖？他們賣藥的有去過江西湖南見禪師嗎？所以那不是眞的走江湖。走江湖是參禪佛子的專利，因爲他們在江西湖南兩邊奔跑；在這個過程中，不論去方丈室向老禪師請益，或者自己學好了功夫，熏習好了正知正見在家裡參禪，或者學了大乘四念處觀、二乘四念處觀去作觀行，無時無刻莫不有意根在運作，無時無刻莫不有「意業」。

然而問題來了，世尊說這四念處「無意無意業」，究竟怎麼回事？因爲是依於實相法界來作這四念處觀，換句話說，往往有人得要證悟以後繼續再來作四念處觀，不但是悟前要作四念處觀；因爲他悟了以後修行不太成功，不容易往前推進，不得不悟後再來作四念處觀，使自己的性障消除得更徹底，才能快速把三賢位的非安立諦三品心修學完成。所以這時當然要觀行出來，證明實相法界中確實「無意無意業」才行。如果他觀行結果依舊是有意有意業，表示他還是落在現象界中，依舊是在蘊處界等法中作四念處觀，那他就是沒有依止妙眞如心來作觀，就表示他的大乘四念處觀沒有修學完成。這就是 世尊說的「無意無意業」的道理。

接著說「無思無思業」，「思」有兩個層面，總不能夠說意根講了就突然跳到意識上來，中間都沒有個起承轉合；說法時一定要有個起承轉合的，聞法者才容易聯結起來而眞的聽懂。意根恆審思量，意識審而不恆，這中間是有很大差異的；如果對這個差異弄不清楚，說他證悟了，那是不可信的，因爲這表示他還沒有證悟的現量。我這一世悟後還不到三年，有一天（那時還沒有成立正覺同修會），我載著同修騎著那輛金旺九十，那是二十幾年前的事，去美崙街菜市場；來到文林路口遇到紅燈，停在那邊等綠燈時我想著：「這八個識各個不同。」想到這個六識的心性、意根的心性、如來藏的心性，心想：「唉呀！眞的是天衣無縫，這一家子就這樣生成了，太妙了！」想著想著不覺開始笑起來。我同修現在可能都忘了這件事情，當時她坐在後座就問：「你在笑什麼？」我說：「沒事。」我想到這八個識很奇妙，所以笑起來。眞的很奇妙，各司其職。

那麼意根與意識之間的體性相差那麼大，可是祂們有互相配合的地方，也有不互相配合的，這才妙。「思」也就是思量的意思，思量就是作決定，祂思量完成就作下決定；那麼意根的思量範圍很廣大——所緣太廣而分散得很厲害，所以意根對每一件事情的思量功能性就變很差；但祂可以在很多方面作決定，那些方面都是簡單的事情，祂始終不斷地作思量，有時同時作二個、三個思量；但是意識卻專注某一個東西，可以很深入去思惟觀察，然後作下一個思量、一個決定說：「應該如此，不應該如此。」這是意識。但是意根會直接下決定，與意識的所思有所不同，如果配合得不好，有時就會手腳反應不過來。爲什麼有時會反應不過來？例如正在扒飯時，突然身上很癢，意根決定硬要立刻去抓，意識反應不過來，於是把飯給扒落地了。你看祂現在決定要繼續扒飯又要去抓癢，都是立刻就下了決定，於是就把飯給扒落了，你看祂所思量的範圍是很廣的。

也許你一面吃飯，另一面意識正在思惟，那祂意根依舊決定去抓癢，可是當時意識正在思惟的內涵中，而意根則是繼續在鑑照著這個思惟的內涵，也鑑照著其他許多法，祂並沒有錯過啊！所以祂所緣的範圍非常廣，包括你上一世的臭骨頭埋在亂葬崗很久了，一直沒有處理好而淹了水，意根祂也在攀緣那個法；但意根不會來告訴意識：「意識啊！我們上一世的臭骨頭被水淹了很不好。」意根不會講。縱使會講，意識也會抗議，意識會說：「那是你上一世的事，我意識才只有這一世，和我無關。」因爲意識只有存在這一世，和前世無關。可是意根一樣會緣，意根緣了這把臭骨頭，就會發動如來藏，找上一輩子那個兒子的麻煩；上一世的那個兒子可能正是你隔壁巷子那個老爺爺，你的意根透過如來藏每天找他的麻煩，他身體就病歪歪的老是醫不好。醫了好幾年醫不好，四處求醫最後沒辦法了就求神問卜，眾神都說：「**你祖上的風水沒有弄好，趕快去處理吧！**」處理好了，你的意根覺得舒坦了，不再找他麻煩，那老爺爺的病就好了。

可是你知道自己的意根在找他麻煩嗎？你不知道。因爲你的意識不能了別這個，你意識也沒有攀緣這個，只是意根在攀緣。包括你發願要往生極樂世界時，那極樂世界七寶池中有一朵你專屬的蓮花，那也是你的意根所緣，但你意根自己也不知道，因爲不反觀自己——沒有「證自證分」。所以意根的所緣很廣，當所緣很廣時你能要求祂有很好的了別功能嗎？譬如說，讓你的意識不要攀緣太多，俱緣六塵就好，讓你意識對色、聲、香、味、觸、法六塵同時都去攀緣著，你這時再要聽法可就聽不好了；所以你得要專心聽法，聞法時身上如果哪個地方不舒適，由身識反應出來時，意根透過意識的一小部分功能去了知那個地方不舒服，於是你就換個腿，不然就把臀部搖一搖；當你臀部搖一搖、動一動時，自己往往沒有發覺；那時是誰的思業？是意根啊！因爲你意識專注在所聞佛法的法塵上，但是意根卻已知道而且當下作了決定。

意根藉著你意識的一點點功能去了知身識的覺受，於是祂就作了這個思業，你就作了應對的行動來改善那個不舒適。這時意識對這個部分有沒有思跟思業？有！只是很微細而自己沒有去觀察到；因爲意根自己不能了別，是經由意識的一小部分功能去了別的。所以這時有意根的思業也有意識的思業，那就表示意根有思、意識也有思。可是意識這時的思大部分還是在法塵上面——「現在講到這個法要繼續聽清楚」，因爲你意識覺得這個法很重要、這個法很好很勝妙，所以意識有這個思心所，因此意識認爲應該要繼續聽；而意根在這個部分有沒有思跟思業呢？也有，所以意根還是會作主，大部分還是要把心思放在法上，該處理的事情就同時配合著處理。於是該抓癢的就去抓一抓就好了，所以有意識的思也有意識的思業，有意根的思也有意根的思業，就這樣配合在一起，可是大家並沒有感覺。

那麼這樣看來思與思業，不論意識或意根都有的，可是你如果要把它講得正確一點、詳細一點，難道身識就沒有思跟思業嗎？也有的；正因爲身識也有思跟思業，所以才會反應出來；反應出來時意識有一點思與思業去注意到了，意根馬上就了知了，於是意根有思與思業透過意識、身識了知了，接著就決定要去抓一下，因此手立即去抓了。那麼這樣子三個識的思與思業同時存在，依此類推舉一反三；因爲你們智慧都很好，一定可以舉一反三，就把意根意識再來配合眼識，意根意識再配合耳識、鼻識、舌識等，那麼這個思與思業就瞭解了。

可是當你修四念處觀時有沒有思與思業？當然有更多的思與思業，而且六識全部配合著意根一直在作。但這個思與思業畢竟是你七轉識的事，當你證得「無名相法」如來藏時，設身處地把七轉識自己站在「無名相法」妙眞如心的境界來看，當你自己修這大乘四念處觀的過程裡面，七轉識有無量多的思與思業，可是你背後的眞實心「無名相法」——眞我如來藏——的自身境界中，卻完全沒有三界法中的思也完全沒有思業——「無思無思業」。今天講到這裡。

我們九樓大概這二週會裝全熱交換機，空氣就會好一點，大家再忍個

一、二週吧。現在六個講堂中，是第五、第六個講堂—地下室兩個講堂—的空氣品質最好，因爲新鮮空氣一直送進去。那九樓這邊怕冷氣跑掉就會太熱，但現在要等全熱交換機裝好空氣才會比較好；九樓裝好以後接著就是十樓、五樓等一直裝下去，所以現在空氣品質最好的講堂是第五跟第六個講堂。

閒言表過，再回來《佛藏經》，先說明一下：我們這一段經文的最後一句「**隨順念佛名爲念處**」，要挪到下一段成爲第一句，當初斷句時太匆忙而斷錯了。

上週講到第十一頁第一段的倒數第三行「**無思無思業**」，今天要講「**無法無法想，皆無合散，是故賢聖名爲無分別者，是名念處。**」前面已經說過大乘的四念處是依第八識「**無名相法**」而方便演說，其實是要依於「**諸法實、空、無性、一相**，所謂無相」的「**無名相法**」第八識，來說大乘的四念處，也因此而爲聲聞人說二乘的四念處；所以不論是大小乘的四念處，全都是依「**無名相法**」第八識來演說。那麼上一週我們說完了「**念處名爲無處，念無非處；無念無念業，無相無分別，無意無意業，無思無思業，**」今天要講的第一句是隨後的「**無法無法想**」。

「無名相法」的實證，自從西藏覺囊巴「他空見」被達賴五世消滅以後，已經失傳很久了，也一直都在戰亂的狀況下沒有辦法弘傳；這是因爲清朝後來積弱不振，民眾不太信仰中國佛教；而清朝皇室是崇奉喇嘛教的，喇嘛教的勢力已經成就了，無可抵抗；到清朝滅亡改名中華民國或者到中華人民共和國時，喇嘛教的勢力其實一樣強盛；一直到這二、三十年來臺灣的環境終於比較許可了，所以這個法又可以弘傳。中國人到底是福氣或是無福，還眞的難說，不過總算捱到這個可以弘傳的時機，所以我出來弘法。

以前常常有人跟我抱怨說：「老師您不早出來，我在那些外道道場以及附佛法外道逛了一大圈都逛完了，您現在才出世弘法。」我說：「你也別抱怨，因爲我的因緣就是如此。」你想想看，假使還在蔣中正那個年代，以我這種有話直說的個性出來弘法，對的說對，不對的說不對，我會像現在這樣把普天下大師們都說不對；而當時有幾位大法師是國民黨中常委，他們只要去向警備總部講一句，三更半夜把我提溜了去，我會到哪裡去都不知道，也許就屍骨無存了。那時我若出來，就算弘揚五年好了，那諸位是不是要等我下一輩子重新再來？到底還要幾年？所以就不要抱怨，因緣就是如此。

在我還沒有出來弘法以前，大家對於「識」與「智」，始終都是弄不清楚的，對於「法」與「非法」也弄不清楚，對於「分別」與「無分別」一樣弄不清楚，因此他們都想要把這個能分別的覺知心去修練成無分別，其實永遠都修練不成功的；因爲覺知心相應的心所法就是欲、勝解、念、定、慧，這就是會分別的法（何況覺知心還相應著那些煩惱法），這些都是覺知心相應的心所法呀！所以他們想要把永遠有分別的覺知心修練成無分別，只有一個途徑，就是把五個能了別境界的心所法滅掉。但是有可能嗎？永遠也不可能滅除的。覺知心若眞能滅了五別境心所法，以後他們在人間也是無法生存的；不必說別人把他們殺掉，他們自己就生存不了了。

也許有人心裡想：「**眞的嗎？眞的嗎？**」我告訴你：「**眞的。**」假使把欲、勝解、念、定、慧五個心所都滅掉，那他就會像如來藏一樣，這裡我先停頓一下不講解，先說別的道理；因爲也許有人聽了就說：「**那好！我要像如來藏，我來把五別境心所法都滅掉。**」問題是如果你覺知心像如來藏時將是痛不知痛、癢不知癢、餓不知餓、累也不知累，然後不必一個星期你到後來就死掉，因爲你都沒有感覺而不知道餓也不知道累，那就是死路一條；而且早死早超生，下輩子才出生一個月又死掉了，因爲不知道餓也不知道累。那這樣到底好不好？當然不好啊！而且他根本不知道這是食物、那是糞尿，會不會亂吃呢？也不會，因爲他根本不知道那是食物，他也不知道應該要吃了——他不知道餓，什麼都不知道。放一塊石頭在那邊，他懂得吃嗎？諸位想一想，（有人答話，聽不清楚。）不知道餓的人怎麼會了別那不是食物？所以上當了！當年佛教界大家都想要把有分別的心去修練變成無分別，如果眞能修成像如來藏那樣無分別的話，他根本不可能在人間生存，所以那是不可能的事。更何況法界中的心——七轉識，生來即有的五遍行、五別境等心所法，是不可能被修行而改變的。

那些人自稱「我們已經修成無分別了」，請問他們修成無分別以後依舊生活得好好的，請問他們眞是無分別嗎？當然不是。所以這些人愚癡透頂而又不知道自己的一絲一毫愚癡，連一絲一毫都不知，當然是全部無知，怪不得佛教這二、三百年被他們弄成這個模樣，也因爲他們這樣愚癡，才能夠容得密宗假藏傳佛教喇嘛們橫行天下。這也不能怪誰，只能說眾生的共業就是如此，總不能恨我說：「你爲什麼不早一點出來？」因爲我早出來弘法就是早沒命，得要等白色恐怖的年代已經過去了，我們才可以出來弘法。

那麼由這裡可知「無分別法」第八識的實證，已經失傳二、三百年了，這是環境所限導致善知識無法出世弘法，以致大家對於聖教量所說的眞實法就不能理解；所以當他們假使有爲大眾演繹這一句「無法無法想」時，應該會怎麼說？諸位想想他們會怎麼說？他們會說：「我們要放下，什麼都不要去記掛在心中，什麼都放下了，因此我們就不曾有『法想』存在心中，這樣你就是證得解脫，那你離念靈知自己就可以外於一切諸法，不被諸法所影響，這就是解脫，這樣就是佛法。」你們要是去懷疑，他們會說：「不信你看佛講的『無法無法想』。哪裡有法？你還跟我學什麼法？」他們還會罵你欸！

我這一世回歸佛門剛學佛那五年，也是這樣聽聞大師的開示。大禪師解釋公案也是這樣解釋的：「你心中什麼都不要想，都要放下，如果你來找師父求悟時你就悟不了，因此不要找我求悟；沒有想要開悟才會開悟，你想求悟時就會有語言文字等念頭，就永遠悟不了，不可能開悟。」這種師父很好當，是不是？像這樣子也可以講禪說法，隨便你們哪一位上來都可以當教禪的師父了！如果有人要跟你求開悟時你就這麼開示：「要放下一切語言文字。當你心中想要開悟就沒有辦法悟，不可以想要開悟，才是眞正的修禪之道，所以你如果不求悟，將來才會悟。」從此以後沒有人敢跟你開口求悟，因爲他來求悟時你就說：「你這樣就不會開悟。」原來他想的是：「心中什麼法都沒有，到一念不生時就是開悟，所以你想求悟時就有念，有念時怎麼能開悟？」後來我終於弄清楚原來他的語意是如此。所以他也跟人家印證了十二個出家弟子（在家弟子連一個也沒有），說是明心見性，可是探究結果，別說眼見佛性，連明心都沒有；再詳細探究一下，他們我見具在，連斷一分身見都沒，卻被印證明心見性。

大山頭都如此，普天下那些小法師們不也跟著如此嗎？所以當正覺出來說：「禪宗的開悟就是要證第八識如來藏，要能現觀祂的眞如法性才是開悟。」於是大家都覺得奇怪：「佛門一向都說開悟就是一切放下、一念不生，偏偏你這個蕭平實出來講的跟各大山頭都不一樣。單單你一個人說要證如來藏，可那如來藏不是印順導師所罵的外道神我嗎？所以你蕭平實才是邪魔外道。」好了！大家共同抵制正覺。可是蕭平實不死心，一心要救這些學人，因為學人是無辜的。那些大法師們儘管誤導別人，但學人一定是無辜的，我們得救；所以不斷地說明，從現量、聖教量、比量一一加以說明，說明以後書籍一本又一本連續出版；出版後他們繼續抵制，沒關係！只要他們有具體證據顯示在抵制正法，我們就把他拈提了，所以他們將來會留芳千古的。留芳千古是什麼地方用的？想到了沒？咱們就不必明講，就把他們拈提之後讓他們留芳千古去。

於是他們漸漸地不敢開口，因為不論從聖教量、從比量推度上面——從各種邏輯上面來看，都必須證如來藏才能說是開悟，怎能說意識心或識陰六識覺知心的境界就是禪宗祖師們開悟的境界？他們硬要這樣主張的話，我就指責說：「**他們是在誹謗禪宗歷代證悟祖師是跟他們一樣的常見外道。**」這也就是說，實相的境界難了難知，因為不可思議，他們都想要靠佛學研究、意識思議來瞭解，就不可能達到。但是我們從親證實相的現量來說，當你證得實相心「**無名相法**」以後，覺知心大可繼續分別、努力分別、持續地分別，全都沒問題；因為般若是智慧——無分別智，既然有智，就不該全無分別；而你證得實相心的無分別境界了，實相心的境界中卻沒有法也沒有法想——

「無法無法想」。在無一切法中，咱們覺知心卻可以繼續學很多法，從人天善法開始學起，建立對三寶的不壞信；後來也終於受持了菩薩戒，對菩薩戒也有不壞信；接著就可以開始眞正的修菩薩六度，到般若度學好時，就是開悟證實相心而驗證「無分別」境界的時候了。

但「四不壞信」的成就很不簡單，很多人自以爲具有四不壞信，其實沒有；特別是對菩薩戒的不壞信，不單是對三寶不壞信。所以有些人受持了菩薩戒以後還在詐欺人家的錢財，表示他的戒不壞信還沒有成就；至於對法的實踐——菩薩六度的實踐，也就可想而知了，一定是修不成功的。這個道理諸位很有智慧一聽就懂，那你如果看見那些所謂的佛弟子們受了菩薩戒以後，輕易就說自己開悟了，結果證明是大妄語；又譬如也有一個外國人說他開悟了，而且是電子業的大亨，世界上大概難得找到一、二個可以跟他比擬的；他去西藏或印度見達賴求法說是開悟了，可是他對付下屬、對付同事、對付同業手段之殘酷，心計之多端，你們想那會是開悟的人嗎？那個人是誰呢？在電子業很有名，有很多人拿著手機講電話，大多是他製造的，那究竟是眞伯斯、還是假（賈）伯斯？

而且他去西藏以後，又跑到達蘭莎拉，然後說他開悟了；結果看他回來的作爲能夠說是開悟的人嗎？不過他設計的手機確實棒，這個我沒話講；因爲我最近用的國產手機壞了一支，新買的這支用不久也壞了，真的很不穩定，說得修理，要換主機板，要價三千六百元，那我乾脆買一支新的算了。所以我也有可能換賈伯斯的愛瘋來用，不過我若是用了愛瘋，一定是用最低階的機種。他是很聰明，但是那畢竟只是世間的聰明才智，要談開悟，門兒都沒有，因爲那種心性不可能開悟的，他想要知道「無法無法想」的法義，根本沒機會。諸位在正覺安住下來，進來之前老是聽人家說正覺是個邪魔外道，但是不信邪，因爲認爲這不是邪：「我不信，我就走進正覺來。」抱著這個心態進正覺來，學到今天，現在正覺可又變成佛法中的名牌了！我以前專門在破名牌，沒想到今天變成佛法中的名牌。可是我不要掛上名牌，還是老老實實、平平實實的說法去，因爲我們轉依的是實相法如來藏，可是實相的境界中無一法可得，實相的境界中連開悟的事、連無分別智都無，那我們爲什麼需要跟人家在世間法上計較呢？都不必啊！

所以你們看那家一年捐款收入大約一千億臺幣的團體，還要想辦法留下錢財自己不斷地買房地產和投資等，可是你們看臺灣還有那麼多人到了年終歲末幾乎過不了，她們爲什麼對這些人不照顧？一心想要國際化而去外國布施，這就很使人感嘆。她們不作的部分咱們就來作，雖然咱們力量小，但也可以隨力作一些，所以我們去年在臺灣地區救濟貧窮的事花了六百萬元；以我們這個小團體而言是大錢，但是還是要布施；作了這個布施，當然未來世也會使他們跟三寶有緣，因爲現在結的緣未來會成熟；我們就一年一年作下去，現在有了這一方福田，我就很好作事；假使突然間有人捐了兩億臺幣來我也不怕，因爲這一方福田怎麼花都花得起，都沒問題，所以就安心繼續弘法。

但是在佛法的修行上應該要有慈心、要有悲心，不該藉著佛法到處去勸募。我們是不勸募的，她們是到處勸募；勸募來的錢說要救濟貧窮，結果臺灣有那麼多貧窮人她們卻不救濟，我不能理解。她們大肆募款，導致一些慈善團體沒錢，因爲錢大部分都被她們勸募去了。需要錢的慈善單位有時也會找上正覺，我們就多多少少捐個一萬、二萬、五萬、十萬，我們也捐助他們；他們也是無可奈何，才會找上錢不多的正覺。但這表示那個大團體，她們的心中雖有一堆的法，但那一堆的法並不是佛法，而是世間法。諸位檢查她們所說的、所作的，看我說的對不對。

那麼我們修的是實相法，轉依了實相法界來看待現象界的一切諸法，一腳踩在實相法界、一腳踩在現象法界。而她們兩腳都踩在現象法界，不懂實相法界；當現象法界這一艘船沉了她們就跟著沉了，而我們還有一艘實相法界的船，這一艘船是永遠不沉的，而且還可以帶著現象法界這艘船永遠不沉，就能把現象法界這艘船也拉著共同浮在水面上行得很通順。另一方面，站在實相法界來看時沒有一法可得，諸位證得如來藏後來看如來藏自己的境界中，不看五陰的境界而單看如來藏的境界，其中無一法可得。那麼無一法可得時，如來藏會不會自己瞭解或者反觀自己而知道說：「**我自己的境界中沒有一法可得？**」祂不會的，祂如果知道自己的境界中無一法可得時，那祂就已經有「**法想**」了。

這就是說，如來藏不會反觀自己；從來不反觀自己的境界，祂就那樣住。得要這樣才能隨緣而任運，否則不可能永遠隨緣，因爲祂會變成有「**法想**」了。如果有「**法想**」時祂就知道：「**我無一法可得。**」能知道自己無一法可得時就會知道種種法，那你五陰有所求時祂不一定會與你相應，表示祂會自己作主了，那我告訴你：你死定了，你眞的死定了。所以你的如來藏境界中不應該有任何六塵中的法，祂也不應該有「**法想**」；祂對於自己的境界中沒有法，也不加以了知，所以祂心中沒有「**法想**」，這才是實相的境界。但是當你住於這個實相法界中，卻又無妨這五陰另外橫跨著現象法界，無妨在六塵中廣作分別。所以你們看，我上得座來是依實相法界「**無名相法**」的境界而住，是依「**無法無法想**」的實相法界，但我可以用現象法界的五陰爲諸位說明「**無名相法**」的「**無法無法想**」，夯不隆咚的出來也可以講上好久，有一句重複的嗎？有哪一段意思是重複的嗎？沒有啊！

這就是說，我從現象法界來觀察另一邊實相法界，然後我把所觀察實相法界的狀況來告訴諸位；可是實相法界所顯示的現象，這個境界不容易講，我就用現象法界的言語來說明，大家反過來就瞭解實相法界原來是這回事，這樣就可以理解。雖然聽聞與實證是有所不同的，但是總要先理解吧；只要理解了，參禪時就知道自己要找的是什麼，參禪時的方向就不會偏差；萬一遇到一個假名善知識來籠罩，你也可以用聞思修慧的光明反照他，使他消失於無形，他的邪見就不可能存在。所以這個實相法界的境界很難描述給眾生理解，世尊說了這一些法，當然不可能一一加以詳細解釋，因爲沒有那麼多時間；三乘菩提全部都要講解，還有四悉檀也得講，更有次法等非常多的法需要教導眾生，祂沒有時間一一詳細說明。

所以解釋 世尊開示的經典中的眞實義，就是咱們的……其實可以叫作職責，講成義務就好像有一點老大不情願吧？但其實這是我的義務，所以我不得不幹；但我們還是說這是權利吧，因爲當你把如來的眞實義，雖然祂那麼玄妙而不可理解，而我們把祂解釋出來時，大家能聽懂了，眞是其樂融融！套一句儒家講的「不亦樂乎」。看到大家聽懂了，說法者心中可能不快樂嗎？當然很快樂，所以要說這是權利而不是義務。那麼我們把這樣的道理講出來，大家可以理解；講完後再整理成書流通出去，包括現代以及後世一切佛弟子（當然也包括我們的來世），都可以重新再來理解，來世想要回到這一條路再實證、再繼續延續前世的道業，可就很快了，所以我們還是得要講解。只是這個道理很難理解，但我們不要被那一些假名善知識所誤導，因爲他們是依文解義的，所以諸位「**未來佛**」如果怨他們，也是應該的，無罪。

「無法無法想」是如來藏的境界，是「無名相法」第八識心自己的境界，覺知心只能轉依祂，不能要求自己變成祂；如果你也變成祂，那麼請問你能入無餘涅槃嗎？能不能？不能？眞的不能嗎？因爲無餘涅槃裡面就是祂呀！那你如果把自己修行變成跟祂一樣，能不能入無餘涅槃？你們眞的騙不倒，弄個陷阱你們都不會跳進去，確實有正知正見；爲什麼呢？假使你五陰現在修行就變成跟「無名相法」一樣「無法無法想」時，那你這個五陰要怎麼入涅槃？眞的沒有辦法入涅槃了。一定要你這個意識心有最後那個入涅槃的作意，但是沒有涅槃想，才能入無餘涅槃中。那時你意識心變成第八識一樣的心了，既然起不了這個作意，誰能捨壽？誰能起作意入涅槃？沒辦法入涅槃了。所以說，意識等心果眞能依末法時代大法師們這樣修成像第八識無分別的話，將來死後，假使眞的有定力可以成功變成幾乎無分別的狀態，死後就只能去依草附木，特別是依附於那一些無情物而繼續維持自己的生命形式，就是《楞嚴經》講的依於金石而存在的那一類有情，好比無想羯南一類，那要何時才能得解脫？且不說成佛。

所以覺知心永遠不可能修成如來藏「無名相法」的境界，如果有人修成那個境界，將來會成爲有想而其實幾乎是無情的生命，那他會依附於無情物而維持他的生命形態，將是三界中最愚癡的有情，比地獄有情還愚癡，那不是好事；所幸現代佛教還沒有一個辦法眞的可以修成像**無名相法**這樣對六塵全無所知，所以大家都不必爲眾生擔心。也就是說，你應該去實證實相法界，現觀祂的法界是「**無法無法想**」的，然後你因此而生起了很勝妙的般若智慧，非二乘聖者之所能知，那你就可以出世接引眾生。當你接引眾生而爲眾生說法時，有一些有緣的天神們可以聽聞這個正法，因爲在天上要聽聞這樣的正法很不容易，除非有因緣生到兜率陀天去，而且要進得了內院，否則得要有四禪的功夫加上無生法忍，才能去色究竟天聽聞 盧舍那佛演說這樣的法，否則聽不到這個法。

所以有許多欲界天的天神想要聽聞這個法，如果他們風聞到人間有這個法，他們就會來聽聞，那你也是廣利人天，這福德可就大了，但這一切都要從實證實相法界「**無名相法**」開始。剛開始證得第八識「**無名相法**」時，不會發覺到這裡面的功德有多大，因爲看來看去以後就說：「**就是如此而已，我看也沒什麼。**」有不少人剛開始就是這樣，等到悟後起修以後才發覺：「**哇！**

原來這裡面的法無量無邊、學之不盡。」我想這一點是不用懷疑的。想想看，開悟之後不退轉而要進修到成佛的境界，那是超過兩大阿僧祇劫，將近三大阿僧祇劫，哪有可能一悟就成佛了？這樣瞭解了如來藏中含藏的法無量無邊，雖然祂的境界中「無法無法想」，但祂不斷地流注出各種法，顯示一切萬法莫不從祂來。

所以你越學就越知道祂所蘊藏的法藏無量無邊，可是祂自己心中沒有一法可說；祂也不會了知說「我的境界擁有很多法」，或者「我的境界中都沒有法」，祂全都不加以了知。這樣講，也許有人又覺得迷糊了；或者說，如果是今晚第一次來聽經，就會想：「怎麼可能有這種東西？」當然世間沒有這種東西，因爲這是出世間的法，而且祂眞的不是東西，所以你不能說：「世間哪有這種東西？」

這個道理還是要作一個譬喻來說明，否則有人會懷疑，疑根不斷就是障道的根源，那我們就舉例說，譬如一面明鏡，明鏡中出生了張三的影像，那明鏡不會了知說：「這是張三。」也不會了知說：「現在我的張三在幹嘛。」該怎麼樣它就怎麼樣映現給你，所以明鏡不會加以了知。明鏡映現出張三影像時，也映現出張三的各種背景，和張三生活中的各種法，全都映現出來，但明鏡也不會加以了知。所以明鏡映照出張三活在各種山光水色中，它也不會說這是山光水色，不會去加以了知；所以它沒有山光水色，沒有張三、李四、王五、趙六，它也不會去了知說：「**我不了知他們。**」也不會說：「**我心中無一法可得。**」如來藏「**無名相法**」的境界中就像這個樣子。

也許有人想：「**既然祂心中『無法無法想』，那祂應該是三界中最愚笨的東西吧？或者說最愚笨的心吧？**」但我告訴你，祂的愚笨只是在六塵中愚笨，但是你想什麼祂可都知道，而祂不起了知之想；就這麼奇怪，所以才叫作「**不可思議**」。因此你修菩薩道，這一世應該實現證悟的因緣了，祂就幫你實現，於是你證悟了；下一世你說：「**人間五濁惡世弘法太苦了，我還是生到天上去吧！**」於是祂知道你這麼想，死後就幫你生了個欲界天身，讓你生到兜率陀天去，剩下的就是你的事，能不能入兜率內院就是你的事了，祂已經幫你生好天身了。如果你被兜率天的境界迷惑而迷失了，把彌勒內院給忘了，那也是你的事，祂也不會刻意提醒你；也許等到某一個因緣，你想起來了，才終於把兜率陀天境界割捨而進入彌勒內院去。但是誰知道應該爲你出生一個兜率天身？正是祂第八識「無名相法」。可是祂不會想說：「我現在已經幫你生了兜率天身。」祂不會這樣想，也不作這樣的了知，因爲祂像明鏡一樣就幫你生了卻不自己了別。

所以你罵祂也好，斥責祂也好，或者破口大罵，而祂沒有三代祖先可以給你罵；不管你怎麼罵，祂終究不生氣，因爲祂不聽你的言語；不聽你的不是能聽而不聽，是因爲祂根本沒有聽的功能，但你該生哪裡祂就幫你生了，那你說祂笨嗎？你還作不到，祂卻能幫你作到，又不笨。又譬如有人心性嫉惡如仇，有時會咒罵那些惡人：「來世應該讓他去阿鼻地獄。」其實咱們學佛不用咒人，因爲如果他眞的該生去阿鼻地獄，死後他的如來藏自然就幫他生了阿鼻地獄身，咱們不用起惡心去咒人，如來藏的因果律自然就會執行。

這樣看來，你們說祂笨不笨？又不笨了，祂好厲害！所以這個「無名相法」雖然「無法無法想」，但不是像末法時代那些愚癡的凡夫大法師們所想的：這個心是很笨很笨的心。祂笨，只是在世間法上笨，笨到不會跟人家爭名奪利，可是祂示現在三界法中運行時，根本不必動腦筋就可以實行一切因果。你若問說：祂爲什麼不必動腦筋？我說，因爲祂沒有腦筋，祂這個「法」

無形無色；雖然生了五陰，可是祂卻不對五陰作人情，就這樣大公無私，而又沒有大公無私之想，所以祂是「無法無法想」。

接著說「皆無合散」，有合有散都是三界中法，「無名相法」是出三界的法；雖然祂一直在三界中示現，但祂不是三界中法，所以祂無合無散。覺知心有情眾生與諸法總是有合有散，一時間與此法合，一時間離了此法而與彼法合；是另一個時間離於彼法，這一個時間離於此法。這就是有情世間的現象，這是很正常的。且不說世間人，就說諸位好了，諸位爲了想求得佛法的智慧來到正覺，但是沒有遇到眞正的佛法之前總是與世間法合，所以有的人來正覺學佛這麼多年，他家裡還有很多名牌包，但是從此都不用了；有的人來正覺之前在很多精品店買的那一些精品，平常每天打扮得漂漂亮亮的，穿著名牌服飾，下午茶喝完上美容院，眞的就這樣在過生活，可是進了正覺以後爲什麼那些都丟在另一邊？因爲這是繫縛之法，不是解脫之法。

所以有個小煩惱，後來丟了；因爲想想這名牌包擺著不用可惜，給女兒吧？沒想到女兒說：「媽！這個太老氣。」那只好擺著，擺到女兒年紀大再用吧，這是個小煩惱。那爲什麼會這樣？因爲要與那些世間貪著之法說再見，所以就把這一些世間法散去；散去以後現在跟什麼法合呢？跟佛菩提道的妙法相合，這就是有散有合。凡是三界中的境界都是意識境界，都有合與散，這是不可避免的；但菩薩入地以後就沒有散與合嗎？也有啊！入地之後雖然不被欲界諸法、不被三界愛的煩惱繫縛，但是要把這些法的習氣種子離散；不想跟這一些三界煩惱的習氣種子相應，所以要把它散掉。散掉的目的是什麼？就是要與無生法忍相合。雖然一定會有這樣的目的，結果也一定會與佛菩提道諸法相合，但是本質上卻是逐漸的捨棄了習氣種子的生死，這就是入地後的菩薩有合有散。

那你在修道的過程中，不能說：「我不要有合散，因爲佛世尊開示說：『皆無合散』。」如果現在就要「皆無合散」，是不是只好原地踏步而不合更高階位的佛法就不學了？是啊！就好像二十年前我寫的《眞假開悟之簡易辨正法》，講的就是這個道理；你不可以要求現在就常，如果你的如來藏現在就常，永遠都常，而沒有一部分的無常，那請問你如來藏中含藏的這一些煩惱和習氣種子，以及變易生死等無量的上煩惱，都永遠保住不能改變，那你何時成佛？你的佛道何時才能成就？所以因地一定得要是「非常非無常」。這是我二十年前就寫的法義，如果因地就想要常，那你就跟他恭喜：「恭喜你永遠不能成佛。」他也許想：「你不是咒罵我嗎？」你說：「不！因爲這是你自己的選擇，爲了圓成你的願，爲了滿你的願，我就跟你恭喜了。」

那他一定要追問，你何妨爲他解釋一下：「你如來藏心體是常，而祂所含藏的種子非常。你的如來藏所含藏種子中有善法種子，有無漏法種子，也有不善法種子，如果你希望現在就常而要永遠不變，就表示你那一些煩惱種子、三界愛習氣種子永遠都會存在不變，永遠無法滅除，才是常；那你就永遠不能成佛，這就是你期望『如來藏現在就永遠是常』的道理。」他聽完終於懂了，這時得要禮拜你作善知識了，不是嗎？

因此佛法說的常、樂、我、淨，那是佛地的境界，不是因地的境界；而那些愚癡的現代大法師們，以前也有人講過常、樂、我、淨，說要把這個覺知心修成常、樂、我、淨；如果現前就讓他常，即表示他是永遠的凡夫，永遠的凡夫就沒有樂、我、淨之可言，事實是如此，所以在因地一定要有合有散。某一些不好的法，例如煩惱，例如無記性的異熟種子；又例如無明，當然包括一念無明、無始無明，這些都應該要散去，不要再跟它們相聚。隨著這一些無明等種子或隨眠的散去，於是與無漏法種不斷相合而增長，最後才能成就佛地的境界。可是話說回來，從「無名相法」如來藏自身現前的境界來說，祂就沒有合散可言；要這樣現觀才是實證般若的人，這樣現觀以後你就可以轉依這種「無合無散」的境界。轉依成功了，次第修行，想要成佛就能夠順利；轉依不成功，成佛之道可就行來多諸辛苦。

因此你現在應該要有合有散，而無妨你所證的「無名相法」繼續和諸法「無合無散」。因為你所證的「無名相法」如來藏心，不會跟三界任何一種六塵境界中的法相合。為什麼不會相合？因為祂對六塵萬法從來不了知；該流注給你什麼法種，祂就直接流注給你，祂不會加以了知，不了知就不合。那祂會不會故意去離散某一些煩惱種子？祂也不會離散；得要你自己去修行，在六塵境界之中一一經歷那一些種子的現行，然後一一把它們消除掉，轉換為清淨的無漏法種；那你把煩惱消除掉，如來藏含藏的種子就消除了。你消一分祂就消一分，祂也不作消與不消之想；所以修行是你的事，悟了還是你要修行。你可不能說：「我如今悟了，我如今找到如來藏了，叫祂幫我修行。」行不行呢？不行的，祂不懂修行。但是你要修行，祂就幫你修行，祂可不會說：「你要修行，我偏不讓你修行。」祂永遠不會，因爲祂完全聽你的。

怪不怪？怪喔！可是等你會了以後卻說：「不怪啊！如果不是這樣，我就不能修行成佛；如果不是這樣，眾生也不能造業墮三惡道，眞的不怪。」所以古時有禪師就說了：「猶如三歲小兒索喚八十老婆。」聽懂嗎？這在古時是平常話、俗話，現在有人覺得是文言了，其實仍然不是文言，意思是：「就好像一個三歲的小兒，一天到晚向八十歲的老婆索喚——要這個，要那個。」眞的就像這個樣子，那個八十歲老婆，他小兒要什麼就給什麼，非常非常辛苦，可是永遠都不知道苦（註：《宏智禪師廣錄》卷五：「一似八十老婆嫁與三歲兒子，年雖長大，要且被他三歲兒子索喚。」）。夠笨吧？本來八十歲老婆在世間歷練八十年了，應該很聰明，可是她偏偏就被那個不懂事的三歲小兒不斷索喚，孩子索什麼就給什麼，喚她過來她就過來，眞是不斷被索喚啊，眞是有求必應。那你想想看，到底她是聰明還是笨？到底聰明還是笨？（大眾鼓掌…）是應該要鼓掌。

其實沒有聰明也沒有笨，嗐！這法要哪裡聽去？所以我現在眞的有知音了。如果我今晚這樣的說法是到外面去講，大家一定是一臉茫然，我要跟他們的心相應就很難。譬如你在音樂廳演奏鋼琴或小提琴，大家很能欣賞，那你越演奏越有興趣；如果所有座位上都放著石頭，你演奏一場下來會覺得如何？可見你們知道我的心情。所以我說，像這樣的法你叫我去外面演講，我能講給誰聽？每一個座位上就像白的石頭、黑的石頭；眞的如此，因爲全都沒反應，那我要怎麼繼續講下去，只好越講越淺，但越講越淺時心中就覺得很沒滋味；本來應該法樂無窮的，結果變成沒滋沒味。

所以外面道場如果有人想要請我去演講，我通常是敬謝不敏；當然，爲了接引他們不能不去講，我就拜託哪位親教師去說一說，並且還要特別吩咐他們不許演說太深的法。即使吩咐過了，親教師去時也眞的講得夠淺，但是人家一定馬上就會回報：「你們爲什麼要講那麼深的法，我們聽不懂，聽得好累。」一定會這樣，這是我們一直以來的經驗，那他們就無法與深妙法相合了。

所以說，佛法修行應該有合有散，這是修行之道；可是你現前因地所要證的「無名相法」，祂自己的境界中就沒有合散可言。因爲你正在修行把煩惱法給捨棄時，祂的境界中沒有散可說；就好像鏡子一樣，鏡子中有個什麼壞的影像，你有一個技術（開悟以後才有這個技術），你有這個技術去把其中不好的影像拿掉，換上好的影像；鏡子會讓你換，可是鏡子不會了知說：「**你正在幫我更換壞的，給我個好的存起來。**」它不會這樣了知。它就像一個程式一樣的主動，你要提出去就讓你提出去，你回存了什麼就爲你回存什麼。你從電腦裡面把某一個檔案叫出來，那個檔案裡面有很多錯誤，你把它作了修改，改後你覺得現在這樣完美了，存檔存回去，它就幫你存回去。它不會了知你拿出去了、你又存回來了，它都不會加以了知。如果它會了知，應該怎麼樣？應該在電腦程式設計師所設計的範圍之外，另外主動告訴你：「**謝謝你，你又幫我存了好多好東西進來。**」可是有沒有？從來都沒有。

所以你實證了祂以後，現前轉依祂而修行，對於煩惱法有離散，對於無漏法有聚合，但這是你五陰的事，如來藏只是依著一個定律或者依著一個模式，祂就主動地配合著，你造了善惡業而存進來時祂就存進來，你要把這一些善惡業種子現出來祂就現出來，祂不作任何法想，這就是祂的境界。所以你修行一直到成佛的過程中，五陰都有法與法想，就會有合散的境界；但如來藏自己從因地就沒有合散的境界，這不是你開悟後才如此，而是悟前就已經如此；甚至於造作極大惡業、五逆十惡、破壞正法、毀謗三寶下了阿鼻地獄以後，祂「無名相法」如來藏的境界中依舊沒有合散，這才是眞正的法界實相。

由於這樣的緣故，大乘「賢聖名爲無分別者」；所以實證的大乘賢聖固然能爲眾生廣分別一切諸法，可是他所證的是「無分別法」、「無名相法」這個如來藏妙心，那麼菩薩五陰能繼續爲眾生廣作分別，可是所轉依的內涵卻是第八識本來就「無分別」，卻是本就「無法無法想」的，卻是無合散的，因此菩薩就稱爲「無分別者」。假使咱們正覺有一天買了兩百公頃的山頭，蓋起世俗性的佛教文化館，在裡面製造很多世俗佛教相關的產品賺大錢，你們認爲好不好？不好！也就是說，假使將來正覺幹這件事情時，你們要趕快走人了，因爲我向諸位保證，眞有那個時候到來，一定是我不在了才有百分之一的可能；如果我在時，有人堅持要這樣幹而我無可奈何時，那我將是第一個走人，還要出來呼籲大家都走人。因爲這已經違背了「無名相法」的境界，而「無名相法」如來藏是無合無散的，結果悟後的五陰卻是在這些世間法上去追逐——與世間法相合，這就有違證悟的功德了。若有機會蓋起正覺寺，我們的物品一定是與實證性的正法相關的，不會有世俗性的文化類物品出售，只會有與引導進入實證佛教的相關物品流通給大家。

那你們想想看，不論是於世俗佛教文化或世間法的文化上追逐的人，可能證得「**無名相法**」而轉依成功嗎？根本不可能！所以有智慧的人從表相上也可以看得見，確認某人到底有沒有開悟，能認清楚他有沒有實相般若的親證；這是依據轉依與否就很容易觀察出來的，沒有一點點困難，怕的是沒智慧又加上迷信。你們可別覺得不可能，有的人想：「**人家至少也是個博士，還是學理工的博士欸！**」理工科的博士是很注重邏輯的，怎麼進了佛門還迷信？可是諸位去看看那些學理工的博士，而且還當過某一些大機構的主管，回國—不管是回臺灣或大陸—都一樣，照樣迷信。臺灣最有名的一個人是誰？陳誠的兒子呀！你怎麼不講大聲一點呢？他不是學理工的嗎？在美國修的博士學位，回國前在美國也有某些名望，才會被請回來當國防部長；後來幹了監察院長不是嗎？結果跑到最迷信的密宗假藏傳佛教裡去，然後又派了個兒子去中臺山，作人情給中臺山，也許是去看他們有什麼法吧。

過了兩年後離開了，又娶了個所謂的空行母，眞的走到外道法去了。那空行母有什麼空行的功德呢？既然稱爲空行母，沒有佛法上的空行功德，至少要有四王天那一些空行有情的功德吧！她又沒有。那你想這樣的人，迷信不迷信？只有迷信的人才會走入密宗假藏傳佛教，因爲密宗假藏傳佛教所說的法處處漏洞，無一可信；可是他信了，這就是迷信！因此你們不要說那些人很有智慧，他們應該不會迷信，那就錯了！那些人進了宗教以後都一樣迷信。不迷信的就只有諸位，知道這是實證之法，是可以再三再四不斷驗證之法，盡未來際都可以驗證而不可推翻，這才是不迷信之人。

所以假使有人進了同修會以後繼續在推崇那些凡夫大法師們，一般而言我不會斥責他，可是如果進了增上班還是如此，那得要小心了，哪天讓我聽見他在讚歎哪個凡夫大法師，我可要找他來臭罵一頓，叫他要佛前懺悔去！懺悔完了才許他繼續上課，否則我就把他增上班的學籍註銷掉。因爲他會如此作，只有兩個原因：第一是他已經退轉，智慧都不見了，才會去讚歎那些凡夫大法師，而且凡夫大法師們的身口意行又不如法。第二叫作居心叵測，也就是說，既然證得「無分別法」了，意識很瞭解如來藏的「無分別」境界，也轉依成功了，就不應該再分別說：「**你看人家大法師道場幾百公頃，人家慈濟有幾百家企業，所以我們正覺遠不如人家，我們連一家企業都沒有。**」那請問，他們是在弘法還是在辦企業？是在辦企業啊！

聽說慈濟的相關企業有一、二百家，那還能叫作佛教？那其實不是佛教，而是賺錢的企業。所以應該請她脫下僧服留起頭髮來，穿得多麼花花綠綠我都沒有意見，可不要把佛法當作商業在經營，這是不應該的。既然證得「**無分別法**」了，還去讚歎那樣在世俗法中打滾的大法師，他如果不是沒智慧，就是居心叵測。一定別有所圖，否則在正覺中實證了，何必再幹這種事情呢？那如果幹了這些事情，我就說他不在賢聖中，一定要追究退回凡夫知見的原因。如果誰來建議我說：「**我們正覺來開個什麼公司，現在這個很好賺。**」我就亂棍把他打出去，因爲這不是佛法。如果要開公司，他可以自己去開，我們正覺何必來淌這個渾水？這都是違背戒律的。他私人可以去開公司賺錢，不用拉我們正覺來參加，不管多麼好賺我都不會參加。

那他有這麼好賺的機會，去賺個一百億元或賺上幾千億元，我都不反對，但我絕對不會涉足其中，因爲那是他的福報，我們正覺不能作這種事情。

因爲咱們所證的境界「無意無意業，無思無思業，無法無法想，皆無合散」，怎麼可能來涉足這種企業之中呢？我們證得的是「無分別」境界，應當把這個實相法界的境界教導有緣的佛弟子都可以實證，都可以轉依成功，然後繼續拉拔他們往前進，這才是正覺該作的事；因爲我們不是世間事業，我們作的是弘法的工作，不是事業。因爲這樣的實證才能夠說是「無分別者」，並不是像石頭那樣叫作無分別，而是所依的境界是「無分別」，是實相的境界。實相境界中從來「無分別」，你儘管很有般若智慧能爲人詳細解說，能救護眾生，正在廣分別之際仍然是「無分別者」，因爲「無分別」才是你所轉依的境界。佛說這樣被稱爲「無分別」的人，他才是佛法中的賢位菩薩、聖位菩薩，才是眞修「念處」的人。

那麼我們得要探討 佛陀的意旨，也因爲這些緣故 佛陀講了很多條件出來：「無念無念業」乃至「皆無合散」，要有這些條件，然後結論是，由於這樣的緣故，佛門中的賢聖就稱爲「無分別者」。得要這樣實證、這樣現觀、這樣轉依、這樣修道，才能說是佛法中說的眞實的「念處」，而不是方便所說的二乘四念處或大乘四念處的行門。你們看 佛陀爲了說明「念處」兩個字，講了這一些經文，也才不過這麼一段；其實是我把它演繹以後才變成一堆或一聚法義。佛所教導的弟子們是證悟者，大約是一說就懂了，不用解釋。然而正法時期過去了、像法時期也過去了，現在是末法時期，我只好講上一堆加以解釋。

諸位千萬別覺得說：「**你講得實在太囉嗦了。**」我跟諸位保證，即使是像法時期，這樣子解釋也不算囉嗦，何況末法時期來講解呢。怎麼叫作「**像法時期**」呢？就是很多大法師演說佛法時，他們講出來的不是 佛的眞義，只是依文解義，看起來好像是 佛所講的，所以叫作「**像法**」；所說的看來都是佛法，其實只是像佛法、不是眞正的佛法，所以才叫作像法。那「**末法時期**」表示什麼呢？表示絕對多數的大法師所說，都不是佛法。如今有百分比可以說明：百分之九十九點九的大法師們說的都不是佛法，只有百分之零點一的那一個人說的才是眞正的佛法；所以正法已經很衰微了，已到枝末的狀態，叫作「**末法時期**」。因爲「**像法時期**」聽起來還有那麼一點點佛法的味道，到「**末法時期**」說的都是世間法，不然就是嚴重錯解的假佛法。

佛也講過了，世尊示現般涅槃後的第一百年聖法堅固，隨著時間不斷推移來到第七個一百年時已經是利養堅固了，第八百年後是乖爭堅固的年代，第九百年是事業堅固，出家人已經有很多都在經營事業賺錢了，何況是末法時代的今天？這時假使你是那個百分之零點一的實證者出來演說正法，那你倒楣了，一定挨罵。因爲他們會罵：「**我們佛教界說的都是這個離念靈知，單單你正覺一個人說那個第八識法，所以你是邪魔外道。**」依據 如來的預記，正覺今天弘揚正法不被罵才是異常的，所以我被罵了十幾年、將近二十年，我都不生氣，因爲我覺得這是正常的。

而他們認爲佛教界本來就應該是百萬將軍一個兵，而我認爲應該是百萬雄兵只有一個大將軍這樣才對，而我本來就接受他們毀謗的狀況，只是不想見到他們捨報前還不懂得懺悔，於是盡量說明，說得越多越詳細就越好，看能否多救一些人。因爲我們印出來的書大部分的讀者是大法師和他們的信徒。你們有很多人對我的每一本書都買，但是他們每一位大法師也一定都會買，我就要賺他們的錢；我賺了他們的錢，我可以拿來弘揚正法，只要不納入我的口袋就行了，這樣一方面爲正法籌錢，一方面也救那些大法師和信徒們死後不墮惡道。

這樣說明後，諸位懂得　佛說的「念處」了；換句話說，大乘的《大般涅槃經》中講的大乘四念處，和《阿含經》講的二乘四念處，全都是方便施設接引眾生用的；但是眞實法是「無名相法」第八識，第一義諦所說的就是這「無名相法」的境界，如果不是依第一義而作各種「念處」的修行，那個「念處」就不是眞正的「念處」，只會是方便施設。因此　世尊作了這個結論：「是故賢聖名爲無分別者，是名念處。」換句話說，眞正懂得二乘或大乘四念處的人，一定是在佛菩提道中證悟明心以後的人，否則只會是懂得解脫而不懂實相境界的凡夫或愚人——二乘聖人。

那諸位看看，如果眞懂這一段經文，他能瞭解到自己是沒有開悟的：「人家善知識把這個道理講出來，我現在讀後終於懂了，可是我沒有開悟、沒有實證般若，那我肯不肯出來介紹人家讀這部《佛藏經》？我肯不肯像善知識那樣來爲人家誠實解說？」一定不肯，因爲自己還沒有悟。他如果依照「善知識」所說，爲大家演繹出來之後，徒眾們都聽懂了，那時該他腳痛了，他會發覺：「原來我搬了石頭砸了自己的腳。」他在爲人誠實解說之前早就想到這一點了，所以一定不會講，除非他誤解了內容。

接下來　世尊作了一個結論：「如來以是說有念處，」世尊這是說：「我釋迦牟尼佛就是因爲這個緣故而說有四念處。」最後再畫龍點睛、點了出來：「隨順無所有故名爲念處。」既然「無名相法」這個境界中　世尊說的「無念無念業」乃至「皆無合散」，那你想這個境界中能有什麼法可得？能有什麼法可證？又能有什麼法可說？在祂的境界中完全無有。所以如果有人說悟了就能如何如何，又說「這一悟了就有五大神通」，那他是有所得抑或無所得呢？就是有所得——得到世間法，神通是世間法。可是在這個「無名相法」第一義的境界中，並無一法可得；但如果有一天你證悟了，大家恭喜你：「現在您是個證悟的賢聖，不得了喔！」那是誰得到這個讚歎？是五陰啊！只有五陰得到讚歎。可是這個五陰是虛假的，眞正的你是如來藏，而你的如來藏有得到讚歎嗎？都沒有！人家是讚歎你的五陰，不會是讚歎你的如來藏。

你們檢查看看，悟後遇到別人讚歎時，有誰是讚歎你的如來藏？一個也沒。不但問你們，問所有老師們，你們的如來藏有被讚歎過嗎？都沒有啊！人家都讚歎你們的五陰。可是這個五陰是虛妄的，從五陰虛妄來看時，這個讚歎也是無常，猶如風聲一下就過去了！懂得二乘菩提的人就知道說「這也無所得」，但這個「無所得」不是真正的「無所得」，而是人家正在讚歎你時，正好忍不住高興了起來，藏在心裡面暗暗高興，嘴角往上這麼一抿、也被瞧見了，顯然有樂受；可是當下心裡高興時如來藏有高興嗎？根本就沒有。因為如來藏根本沒聽到人家在讚歎，你叫祂怎麼高興起來？祂自始至終都沒聽到。就好像一個人睡著無夢時，你在他耳邊一直讚歎：「你真不得了，不世出的奇才。」讚歎一大堆，把三界中所有的好話都拿來讚歎他，讚歎了一個鐘頭才停止；等明天他醒來，你問他：「欸！我昨晚讚歎你，高不高興？」他會說：「你讚歎我什麼？」他都不知道，因為他沒聽見。

如來藏沒有耳朵，當然沒聽見，所以你甭期待如來藏會回應給對方說：「謝謝您的讚歎。」祂也沒有嘴巴，無法回應對方的讚歎，這全都因為祂是真實的「無分別者」。既然都「無分別」，連聲音都不知道，那你讚歎的聲音祂也沒接觸到；不應該說祂沒接觸到，應該說祂沒有了知那讚歎的聲音，那祂怎麼會知道你讚歎祂？所以你的五陰接受讚歎時祂沒聽到，縱使祂能聽到，祂也不會高興，因為是你的五陰被讚歎，不是祂被讚歎，祂憑什麼高興？假使祂能夠有聽的功能，就表示祂也會分別，那你悟了，人家讚歎你的五陰時，祂分別說：「這又不是在讚歎我，跟我無關。」你五陰想笑而祂不笑，結果會變成怎麼樣？變得很尷尬了。你們已經證悟的人想想看，是不是會很尷尬？你想笑而祂不笑，是不是很尷尬？欸！這話只有家裡人才聽得懂啊！那你說：「我如果要騙人，如來藏不肯，那我怎麼能說？」我說這話家裡人聽得懂的，但他們不能告訴你是爲什麼，他們懂而你不懂。

所以說，祂永遠是「無所得」的境界；因爲祂不聽，當然也不會回應你，祂也不了知你在讚歎什麼，祂連你講的聲音都不了知，因此你悟後接受別人讚歎時祂無所得；而你五陰固然聽到人家讚歎，知道人家讚歎，心裡不免有一絲歡喜；因爲你的習氣種子還沒有滅盡，歡喜也是正常的，所以不必在那邊壓抑，高興就高興起來：「謝謝您的恭喜，很抱歉，我的智慧還很粗淺。」這不就得了？不必故意說「如來藏都無所得」，就板著臉，用不著；無妨你五陰繼續有所得，但是轉依於祂的「無所得」境界，所以你不貪。假使悟後一天到晚板著臉：「我是聖人，你們是凡夫。」然後一天到晚等著人家禮拜，這就有問題了！

如果他會一天到晚等著人家禮拜，表示他背後的心思是：「你們都應該供養我。」對吧？不會錯的。那如果他轉依成功了，就會瞭解：「我五陰不過是一世住，我的如來藏則是無量世；不論我作了什麼事，業種都存在如來藏裡面，而我不曾外於如來藏，所以一切種子將來必然要現行。若是一世住的五陰我貪著各種不應該得到的世間財等法，那我下一輩子又要受苦了。雖然下一輩子的覺知心不是這一世的我，可是意根還是同一個，那不是一樣要受苦嗎？從現象界來說，這一些名聞與利養終究是無常之法，也會過去，那我去貪這些無常之法終究也會失去，而我的本際如來藏也並沒有所得——眞實的我如來藏沒有所得，那我何必去貪著那些法？」這就是「無所得」的功德受用。

因此不貪諸法，爲眾生、爲正法久住所應該幹的事就直接去作，不假思索，不考慮利害得失。如果要考慮利害得失，我不會比那一些大法師們笨，我有這個智慧，還會不懂嗎？只是不想去作，因此考慮的是正法的未來。所以當我們苦口婆心溫言軟語不牽涉別人，如實把正法說出來以後他們竟然要抵制、毀謗，雖然我們一開始不指名道姓提出來辨正，而他們繼續毀謗，那我只好指名道姓加以拈提和辨正，我們就是經歷過這樣的過程。我們不是一開始就指名道姓，我們不跟他們和稀泥，如果要跟他們保持親善關係我也會，我這一世也幹過一次，就是去拜碼頭，我們臺南講堂剛成立時我也去拜碼頭，可是我看到他很怕我，我心裡想：「我何苦害人家恐懼？只要他不公開抵制正法就行，大家相安無事就好了。」所以我也不評論他，就這樣子。

這就是說，我們依於這個「無分別」的境界而安住，那我們自然就能夠現觀實相法界中一切都無所得，當人家讚歎我們的當下，我們就已經無所得了；五陰固然領受那個讚歎，但是實際的本際依舊沒有所得。所以應該要隨順於「無所有」來修二乘或者大乘的四念處觀，這樣所作的觀行才是眞正的「念處」，佛陀是這樣爲我們作結論的。接著進入下一段：

經文：【「隨順念佛名爲念處，舍利弗！云何名爲念佛？」佛告舍利弗：「見無所有，名爲念佛。舍利弗！諸佛無量，不可思議，不可稱量，以是義故，見無所有，名爲念佛。實名無分別，諸佛無分別，以是故言念無分別即是念佛。復次，見諸法實相名爲見佛，何等名爲諸法實相？所謂諸法畢竟空無所有，以是畢竟空無所有法念佛。復次，如是法中乃至小念尚不可得，是名念

佛，舍利弗！是念佛法斷語言道，過出諸念，不可得念，是名念佛。舍利弗！一切諸念皆寂滅相，隨順是法，此則名為修習念佛。不可以色念佛，何以故？念色取相，貪味為識；無形無色無緣無性，是名念佛。是故當知：無有分別，無取無捨，是眞念佛。」】

講義：我們原來的斷句因為匆忙之間有一句斷錯了，就是前段的最後一句經文，應該移來這一段最前面才對，所以跟發給諸位的經本有一點不同。世尊開示說：

語譯：【「隨順念佛稱為眞正的念處，舍利弗啊！什麼叫作念佛呢？」佛陀告訴舍利弗說：「看見了無所有，就稱為念佛。舍利弗！諸佛沒有量，所以不可思議，諸佛也不能稱量，由於這個道理的緣故，看見無所有時，就稱之為念佛。眞實稱為無分別，而諸佛沒有分別，由於這樣的緣故，憶念於無分別時也就是念佛。除此以外，看見諸法的實相名為見佛，是什麼境界說為諸法的實相呢？也就是所說的諸法畢竟空、無所有，以這個畢竟空、無所有的法來念佛。復次，在這樣的法之中，乃至於一個很微小的念尚且都不可得，這樣稱為念佛，舍利弗啊！這個念佛法是斷語言道的，是超過種種念的境界，不可能讓你觀察到其中有任何一個念，這樣就叫作念佛。舍利弗！一切諸念其實都是寂滅相，隨順於這樣的法，這個人就是眞正在修學練習念佛。不可以用色相來念佛，爲什麼這樣說呢？如果憶念於色相而來取佛的法相，這樣是在貪著佛的身相所顯示的勝妙韻味，這個境界就是識陰的境界，也就是分別的境界；無形無色沒有藉緣也沒有世間種種法性，這樣才名爲眞正的念佛。由於這個緣故應當要知道，沒有分別，沒有執取也沒有捨棄，這就是眞正的念佛。」

講義：還不必解釋，單單聽我這樣語譯出來之後，請問諸位：「天下這些念佛的人眞懂念佛嗎？」你們都搖頭，是說他們不懂喔？這回可不是我罵人了！那麼問諸位，即使你們進入正覺學會無相念佛了，還沒有證悟實相之前，懂不懂眞的念佛？啊？不懂喔？竟然把自己也推翻了。你們眞的好無私，値得讚歎！所以我寫那一本《無相念佛》時，我說明這其實還不是實相，只是沒有語言相、沒有聲音相、沒有　佛陀的影像，只是相對於有相的一個方便施設而叫作無相，這並不是實相的無相，我先作了聲明。這樣看來念佛法門到底是深還是淺？（眾答：深。）深喔！可是你們看外面那一些所謂的某某禪寺、某某禪寺，他們教人家打坐修禪時都說：「念佛法門太淺了，我們是學禪、修禪的。」其實根本不懂禪之與淨有什麼異同，更別說禪之與淨其實只是一體兩面。

所以念佛法門有深有淺，他們從來就不知道，等到《念佛三昧修學次第》出版後，讀了以後才說：「念佛法門還牽涉到實相喔？」念佛法門真的沒那麼容易修啦！所以假使有人毀謗說念佛法門太淺了，真正證量高深的禪師聽了就說：「你不懂念佛。」有時甚至會罵人，這是古時就有的典故。有時人家來拜見，老禪師有時開口就：「阿彌陀佛！」有時人家問說：「禪師啊！要開悟要怎麼修？」老禪師說：「念佛。」都說念佛啊！那有的人心高氣傲，心想：「我是何等的根器，要我念佛？瞧不起人！」所以他開口就質問：「你講念佛，那阿彌陀佛四字洪名、六字洪名，三歲孩兒就能夠唸了，你還叫我念佛？」老禪師可能要罵他：「三歲孩兒皆念得，唯有你念不得。」真的要罵他。等到被罵以後才肯低下心來說：「那不然請老禪師教我念佛。」賤骨頭！就是要罵過他才願意接受。

所以念佛法門由淺至深，不可思議，如來施設念佛法門，真是三根普被；

他不過是依文解義之徒，來到老禪師面前說他不是念佛的根器，自稱是學禪的根器，我卻說他沒有資格來學禪，等他將來修除了性障再來學吧。所以念佛法門深啊！因為佛有三身，你到底念哪種佛呢？一般人是連化身佛都念不好的，是連應身佛都念不了的，例如有哪個人念到淨念相繼呢？在正覺以外，都沒有啊！所以念佛法門不簡單。請幫我記一下「念佛法門不簡單」，我下週就記得，好，那麼我們今天講到這裡。

《佛藏經》今天要講第十一頁第二段，上週已經略述其意，今天要再來一一詳解 世尊在「念處」的最後談到的念佛法門。一般而言如果談到念佛，都會說：「**那是老人家的事。**」所以如果要向別人介紹念佛法門，通常都要選擇一下，如果對方才四十幾歲、不到五十歲，就別向他推薦念佛法門，否則有時人家會回一些話，那個覺受可不太好。因為一般人聽到你為他介紹念佛法門，他們會說：「**我都還不到五十歲，我還沒有想到死，離死還早呢！**」那意思就是說，剩下沒幾年而在等死的人才要念佛。這在早期臺灣佛教界是很平常的事。如果有人這麼說，你就應該回他說：「**我講的不是一般的念佛法門，這個法門年輕人才學得來，老年人還不容易學。**」

這麼講，引起他的好奇。當他好奇了問你說：「爲什麼你講這個法門都跟人家不一樣？人家都是老了才念佛的。」你就說：「我要介紹給你的這個念佛法門，老年人氣力不濟，不能拜佛，還眞難修。這得要是還有力氣的壯年人、青年人才好修。」那他一定很好奇：哪來的這麼奇特的念佛法門？就問你：「是什麼法門？」你就告訴他：「實相念佛！」他一聽到實相念佛，眞的懵了，不知道那到底是什麼法門。那你就告訴他：「這個實相念佛法門，起修得要從無相念佛開始；無相念佛得要拜佛拜很久，身子不好還眞有一點困難，老到走不動了就別想修這個法門。」也許他就有了這個興趣，聽你這麼一說：「好！我偏要學學看。」

意思就是說，其實念佛法門不淺！會認爲念佛法門很淺的人，都是那一類似懂非懂，在佛法中只學得皮毛的人。他們連眞皮都還及不上，只是在表皮而已；至於毛代表什麼？代表不痛不癢。不論你身上毛多長多短，把它剪了都不痛的；如果是剪到表皮，他會有一點感覺，剪到了眞皮，痛覺才會強烈起來。所以念佛法門不淺，只有那些學得念佛皮毛的人，才會說念佛法門好淺好淺。有一次，有個禪師遇到人家來求法，他回說：「你就念佛吧！」

也許對方說：「念佛太淺了，不過就那四個字，念來念去沒味道、沒意義。」禪師會告訴他：「你不懂，一句佛號概括事理，你怎麼懂？」

這時聰明人就會有所警覺：原來這法還眞不容易！也許他想：「連禪師都這麼說了，我還眞的要問問看到底念佛法門有什麼內涵。」於是禪師告訴他說：「很簡單！就唸阿彌陀佛，沒別的事兒。」他想：「就這麼簡單啊！那唸阿彌陀佛到底是爲了什麼？」禪師說：「開悟啊！」他想：「啊？唸阿彌陀佛也可以開悟？」沒想到禪師劈頭一頓痛罵：「你懂什麼阿彌陀佛？」他想：「我不過好意跟您問一問，幹嘛就要罵我？」於是抗議了，禪師就告訴他：「原來你不會我的意思，回去，回去吧！」就趕他走了。回家思索了好幾天，忍不住又來問，禪師就告訴他：「『阿彌陀佛』就是『東山水上行』。」「啊？什麼東山水上行？」東山那麼大、那麼重，怎麼會在水上行？那跟「阿彌陀佛」有什麼關係？「那麼請問禪師，如何是『東山水上行』？」禪師說：「阿彌陀佛！」那學人也眞的沒轍。

所以說，念佛簡單嗎？眞的不簡單啦！只有不懂佛法的人才會說：「那是八十歲的老人家念的，像我這種人根器這麼好，念什麼佛？」殊不知他正是根器最差的人，所以念佛法門的深妙沒多少人知道。二十幾年前我去杭州南路拜訪一位專教念佛的大法師，我說：「念佛有實相念佛、有體究念佛、有無相念佛、有持名唸佛，經由持名是可以到達體究念佛、實相念佛的。」這話才剛說完，他就往我頭上扣帽子：「現在什麼時代了，還講什麼體究念佛。」唉呀！眞是不逢根機，也只能怪自己沒有先觀察這個人是不是好的根機，於是只好爲他教育了一番；我就從下品下生講到上品上生去，叫他從念佛法門中沒下嘴處，只因爲他講了一句話：「別說什麼實相、體究，我這些出家弟子們，只要有一個能夠下品下生，我就心滿意足了。」

「啊？」我心想：「你是專教念佛法門的大師，到底懂不懂《觀經》呢？」那下品下生是什麼人？是十惡而且毀謗三寶的那一種人，是應該要下無間地獄的人；爲了避免那種重罪的人領受惡報而能逃避重報，才施設了下品下生讓他們往生去極樂世界的，沒想到他竟然這麼說，眞是納悶。我就開口問：「不知師父您這些出家弟子有哪位是殺人放火、五逆十惡又毀謗三寶的？」他一聽知道錯了，就扯到別的地方去。所以念佛法門之深，連專門教念佛法門大法師都不懂，因此說念佛法門不淺。後來這位大法師跑去大陸弘揚持名唸佛法門了，然而古德曾經說：「念佛法門三根普被。」何曾是淺法？所以不要看到《佛藏經》是講這麼深妙的法，就懷疑說：「爲什麼突然間佛陀在這部經中蹦出一個念佛法門來？」

那我們來看 佛陀講的這個念佛法門，是怎麼說的：「隨順念佛名爲念處，舍利弗！云何名爲念佛？」先提出首要演說的宗旨來：隨順念佛才叫作眞正的念處。換句話說，如果離開了念佛就沒有大乘的四念處可說，即使是二乘法的四念處也甭提了，根本就不可能存在，所以開示說「隨順念佛名爲念處」。但這個「念佛」當然就得要作出正確的定義了，否則佛教界隨便阿貓阿狗來唸一句佛號，他也自稱已經具足《佛藏經》講的了義的「念處」，其實不可能，全都差遠了。念佛，在《佛藏經》中 佛說念佛中的「佛」是指什麼？就是「此經」，「此經」就是第八識金剛心，所以憶念「此經」才是眞正的念佛。

那麼《金剛經》中說的見佛又是見什麼？也是見「此經」；「此經」又名如來藏，又名眞如，又名阿賴耶識、異熟識、無垢識，要這樣見到了第八識時才算是眞正的、了義的見佛。那麼見到這樣的佛是見法身佛，見自己的法身佛以後再來念佛，才知道所念的如來不論是念哪一尊如來，祂們的本際都是第八識眞如心「**無名相法**」，這樣來念佛才是眞正的念佛。可是一般人初聽這一句「**隨順念佛名爲念處**」，往往不瞭解念佛的定義是什麼，因此 世尊馬上呼喚舍利弗說：「**舍利弗！云何名爲念佛？**」因爲知道大眾很可能誤會了念佛的眞實義，所以特地反問什麼叫作念佛。

接著 佛陀立刻告訴舍利弗說：「**見無所有，名爲念佛。**」看見了無所有，就叫作念佛。依文解義之徒就會想：「**就是看見了一切法緣生緣滅、緣起性空，那就是眞正的念佛了。**」往常閱讀所謂善知識的著作時，他們總是如是依文解義。你們看那釋印順《妙雲集》、《華雨集》等，講來講去就繞著四個字轉，就叫作緣起性空。可是他並不知道緣起，他所講的內涵只不過是緣「生」性空，還談不上「起」字。怎麼說呢？因爲如果講緣起性空，那個緣起是什麼？就是藉緣而生起。緣起就是藉緣生起，緊跟著問題就來了，既然說是藉緣生起，一定是有能生也有個所藉，才能生起諸法來；是一個能生的心藉其他的緣，來生起其他的法，這才叫緣起。可是他把第七識意根、第八識如來藏否定了之後，我說他講的緣起性空其實只是緣生性空，而他弘揚的緣生性空，正是他們所弘揚的《中論》裡面龍樹菩薩所破斥的「諸法共生」。他一生努力推崇龍樹的《中論》，可是卻又不承認自己是「三論宗」的人，諸位覺得怪不怪？

這是很怪的，是吧？譬如有人說：「**我是專門弘揚佛法的人，我專門弘揚佛法，一生都在弘揚佛法。**」可是等到人家問時：「**你是不是在弘揚佛法？**」「**我不是弘揚佛法的人。**」他的邏輯就這樣。他一生弘揚的就是三論宗的法義，三論宗裡很重要的三部論中，就有這一部龍樹的《中論》，而他講《中論》的法卻又公然違背《中論》的法義。那他為什麼會如此？我想有個原因，他也知道自己的理論其實違背《中論》，因為《中論》開宗明義就講了：「**諸法不自生，亦不從他生，不共不無因，是故知無生。**」說這樣叫作中道。「**諸法不自生**」，譬如意識，當意識斷了以後就是不存在了，不存在時就是無，不可能明天意識在無之中又生了自己，所以說「**諸法不自生**」。

佛法講的也是「**不共、不他生**」。「**共生**」就是說由別的兩個或三個法合起來，就出生了某一些法，叫作共生。「**不他生**」就是說，一定是由自己仍然存在的某一法，來生自己的其他法。譬如如來藏是你自己的，由你的如來藏出生了你這七轉識，不能由別人的如來藏或別人的五陰來生你這七轉識。一神教講的就是由上帝的五陰出生了你的五陰包括七轉識，那就是「**他生**」。先不談共生，先談無因生，例如忽然間蹦了出來而沒有「因」緣；無因生，佛門中其實也有人落在這裡面，人數很少，且不談他，回來談這個共生；諸位可以去翻閱釋印順的那四十二本著作，他講的都是只要有六根接觸了六塵，就可以生六識，不必要有如來藏；而六根中的意根是腦神經，他是這麼說的。

但問題出來了，他既然弘揚《中論》，而《中論》明明告訴他：「**諸法不自生，亦不從他生，不共不無因，**」要如此來了知無生，得要這樣才是中道啊！那釋印順講的正好就是「**共生**」，由六根與六塵共生了六識，不就是共生嗎？主張共生的人也會落入無因生的過失中，釋印順正是如此，虧他還弘揚《中論》。所以我說這個人腦筋是有問題的，才能夠這樣子很努力去把佛說的各種法加以扭曲；甚至有時還斷句取義來變造佛法，然後說那是 佛講的，眞是謗佛！佛陀有像他們那麼笨？才不呢！所以我們弘法之前，佛教界這種誤會的情況是非常多的。因此像他這一類的人—或者說他的門徒們—看到這兩句「見無所有，是名念佛」時，一定是這麼講解的：「只要看見一切法都是緣起性空，那你就是證得實相，這就是眞正的念佛，恭喜你眞懂念佛。」眞是三世佛怨啊！

除非不知道他講錯了而不怨他，一旦有人指出來，恍然大悟說：「唉呀！原來我這個師公，我這位師父都騙了我幾十年！」但是來不及了，幾十年已經被騙走了。有的人跟著這種邪見的假佛法出了家，已經四十年，現在已快六十歲了，但知道了又如何？他也不能怨誰，因爲是他自己挑的師父！現在正覺出來指陳釋印順的法到處都是錯誤，他們要繼續信、繼續學，又能怪誰呢？他們若是去中臺山或者別的山頭，都遠遠好過跟隨釋印順，因爲至少還不會公然否定第八識，謗法的惡業總是少一點。可是他們當年想：「這位釋印順是臺灣佛教界最高的導師。」爲了崇拜那個表相，於是學到今天，法身慧命還眞是半死不活，也捨不下身分，因爲想要脫卻僧衣又覺得可惜，比丘尼還俗後就沒機會再出家了；若是不還俗，每天讀著經典時想來想去知道讀不懂，看釋印順的註解，聽說越讀毒越濃，那怎麼辦呢？於是只好自怨自艾了。但她怨不得別人，因爲那是她們自己的取捨。這一些人依文解義誤了臺灣佛教界將近四十年，直到正覺出來弘法把釋印順一一拈了以後，臺灣佛教界終於知道：原來佛法不是他們講的那般。

回到佛的聖教來，佛說：「看見無所有時，才能叫作念佛。」那什麼叫作看見無所有？總不能說是看見虛空無所有，就叫作念佛吧？因爲虛空無法呀！既然是無，那不跟斷滅一樣了嗎？念它何用？所以這個「見無所有」的意思，絕對不是文字表面說的那樣，其實就是禪宗祖師說的「見無所見」。這個「見無所見」還眞的有文章，因爲你單從字面的表義來看，這一句「見無所見」的邏輯其實不通；「看見沒有所見」，依照世間一般邏輯來說，確實沒有這回事，哪有人是看見沒有所見的？既然看見了就一定有所見，怎麼會說是「見無所見」？可是佛法中所說的第一義諦，如果是世俗人的觀念思惟就能想通的，那就不叫佛法了！因爲佛法是不可思議的。

如果隨便一人把經本讀了就能實證，那經本的內容還能算是不可思議的佛經嗎？又不是一神教的《聖經》。一神教的《聖經》國中生就讀懂了，如果在社會上作事情，有一些歷練了，取來一讀會發覺裡面很多地方不符合邏輯。而且還有一個不可避免的覺受，就是當你把《舊約》或《新約》讀完了，會發覺上帝有一些特性存在；首先他很愚昧，所以他講出來的所謂的《聖經》無聖可言，因爲自己說的話前後矛盾；第二個感覺就是上帝好殘忍，而上帝的慈悲是有選擇性的：對自己的信徒就慈悲，非信徒就要把他殺掉。諸位想想看，像這樣的有情可以當上帝嗎？沒資格的，連四王天手下的大將軍的格都沒有，所以上帝的本質是什麼？就是鬼神而已。

因爲《舊約》說到祭祀上帝時要用血肉，要生鮮的，那他的層次在哪裡？就是人間的鬼神啊！只要懂得世界悉檀，把《舊約》和《新約》拿來讀就知道他的境界不過是人間的鬼神，頂多就是在四王天之下；如果是四王天中的有情，那他會是哪一類的有情？就是羅刹；在須彌山腳生活，頂多是這樣。所以有智慧的人不會信受那種東西，那種所謂的《聖經》無聖可言，所以他們的《舊約》聖經後來自己也發覺不對，怕人家覺得上帝好殘暴，於是全面作了修飾才改爲《新約》。問題是，如果眞是聖經，是神聖的，可以修改嗎？不該修改啊！因爲神聖的一定是本來就如此的，那就不可修改，才能叫作「聖」經。但他們是可以修改的，而且是由人來修改，他們依舊承認是「聖」經。但是即使修改以後你去看《新約》──所謂的聖經──依舊處處矛盾，顯示上帝是多麼愚癡。

上帝不但動不動就起瞋，而且還會記恨，那是什麼樣的有情？是層次很低的有情喔！所以那一些所謂的經文都是國中生就能讀懂的。如果叫國中生好好研究，並提出高額獎金讓他們研究《聖經》的過失，一篇給一萬元臺幣，五千字就好，保證很多國中生會寫出很多過失來，因此說那是很粗淺的。

然而佛經不是這個樣子，佛經的義理非常深，如果用腦袋思惟思惟就能瞭解，就不必要由菩薩繼續生來人間弘法了。假使有人第一天來正覺講堂聽經，聽到我這麼說覺得不服氣，那也難免，我也能接受他心中的不服氣；但是我要說一件事實：在我出來弘法之前，好多教授或者文學作家，以及好多的大法師們多宣稱開悟了，所以也有作家寫什麼《鳳眼菩提》等系列的很多菩提，還風行當代；然後也有大法師出來弘揚佛法時講什麼環保菩提、醫療菩提，他們有很多種的菩提，可是就欠一種，叫作佛菩提；莫說佛菩提，連聲聞菩提都沒有。那諸位想想看，教授們難道笨嗎？教授們不笨。這第一種人是教授，第二種人是大法師們，大法師們是專業修行人不應該笨啊！那第三種人作家，能夠寫那麼多書風行於當代名利雙收，當然也不笨；可為什麼他們對佛法全都錯解了？只是當代人不知他們錯解，直到正覺出來弘法以後才知道：「原來他們都錯了。」但是我剛剛說的要修正，其實正覺只說某一些人有錯，正覺沒有說當代佛教界所有人全部錯解佛法。

那為什麼正覺的法，會顯示那些出家在家宣稱證悟的大師們全部都悟錯了，以至於許多人出來聲稱那些人都悟錯了，只有一個正覺是對的？就是因為佛經沒有辦法用意識思惟來理解，如果用意識思惟理解就能如實取證，就不用　佛親自來人間弘法，也不用菩薩們那樣辛苦繼續住持正法了，只要大學教授們讀一讀就通了，就可以教導人家。那為什麼辦不到？因為這不是意識所能理解的，是「唯證乃知」的，所以這個「見無所有」不是他們講的：「看見一切法緣起性空，那就叫作了義的念佛。」「見無所有」或者禪師說的「見無所見」，不是完全無所有也不是完全無所見；有人這時又打了個問號：「那你不是跟佛唱反調嗎？」我說：「不！我說的是贊同佛的說法。」

為什麼呢？譬如說「見無所見」，當你證悟到眞實佛而不是應身佛、化身佛、報身佛時，這就是你看見諸佛的本際，也就是第八識如來藏。當你看見這個第八識時，你沒有看見祂嗎？一定是看見了才可以說你證悟了，不然你沒有看見第八識還能說你證悟嗎？一定是見了。所以在這裡就要講到兩個層面，第一個層面是你眞的看見祂存在，第二個層面是你可以跟祂互動，可以跟祂交流。好像很玄吧？不玄！你眞的可以跟祂互動；既然可以互動，就不是空無所有，那你跟祂互動時一定是看見祂了。

話說回來，當你看見祂時，請問你，祂是什麼形狀？祂是什麼顏色？都沒有。既沒有形狀也沒有顏色，那你是看見什麼？是看見空氣？看見虛空？這問題就來了，對吧？祂沒有形色，無形無色，你雖然跟祂互動，可是祂沒有一個東西可以讓你看見，那不就是禪師講的「見無所見」嗎？我們很早期有一個同修是慈濟的委員，後來離開了，她有一次跟我說：「**老師！我看見了、我看見了。**」我說：「**妳看見了什麼？**」她說：「**我看見一個圓圓的、透明的。**」我說：「**見妳的鬼。**」怪不得後來退轉回慈濟去了。如來藏是圓圓的、透明的？啊？眞是看盡了千奇百怪的各種不同「證悟」內容。有的人則說他看見某一種什麼影像，就說：「**我知道，這樣叫證眞如啦！**」也有這回事。也有人看見了說：「**我看見牆壁都在閃光，那就是眞如啦！**」有的人說：「**我看見一片光明，就整個天空都是一片光明，那應該就是眞如了，一定沒**

錯啦！」有的人說：「我看見虛空中或是牆壁上就有光亮的一條一條，那就是眞如了，我證眞如了。」

那問題來了，明明經中說「見無所有」，當他們看到那一些，縱使是圓圓的、無形無相的、透明的，依舊還是相，對不對？明明眞如無相，哪來圓的？又怎麼知道祂是透明的？這表示還是有形色，那他就不是「見無所見」，依舊是看見了有可見的，所以說佛法難修難證。因此有人來問老趙州：「如何是佛？」老趙州回說：「與一切人煩惱。」本來大眾出家以後過活時，活得混混沌沌卻是很快樂，等到哪一天聽說這向上一路，說要證如來藏、要證眞如，這一下開始煩惱；大眾尋尋覓覓始終沒有一個悟處，要如何下手呢？偏又無門可入；所以祖師們評唱《楞伽經》時怎麼說的？「佛語心為宗，無門為法門」，因為無門可入啊！有的人就抗議：「既然無門可入，我要怎麼入？」正是無門，才要讓你入，這個法才眞的珍貴。後來你一不小心撞進去了，才知道：還眞的找不到門。

結果大家為了證眞如，就這樣擠破了腦袋，苦苦惱惱一直到捨報；出家七十幾年、歲數九十歲了，最後是抱恨而終。那　佛不就是給人煩惱者？是了。所以「如何是佛？」「與一切人煩惱。」但是老趙州說「與一切人煩惱」時，其實就在賜給對方沒煩惱，只是對方自己不會，能怪何人呢？怪不了誰。那祖師說「見無所見」，這部經中 佛陀說「見無所有，名爲念佛。」看見了無所有，這樣才叫作念佛，這跟禪師講的只有一個字不同。爲什麼「見無所有」呢？一般人總是說：「你是什麼都放下，當作沒看見就得了，所以什麼都沒看見、都放下時，你就解脫了，沒煩惱了，那你就是看見什麼都沒有，這樣就是眞正的念佛，這就是實相。」

但是這樣稱爲證實相了，爲什麼那麼多的經典所說依舊讀不懂？爲什麼自以爲證了、自以爲懂了卻沒有解脫和實相般若的功德受用？原因何在？當然要探討一下。所以總是要有善知識出來爲大家解說一下，那麼就得來解釋這句話：「看見無所有，這叫作念佛。」究竟看見了什麼而說是「見無所有」？譬如證悟了以後向師父報告時，師父一定開口問：「在哪裡？」那徒弟一時之間愣住了。一定愣住了：「我找到自己的如來藏、找到我的本心了，可是祂無形無色，我怎麼樣拿出來給您看？」還眞的困難。他想一想：「嘿！這心無形無色，您爲什麼問我在哪裡？如果是有處所，不就有形有色了嗎？」

他才一開口，話還沒有回完，一棒打來就趕出去了！這徒弟可能要挨很多棒，也許這傷才剛剛好，想一想，不甘心，再去試試看；再去一問，又挨一棒；等到這一棒的痛快要好時，心想：「**我非得去問清楚不行，不然我幹嘛出家？但這回小心一點，避開就是了。**」沒想到他進來開口才講一、兩個字兒就被打了，抗議說：「**師父！我一句話都還沒有講完，您爲什麼打我？**」師父說：「**等你講完，能濟得什麼事？**」

意思是說：等你講完了能幹什麼？因爲你進得門來就該知道了，還等你開口。這徒弟可就傻了。探究到最後原來自己還眞的悟錯了。因爲首座告訴他：「**師父早就告訴你了，只是你不會。**」於是死心塌地去參。但師父會打人，以後不找師父，現在專找首座了。好在首座也肯幫忙，於是一天教導、兩天教導，一月又一月教導，也施設一些方便給他，後來有一天終於悟了：「**啊！原來如此，果然是『見無所有』，確實『見無所見』。**」於是第二天早上具足威儀，上了方丈室不開口了；早料到師父會拿棍子打，預備好了，師父棍子打來時就這麼一把搶過來，往師父胸前一戳，丢下就走了。因爲他眞的「**見無所有**」，他眞的看見一個「**無所見**」的。

從一般的邏輯來說，你既然看見了就不可能無所見，禪宗這個「見無所見」在世間邏輯上是不通的。可是在佛門中，這卻是至理名言，因爲不是一般人所體會的那樣，而是看見了一個沒有看見的。那也許你問我說：「欸！老師啊！那是不是看見一個瞎子？」我說：「你還眞講對了。豈止瞎，而且聾，還兼啞。」也許又問師父：「那如果是這樣，我若是眞悟了，哪來的智慧？祂既聾又盲又啞，我若證得祂，怎麼會有智慧？」我說：「偏偏是證得這個既聾又盲又啞的，你才會有智慧。」怪不怪？眞是怪；可是在了義佛法中卻說不怪，本來就如此。所以「見無所見」，從第二個層面來說，就是看見了那個沒有看見的，於是你的智慧開始生起了。那 佛說的，又從另一個角度來說：看見了一個無所有的，才可以叫作眞正的念佛。

爲什麼「無所有」呢？因爲祂的境界中一法也無；既然連一法都無，還能有人、有我、有他嗎？根本連眾生都不存在，這就是祂自己的境界。祂的境界中完全無所有，可是等你悟了以後，你卻說：「祂的境界中什麼法都有，具足萬法。」可是祂顯示了萬法給你看見、給你體驗時，祂自己卻不了知任何一法，所以祂的境界中依舊是「無所有」，那你看見了這個沒有任何境界的心，就是「見無所有」；當你「見無所有」時，你知道自己是依這個心而有，否則不可能有五陰的自己。然後，譬如女眾在家裡最怕什麼？（有人答話，聽不清楚。）大聲一點啊！蟑螂。「媽呀！蟑螂！媽呀！蟑螂！」一直叫，聽到這個聲音，兒子跑過來一拖鞋把牠打死，反而抱怨：「媽媽！您在怕什麼？」

也許有人說：「蟑螂不可怕，蜈蚣應該可怕了？」可是我告訴你，我們以前跟人家借地方打禪三，在山裡頭；我們有一位師姊參著參著悟了，那牆縫裡爬出一條蜈蚣來，她就靜靜的看著，心想：「啊！蜈蚣菩薩也是這個眞如。」她連動都沒動，更別說大呼小叫。因爲她看見自己跟牠一樣，從眞如來看時大家平等平等無所差別，同樣都是這個如來藏。這要是換了平常時，那可不得了，是蜈蚣欸！不是蟑螂。那當她看見那蜈蚣的如來藏時，證明跟自己是一樣的；後來繼續觀察，雙方的如來藏境界裡面什麼都沒有，可是卻供應了一切法。因此這樣再繼續去推究的結果，所有人都是這個如來藏心，同樣都是這個「無名相法」、「無分別法」；諸天天人、天主，阿羅漢、緣覺、菩薩、諸佛，莫非如此，原來全都「無所有」。所以說，每一個有情各有如來藏，而每一個有情的如來藏自己的境界中全都「無所有」，無一法可得。

雖然祂的境界中無一法可得，卻無妨供應無量無邊諸法給你，你就藉著祂而次第修行成佛。這樣就表示你憶念於諸佛時，不會再落入五蘊十八界等法中念佛；當你念佛時很清楚知道佛的本際是這個妙眞如心，而一切有情的本際妙眞如心如來藏，包括自己在內，同樣都是這個妙眞如心，當你這樣念佛時，這才是眞正的念佛。一般人念佛時，你看他們拿著數珠，每天一直數著都沒中斷過，除非他在吃飯；近代臺灣有人念佛時，是去文具店買計數器，不鏽鋼製的，每唸一句就按一下，不曉得他們指頭有沒有發炎？至少也會結繭的，因爲一天至少要按二、三萬次。可是禪門中人都笑他們，臺灣話說他們叫作「唸帕佛（臺語，意謂裡面是空而不實的）」；你們大陸同修聽不懂，意思就是說好像那個稻子只有空殼一樣，說他們唸的佛是空無實質的。可問題來了，他們學禪又唸佛，何嘗不是一樣念空殼子的佛？原來龜笑鱉無尾，只不過五十步與一百步之差。因此眞正懂得念佛的人，必須是知道諸佛的本際第八識，否則在第一義中就說他不懂念佛，因此 佛陀說：「見無所有，名爲念佛。」這是不可推翻的至理。

世尊接著又說：「舍利弗！諸佛無量，不可思議，不可稱（導師讀作秤）量，以是義故，見無所有，名爲念佛。」有人唸作不可稱（唸作撐）量，到底對不對？「不可稱量」，他們依文解義，是說：「諸佛太多太多了，所以無量，因爲太多而不可思議，所以不能說有多少數量，因爲這樣的緣故所以看見了無所有，名爲念佛。」既然太多了，那你看見什麼？這樣依文解義的人，就是「三世佛怨」的假善知識。那我們不這麼講，我們說：諸佛是沒有量的，因爲諸佛如來的本際是如來藏妙眞如心，這第八識無形無色；既然無形無色，你能說出祂有一個數量出來嗎？你能秤出來祂有幾斤幾兩重嗎？你能說祂有幾尺嗎？或者以立體來說祂有幾材？根本不可能，因爲祂不是有量之法。有量是說祂是可以衡量的，譬如度量衡說：這是幾斤幾兩重，這是幾公尺、幾丈，不然就說這個有幾才，一才要算多少錢。那都是有數、有量的。但諸佛如來的本際是這個第八識妙眞如心，妙眞如心沒有量可言；既然沒有量，就沒有辦法用想像的。

所以如果有人問說：「如來藏到底有多大？」因爲他落在世間思惟上面，就想：「既然鯨魚也有如來藏，螞蟻也有如來藏，顯然不同有情的如來藏大小就不一樣。」所以以前有一位很有名、搞神通的大法師，後來他去美國開山，曾經講過而且被人家印成文字到處流通，他說：「一萬隻螞蟻的眞如合起來成爲一個人的眞如，一千個人的眞如合起來成爲一條鯨魚的眞如。」這樣看起來，人們還不如投胎當鯨魚去。對啊！一千個人的眞如合起來才能夠成爲一條鯨魚的眞如，那應該鯨魚比較偉大。可是我沒想通他爲什麼不去當鯨魚？這法師持戒精嚴不謗法、不謗僧、不貪財，可是正因爲這樣妄說佛法，所以死後墮入鬼神道；後來還是我們一位師姊把無相念佛的功德迴向給他，才能往生善處而沒有再來討功德。只爲錯說佛法，這因果是很重的。

然而大家每天早上課誦時，《心經》中有四個字：不增不什麼？（大眾答：不減。）是不減。既然「不增不減」，表示祂不會有一個量可以說，不能說祂是多大或者多小。如果一萬隻螞蟻的眞如合起來成爲一個人的眞如，那就表示眞如是有色之法，才可能如此。講到這裡，也許有人納悶兒：「螞蟻那麼小，細菌更小，而細菌也有眞如，鯨魚那麼大也有眞如，同樣都是一類眞如，那眞如到底有多大？」我說（導師以雙手比出一個大的手勢說）：「這麼大。」鯨魚眞如這麼大，如果有人說：「鯨魚眞如怎麼會只有這麼大，不是很大嗎？那你說說看，細菌的眞如有多大？」我說（導師以姆指和食指比出一個小的模樣）：「細菌的眞如有這麼大。」你們可別當作我是在笑鬧一場，我是演說眞正的妙法。你要是有所懷疑，沒關係！可以寄存在心中，把我剛剛講的好好記住，等到哪一天你眞悟了，再來看看我說的有沒有錯。

鯨魚的眞如有多大？（導師又以雙手比出一個大的手勢說：）這麼大。細菌的眞如有多大？（導師再以姆指和食指比出一個小的模樣說：）這麼大。絕對沒有錯。那爲什麼我這樣說？因爲祂無形無色，所以沒辦法秤（稱）、沒辦法量。這時又會有人心中抗議：「你不是說祂無形無色、不可稱、不可量嗎？那你爲什麼說這麼大、又這麼大？」一般人聽了會有這個疑問，可是我沒有騙人，我說的是如實語。假使自己覺得開悟了，可是我今晚說的竟然聽不懂，那個悟就是有問題了，得要趕快佛前懺悔去，再也不要宣稱是開悟了，否則來日有殃在。這時一定有人抱怨：「我聽說正覺蕭老師講經很勝妙，今天終於來聽了，沒想到是聽你一堆扯淡。」要不然就說：「你蕭老師是瞎了眼，所以瞎扯淡。」可是我說的一點都不淡，法味濃郁無比，絕對不淡。

所以諸位請看，諸佛眞的沒有量，因爲祂不是物質，怎麼可能有量？既然沒有量，那一定是不可思議而無法想像的，用意識思惟研究絕對研究不出來，只有親證後才能懂得到底是怎麼回事。祂眞實存在但是無形無色，卻又可以與祂互動，所以祂才叫作眞實。因爲祂是眞實存在的，而且一切諸法從祂而生，一切法既是從祂而生的，諸法就不可能回來毀壞祂。而且祂有種種的自性，是可以現前再三體驗的，而且一個人又一個人，一代又一代繼續傳承下去，都可以重複證驗，不是虛假的名言施設，所以祂當然是眞實。這樣，你找到祂以後，心想：「祂擁護我，厥功甚偉，我應當要好好讚歎祂啊！」於是就好好讚歎：「眞如！你眞厲害啊！我作不到的你都作得到，眞想不到你這麼厲害，你好棒喔！」然後又感謝祂：「要是沒有你幫忙，我早就死掉了，眞的要感謝你喔！」沒想到眞如完全不回應你。

有誰能被這樣極力褒獎以後而心中都無所動的？沒有吧？不論是誰，修養再好，心中也會竊喜；沒想到祂完全不回應，爲什麼呢？剛才不是說祂是個聾子嗎？祂沒聽見，怎麼知道你在褒獎祂？所以祂依舊不動其心。那如果想起來說：「我褒獎了祂好久，竟然都不回應我，太自大了吧？」於是罵了起來：「你眞的不知好歹，我感謝你而說了這麼多的好話，天下所有的好話我都拿來讚歎你了，你至少也給我個微笑吧！」沒想到祂依舊如如不動。可是你說：「欸！你給我一個微笑吧！」祂還眞的會給你一個微笑，怪不怪？怪不怪？聽起來很怪吧？可是我告訴你，實相法界就是如此。所以你看，聽這種法，要是找到如來藏以後就越聽越歡喜，太棒了！搞不好回到家以後再想一想：「唉呀！拍案叫絕！」因爲連聰明人都聽不懂。

但是實相法界本來如此，我說的都是如實語；因爲不是我一個人這樣現觀，而是實證的同修們都一樣；我講的他們都可以當場現觀，可以彼此印證確實如此。那麼能夠這樣現觀的人，就是「見無所有」的人；因爲祂完全無所有，在祂的境界中沒有一法可得。你讚歎祂、祂聽不見，你罵祂時祂聽不見，可是你要求祂給你一個微笑，祂會給你一個微笑。這時候又有人迷糊了：「祂既然無形無相，怎麼笑給你看？你又怎麼看見祂笑？」問題就是可以看見。我想，講到這個地方，有一些本來沒有想要求悟的人，現在大概心癢了吧？一定心動：「喔！眞的如此喔？那我一定要悟悟看！」這樣就表示你已經轉變成爲向上的根器了，不再像以前老是說：「唉呀！我算哪棵蔥？不可能悟的。」現在你們不是蔥，是菩薩，這樣種性轉變，根器就不同了！所以這樣來聽上一晚經，値得啊！你搭了計程車來票價是多少？要不了幾百塊錢；可是這一夜這個妙法聽了，不是値回票價，而你是賺了好幾十倍回去。

接下來 世尊作一個結論說：「**由於這種正義的緣故，所以看見無所有的人，他就叫作眞正念佛的人。**」一定是「見無所有」才是 佛所說的眞正念佛。那麼一般所謂的念佛都是落在事相上，若不是音聲之相就是影像之相，只能這樣而已，大概都離不開音聲和影像。但那些有相的，永遠無法達到這種了義的第一義所說的念佛境界。世尊接著又解釋說：「**實名無分別，諸佛無分別，以是故言念無分別即是念佛。**」這一句聖教，要是那一般阿師都會怎麼解釋？會說：「**眞的名爲無分別，諸佛是無分別的。**」是不是如此解釋？是啊！因爲他們不知道 世尊的意思，依文解義時他就會這樣想。

但 世尊不是這個意思，而是說：「**眞實名爲無分別，**」一定是眞實法才可以說是無分別的，如果是有分別的法，那個法一定不眞實。諸位想想看，佛法可不可能是斷滅空？不可能吧？沒有人會承認佛法是斷滅空的。可是臺灣佛教幾十年來一直都在主張「緣起性空就是佛法」；如果諸法都是藉緣而生起，其性本空然後歸於無常空，請問那樣到底是虛法還是實法？是虛嘛！

所以釋印順把第二轉法輪諸經的法義判定爲性空唯名，那我要請問諸位了，性空唯名是實、還是虛？是虛喔！所以他所謂的般若應該叫作虛相般若。也就是凡夫錯會般若而產生的世間名言上的智慧，跟實相完全無關；既然跟實相無關，就不可以說他講的是般若。

所以佛法一定有一個實體法，也就是依於一個本體來演述所生及所顯的一切諸法。當他們把第八識否定也把第七識否定以後，所演繹出來的佛法就已經落入虛妄法之中了。他自己也發覺到這個過失，因爲人家一定會說：「那你釋印順是個斷見外道。」所以他只好回頭，再把意識細分出一部分來，重新建立爲常住法；於是這一回頭又變成常見外道，因爲又落入識陰之中了。你們看這個人笨不笨？眞是愚癡到無以復加——把意識否定以後怕落入斷滅空，又回頭來認定意識常住，說細意識是常住法。所以他依自己的所知就判定說：禪宗的開悟是悟得直覺。問題來了，哪個眞悟的禪宗祖師悟的是直覺？就只有那少數幾個悟錯的禪師，譬如圭峰宗密那一類人。但那類人在《景德傳燈錄》中也是屈指可數，絕大多數的禪師都是悟得如來藏。

那他這樣子講，不等於是在指控禪師們都沒有開悟嗎？因爲直覺不過是意識的心所法，就是意識的五遍行，在意識還沒有生起六塵境界的了別之前就叫作直覺。可是釋印順所知道的直覺已經落到五別境心所法裡面去了，那已經是心所法之末。這樣的人可以被尊稱爲導師？我就說那一些尊稱他、奉承他的人都是瞎了眼；因爲佛經寫得這麼清楚，他們都沒讀見嗎？他們還宣稱自己很懂《阿含經》，可是《阿含經》中 佛明明早說了，意識是生滅的，說遠意識、近意識、粗意識、細意識，乃至「**諸所有意識，彼一切皆意、法因緣生故**」。他們都沒讀見？他們號稱讀過《阿含經》，也自稱是阿含專家，可是竟然都沒讀見嗎？一定是瞎了眼。

所以他們所講出來的都不是佛法，因爲他們講的般若是虛，但佛法般若講的是實啊！即使《阿含經》講的也是實，因爲 佛說阿羅漢證的涅槃是寂滅、清涼、眞實、常住不變，不但講了眞實，還說是「**常住不變**」那怎麼會是虛法呢？世尊也常常說，什麼叫作比丘「**因內有恐怖**」，什麼叫作比丘「**因外有恐怖**」；然後又說明，什麼叫作比丘「**因內無恐怖**」，又什麼叫作比丘「**因外無恐怖**」，都在說明有這一個本際，也就是說明有情都有的如來藏妙心。

如果比丘懂得有這個心，雖然還沒有實證，但因爲對佛語絕對信受，他就不會因爲要把外法五陰斷滅而入涅槃，恐懼成爲斷滅空，也不會因爲對內法如來藏本際無法實證而產生恐怖；他就可以斷我見乃至斷我執，這也是圍繞著眞實法在說的啊！

佛陀演說十二因緣之前也先說了十因緣法，說到名色之所從來是由識而生，到了這個能生名色的識時再往前推求，已無一法可得。所以 世尊說「齊識而還，不能過彼」，不論再怎麼推溯，到達這第八識過去以後就沒有一法可得，推到這個識爲止就得退回來了！這麼說了以後才解說十二因緣法，這也是依眞實法而說，顯然不是虛相法。那佛菩提第二轉法輪般若諸經也很深奧，雖然比起第三轉法輪諸經是比較淺，以致釋印順他們自認爲讀懂了，其實根本沒懂；因爲《般若經》中處處依眞如而說，但眞如是如來藏的別名，是依於眞如而說五蘊空、十八界空、諸法空，乃至說四聖諦空、八正道空、十二因緣空、佛法亦空。

最後告訴你在眞如的境界中沒有智慧也沒有所得，《心經》是最明顯而且是提綱挈領直接告訴大家這個道理，所以說「**無苦集滅道，無智亦無得**」啊！並且把所有實證的人都歸結在一起：「**以無所得故，三世諸佛依般若波**

羅蜜多而證得無上正等正覺。」說的是三世諸佛，包括所有菩薩與諸位，都在裡面；現在世界十方諸佛，未來的諸位諸佛，已經過去的諸佛，三世諸佛都同樣「以無所得故」，所以能證得無上正等正覺，才能證得究竟涅槃。這顯然是有一個眞實法，依於眞如而說「無苦集滅道，無智亦無得」等。眾生有無明，而祂的境界中沒有無明，所以說「無無明，亦無無明盡」，祂的境界本來沒有無明，何必要斷盡無明？有無明的人才需要斷無明。眾生有無明所以要斷，祂的境界中沒有無明，不需要斷盡無明。而眾生之所以有無明，最主要是因爲不知道祂的存在，所以祂是眞實法。

如果祂是不可證的，才可以說是虛。但祂是可證的，有各種自性，陪著一切有情，祂當然要叫作「實」；也因此，這個「實」叫作「無分別」。「無分別」很難，但是「無分別」也最容易！難是因爲那些錯誤的阿師們都想要把覺知心修行變成「無分別」，所以他們可以公然說謊：「你來到我面前，我看見你來時知道你是誰，但我見聞了了而無分別。」當你給某個所謂的聖人五爪金龍時，他可就有分別了，這時他責怪你，說你打了聖人，因爲他自認爲是聖人。這我可不瞎掰，有個某某山的大禪師閉關半年出來，去某個大學演講，對著大眾說：「師父說法的一念心就是眞如佛性，諸位聽法的一念心清清楚楚、明明白白就是眞如佛性。」又告訴大家說：「聖人是不打誑語的。」

當你遇見這個聖人，給他個五爪金龍，他抗議，你就請問他：「師父！您不是見聞了了而不分別嗎？又怎麼知道我打人？那您現在開口責問我時，是有分別還是無分別？」管保他杵在那裡開不了口，這時他該怎麼辦？去法院告你嗎？料他不敢。因爲他只要告了，全臺灣都知道這個師父去告人是爲什麼告的，管保佛教界討論起來說：「那他就是有分別嘛！」所以你儘管給他五爪金龍，不必顧忌。看來眞正的「無分別」變得很難了喔？確實難！我說豈止難，他們永遠沒機會「無分別」，永遠都不可能成功。因爲即使修得四禪四空定，在定境中也都還是有分別的。例如非想非非想定中，只是不了知自己住在定中而已，但他對非非想定中的法塵還是有領受、還是有分別的，所以他永遠沒機會修成無分別的狀態，因此我說難啊！

可是要證得「無分別」也容易，你看那些禪宗祖師們，他們悟前行腳幾年且不管它，有一次遇見了大師給他一棒，他突然會了，也眞的不難。悟後他有分別的覺知心就住在無分別的無名相法之中，以後儘管一天到晚都在分別，無妨第八識依舊是「無分別」，那不是最容易的嗎？眞是最容易的。所以假使哪一天那些大法師們來問你：「你不是證得無分別了嗎？那你怎麼可以在座上一直說法？不都是分別嗎？」你就告訴他：「我依舊無分別，而你們依舊有分別。」那他們請問說：「那請問如何去證得無分別？」你就字正腔圓告訴他：「證無分別。」這樣就得了，不必贅語。所以你看佛法厲害不厲害？眞的厲害啊！才說這叫作千聖不傳的妙法。

那麼有分別的法一定是虛、不實、無常，無常故苦、苦故無我、無我故空；有分別的法不是眞實我，佛說「實名無分別」，你可以反過來講「虛名有分別」，凡是有分別的法一定無常，不是眞實法。即使睡著無夢了，你還是有分別的，否則怎麼能夠醒過來？這兩天新聞報導地震，我們正好有一批獅子出生；我正在印證時大地動了起來，我說：「你們眞是法緣太好了，龍天護法照顧著；你們看上下踴動、左踴右沒，這樣來擁護你們、印證你們呢！」所以大家根本一點都不慌，因爲證得眞實法。而眞實法無分別，既然轉依了眞實法無分別，祂怎麼會再去分別那個地震？可是覺知心其實還在分別，而那個眞實法依舊不分別地震，祂依然保持無始以來的不分別，而我們能分別的依舊懂得分別；只是轉依之後不需要去恐懼了！因為沒有那個業就震不死你；如果有那個業，再怎麼跑還是會被震死。

所以半夜裡睡覺不管它天搖地動，照睡我的大頭覺，我連動都不想動。有時覺得說，地震時還可能回想起小時候在襁褓中的情境，對不？對啊！怎麼可以說不？出生以來一直被人抱著晃來晃去，回憶一下也不錯，所以震過了我繼續睡我的。那麼這意思是說，你有一個虛法只有一世住，叫作覺知心，覺知心就是識陰六個識；這識陰只有一世住，不能去到未來世，也不是從前世來的；同時卻有另一個「**實**」名為「**無分別**」的如來藏心，叫作「**無名相法**」或者叫作「**無分別法**」，所以 如來說「**實名無分別**」；而「**無分別**」的一定是真實法，有分別的一定是虛妄法，這是法界中的定律，永遠不可推翻。

佛接著就說「**諸佛無分別**」，這可不能依文解義，否則又犯毛病了。「**諸佛是沒有分別的**」，一般人誤會了又怎麼辦？也許就會想：諸佛豈不就變成呆子了？殊不知這裡說的「諸佛」是指妙真如心，是第八識如來藏「**無名相法**」；因為這裡講的是第一義諦，不是在講事相上的法，第一義講的「諸佛」就是諸佛的如來藏，佛地叫作無垢識！那三世諸佛中的未來諸佛，指的就是如來藏，名為阿賴耶識，所以說這樣的「諸佛」當然是無分別的。因此假使有人說他成佛了，不管他叫活佛或甚麼「佛」都一樣，自稱成佛了，甚至還自封法王，不論是黑帽子、紅帽子、黃帽子法王，顯示他們是不懂「諸佛」的。

所以如果哪一天碰到了那種活佛或甚麼「佛」在托鉢，甚至於遇到什麼黑帽子、黃帽子法王時都不管他，你就問他：「您成佛了嗎？」他當然告訴你：「成佛了！」只要他不知道你從正覺來的，就會告訴你成佛了。這時你可有得說了，就告訴他：「經中說『諸佛無分別』，那您現在是有分別還是無分別？」（大眾忍俊不禁…）有這麼好笑嗎？對啊！確實如此！他可就杵在那裡。因為如果要回說「無分別」，他那個鉢裡有錢，你故意裝模作樣，從鉢裡抽出一、二張看他怎麼回應。死定了吧？等他著急了起來，你再把錢放回去：「您看到我把錢放回去了，不能告我搶奪了，也不能說我竊盜喔！」那時他答也不是、不答也不是。因為如果答說：「我有看見你放回去，不告你竊盜。」那你就說：「那您不是有分別了嗎？」他如果不答，顯然是不懂，不懂時如何自稱成佛？所以這時他眞的進退兩難。

想想諸佛在人間說的一大藏教三藏十二部經，眞的都不分別嗎？經中也常常記載「佛作是念」，是說「佛陀生起這樣的想法」，那到底是有分別或無分別？顯然是有分別啊！可是卻又說「諸佛無分別」，豈不自相矛盾？可是菩薩們都不認爲自相矛盾，所有菩薩們拳拳服膺跟隨到底，結果大家都和諸如來同一鼻孔出氣。這就是說，懂佛法的人應該瞭解識有八個，其中一個是完全無分別的，前六個是分別到一塌糊塗，不論什麼都能分別；另一個意根則是廣所攀緣之後，分別性變差了，可是卻把一切諸法都抓得牢牢的，因此你才死不掉，否則早死了；連當個睡王子都當不成，一睡著就死掉了。因此一定是有分別與無分別同時同處，有分別是虛，無分別是實，虛實和合成就了一個人，虛實和合成就了諸有情，虛實和合成就了阿羅漢、緣覺、菩薩、諸佛。

但又要說諸佛的本際全都是無分別的，修行人假使有所實證一定是證得「**無分別法**」。而這個「**無分別法**」第八識無形無色，沒有三界諸法的體性，無以名之，因此這部經中把祂叫作「**無名相法**」、「**無分別法**」；但爲了方便弘傳讓菩薩們可以實證，所以其他的經中方便名之爲阿賴耶識，方便名之爲異熟識、無垢識、所知依……等；有時統稱之爲如來藏，在般若諸經中假名爲眞如，是因爲眞實而如如之法，無形無色無法拿出來給人家看，除非是家裡人心知肚明。所以必須要強行分別而爲祂建立各種名詞，才能知道弘法時你所指涉的是在說什麼。因此說祂是「無分別法」，而這個「無分別法」第八識是諸佛的本際，所以說「諸佛無分別」。

而諸佛函蓋三世，不是只有過去已成之佛、現在已成之佛，未來將成的諸佛也是諸佛，叫作未來佛。三世一切諸佛其實都「無分別」，所以祖師們很會發明一些形容詞：「夜夜抱佛眠，朝朝還共起。」可不能怪禪師說：「哪有？我一個人睡，哪有抱著佛？」不然就說「夜夜被佛抱」也可以吧？遺憾的是無明所障，所以他最親密的佛抱著他、哄著他睡覺，結果他起來還抱怨說：「我都沒看見佛。」眞的叫作無明。

說明到這裡，世尊下了一個定義：「以是故言念無分別即是念佛」，這個「念無分別即是念佛」，說「以是故言」；這「以是故言」的「是」指的哪兩個呢？第一是「實名無分別」，第二是「諸佛無分別」。所以在了義法中、在第一義中說，當你實證了這個眞實法，實證了這個無分別法時，你知道三世諸佛都是以「此」爲前提，這樣的諸佛都沒有分別，所以才說眞正懂念佛的人是念無分別的人。證悟之後轉依成功了，然後憶念這個「無分別法」，依於這個「無分別法」來念佛，這樣才是眞正念佛的人。所以眞正的念佛時，並不是憶念有形像的佛，或是有音聲的憶念佛，因爲那只是代表某一尊佛而已，可是某一尊佛的本際是無可念的；因此你證得如來藏以後，住於如來藏的境界而轉依這個境界，而在世間行走時繼續念著某一尊佛，這樣就是「念無分別」，因爲知道那一尊佛的本際是無分別的。

也就是說，不論你作什麼，都是以「此」爲歸，是依於這個「無名相法」作爲你所歸命的中心，在世間行走而與眾生往來，不斷地去利樂有情；雖然你與眾生往來時、利樂有情時是不斷在作分別，但其實你所依止的是「無名相法」的「無分別」境界；那你就這樣憶念於這個無分別的境界，雖然你有時可能不在憶佛的正念之中而是不斷地在爲眾生作事，但你始終依止於這個「無分別法」，如來說你這樣依舊是在念佛。當你這樣時，不論多麼辛苦、多麼快樂，你永遠都不會離開這無分別的境界。所以即使每天晨朝起來作無相念佛的功夫，心中憶念著 釋迦牟尼佛，但你仍然很清楚知道自己所憶念

的　釋迦古佛祂的本際是「無分別法」，而自己在憶念　釋迦古佛、禮拜　釋迦古佛時，自己的本際也是「無分別」的第八識心；但「無分別」之中，無妨繼續以分別心憶念著能爲眾生在諸法上廣作分別、廣作教授的　釋迦古佛；這時是實相法界與現象法界同時並存，事相上憶念著　釋迦如來，在智慧上你卻仍然憶念著無分別，不相矛盾、不相衝突。

如果能這樣作，那麼即使有在憶念　釋迦如來而成爲有分別的憶念，但因爲那個所歸命的、究竟歸依的眞如法的緣故，你還是「念無分別」的，因爲眞如無分別。如果懂得這樣，就是　世尊所說的：「念無分別，即是念佛的人。」能夠這樣，我就恭喜你說：「你眞的是實義菩薩，而非假名菩薩，諸阿羅漢們應當對你禮拜供養。」今天講到這裡。

（未完，詳續第八輯。）

佛教正覺同修會〈修學佛道次第表〉

第一階段

* 以憶佛及拜佛方式修習動中定力。
* 學第一義佛法及禪法知見。
* 無相拜佛功夫成就。
* 具備一念相續功夫—動靜中皆能看話頭。
* 努力培植福德資糧，勤修三福淨業。

第二階段

* 參話頭，參公案。
* 開悟明心，一片悟境。
* 鍛鍊功夫求見佛性。
* 眼見佛性〈餘五根亦如是〉親見世界如幻，成就如幻觀。
* 學習禪門差別智。
* 深入第一義經典。
* 修除性障及隨分修學禪定。
* 修證十行位陽焰觀。

第三階段

* 學一切種智眞實正理—楞伽經、解深密經、成唯識論…。
* 參究末後句。
* 解悟末後句。
* 透牢關—親自體驗所悟末後句境界，親見實相，無得無失。
* 救護一切衆生迴向正道。護持了義正法，修證十迴向位如夢觀。
* 發十無盡願，修習百法明門，親證猶如鏡像現觀。
* 修除五蓋，發起禪定。持一切善法戒。親證猶如光影現觀。
* 進修四禪八定、四無量心、五神通。進修大乘種智，求證猶如谷響現觀。

佛菩提二主要道次第概要表——二道並修，以外無別佛法

佛菩提道——大菩提道

十信位修集信心——一劫乃至一萬劫

遠波羅蜜多

資糧位

初住位修集布施功德（以財施爲主）。
二住位修集持戒功德。
三住位修集忍辱功德。
四住位修集精進功德。
五住位修集禪定功德。
六住位修集般若功德（熏習般若中觀及斷我見，加行位也）。

外門廣修六度萬行

見道位

七住位明心般若正觀現前，親證本來自性清淨涅槃。
八住位起於一切法現觀般若中道。漸除性障。
十住位眼見佛性，世界如幻觀成就。

一至十行位，於廣行六度萬行中，依般若中道慧，現觀陰處界猶如陽焰，至第十行滿心位，陽焰觀成就。

一至十迴向位熏習一切種智；修除性障，唯留最後一分思惑不斷。第十迴向滿心位成就菩薩道如夢觀。

內門廣修六度萬行

初地：第十迴向位滿心時，成就道種智一分（八識心王一一親證後，領受五法、三自性、七種第一義、七種性自性、二種無我法）復由勇發十無盡願，成通達位菩薩。復又永伏性障而不具斷，能證慧解脫而不取證，由大願故留惑潤生。此地主修法施波羅蜜多及百法明門。證「猶如鏡像」現觀，故滿初地心。

二地：初地功德滿足以後，再成就道種智一分而入二地；主修戒波羅蜜多及一切種智。滿心位成就「猶如光影」現觀，戒行自然清淨。

解脫道：二乘菩提

→ 斷三縛結，成初果解脫

→ 薄貪瞋癡，成二果解脫

→ 斷五下分結，成三果解脫

入地前的四加行令煩惱障現行悉斷，成四果解脫，留惑潤生。分段生死已斷，煩惱障習氣種子開始斷除，兼斷無始無明上煩惱。

圓滿成就究竟佛果

近波羅蜜多 — 大波羅蜜多 — 圓滿波羅蜜多

修道位 — 究竟位

三地：二地滿心再證道種智一分，故入三地。此地主修忍波羅蜜多及四禪八定、四無量心、五神通。能成就俱解脫果而不取證，留惑潤生。滿心位成就「猶如谷響」現觀及無漏妙定意生身。

四地：由三地再證道種智一分故入四地。主修精進波羅蜜多，於此土及他方世界廣度有緣，無有疲倦。進修一切種智，滿心位成就「如水中月」現觀。

五地：由四地再證道種智一分故入五地。主修禪定波羅蜜多及一切種智，斷除下乘涅槃貪。滿心位成就「變化所成」現觀。

六地：由五地再證道種智一分故入六地。此地主修般若波羅蜜多——依道種智現觀十二因緣一一有支及意生身化身，皆自心眞如變化所現，「非有似有」，成就細相觀，不由加行而自然證得滅盡定，成俱解脫大乘無學。

七地：由六地「非有似有」現觀，再證道種智一分故入七地。此地主修一切種智及方便波羅蜜多，由重觀十二有支一一支中之流轉門及還滅門一切細相，成就方便善巧，念念隨入滅盡定。滿心位證得「如犍闥婆城」現觀。

七地滿心斷除故意保留之最後一分思惑時，煩惱障所攝色、受、想三陰有漏習氣種子全部斷盡。

八地：由七地極細相觀成就故再證道種智一分而入八地。此地主修一切種智及願波羅蜜多。至滿心位純無相觀任運恆起，故於相土自在，滿心位復證「如實覺知諸法相意生身」故。

九地：由八地再證道種智一分故入九地。主修力波羅蜜多及一切種智，成就四無礙，滿心位證得「種類俱生無行作意生身」。

十地：由九地再證道種智一分故入此地。此地主修一切種智——智波羅蜜多。滿心位起大法智雲，及現起大法智雲所含藏種種功德，成受職菩薩。

等覺：由十地道種智成就故入此地。此地應修一切種智，圓滿等覺地無生法忍；於百劫中修集極廣大福德，以之圓滿三十二大人相及無量隨形好。

煩惱障所攝行、識二陰無漏習氣種子任運漸斷，所知障所攝上煩惱任運漸斷。

妙覺：示現受生人間已斷盡煩惱障一切習氣種子，並斷盡所知障一切隨眠，永斷變易生死無明，成就大般涅槃，四智圓明。人間捨壽後，報身常住色究竟天利樂十方地上菩薩；以諸化身利樂有情，永無盡期，成就究竟佛道。

斷盡變易生死
成就大般涅槃

佛子蕭平實 謹製
（二〇〇九、〇二 修訂）
（二〇一二、〇二 增補）

佛教正覺同修會 共修現況 及 招生公告　2020/05/03

一、共修現況：（請在共修時間來電，以免無人接聽。）

台北正覺講堂 103 台北市承德路三段 277 號九樓 捷運淡水線圓山站旁

Tel..**總機** 02-25957295（晚上）（**分機：九樓**辦公室 10、11；知客櫃檯 12、13。 **十樓**知客櫃檯 15、16；書局櫃檯 14。 **五樓**辦公室 18；知客櫃檯 19。**二樓**辦公室 20；知客櫃檯 21。）

Fax..25954493

第一講堂　台北市承德路三段 277 號九樓

禪淨班：週一晚班、週三晚班、週四晚班、週五晚班、週六下午班、週六上午班（共修期間二年半，全程免費。皆須報名建立學籍後始可參加共修，欲報名者詳見本公告末頁。）

增上班：瑜伽師地論詳解：單週六晚班。雙週六晚班（重播班）。17.50～20.50。平實導師講解，2003 年 2 月開講至今，僅限已明心之會員參加。

禪門差別智：每月第一週日全天　平實導師主講（事冗暫停）。

不退轉法輪經詳解　本經所說妙法極爲甚深難解，時至末法，已然無有知者；而其甚深絕妙之法，流傳至今依舊多人可證，顯示佛法眞是義學而非玄談，其中甚深極妙令人拍案稱絕之第一義諦妙義。已於 2019 年元月底開講，由平實導師詳解。每逢週二晚上開講，第一至第六講堂都可同時聽聞，歡迎菩薩種性學人，攜眷共同參與此殊勝法會現場聞法，不限制聽講資格。本會學員憑上課證進入第一至第四講堂聽講，會外學人請以身分證件換證進入聽講（此爲大樓管理處安全管理規定之要求，敬請諒解）；第五及第六講堂（B1、B2）對外開放，不需出示任何證件，請由大樓側門直接進入。

第二講堂　台北市承德路三段 267 號十樓。

不退轉法輪經詳解：平實導師講解。每週二 18.50~20.50 影像音聲即時傳輸

禪淨班：週一晚班。

進階班：週三晚班、週四晚班、週五晚班、週六早班、週六下午班。禪淨班結業後轉入共修。

第三講堂　台北市承德路三段 277 號五樓。

不退轉法輪經詳解：平實導師講解。每週二 18.50~20.50 影像音聲即時傳輸

禪淨班：週六下午班。

進階班：週一晚班、週三晚班、週四晚班、週五晚班。

第四講堂　台北市承德路三段 267 號二樓。

不退轉法輪經詳解：平實導師講解。每週二 18.50~20.50 影像音聲即時傳輸

進階班：週一晚班、週三晚班、週四晚班（禪淨班結業後轉入共修）。

第五、第六講堂

不退轉法輪經詳解：平實導師講解。每週二 18.50~20.50 影像音聲即時傳

輸。第五、第六講堂為**開放式講堂**，不需以身分證件換證即可進入聽講，台北市承德路三段 267 號地下一樓、地下二樓。每逢週二晚上講經時段開放給會外人士自由聽經，請由大樓側面梯階逕行進入聽講。**聽講者請尊重講者的著作權及肖像權，請勿錄音錄影，以免違法；若有錄音錄影被查獲者，將依法處理。**

念佛班 每週日晚上，第六講堂共修（B2），一切求生極樂世界的三寶弟子皆可參加，不限制共修資格。

進階班：週一晚班、週三晚班、週四晚班。

正覺祖師堂 桃園市大溪區美華里信義路 650 巷坑底 5 之 6 號（台 3 號省道 34 公里處 妙法寺對面斜坡道進入）電話 03-3886110 傳眞 03-3881692 本堂供奉 克勤圓悟大師，專供會員每年四月、十月各三次精進禪三共修，兼作本會出家菩薩掛單常住之用。開放參訪日期請參見本會公告。教內共修團體或道場，得另申請其餘時間作團體參訪，務請事先與常住確定日期，以便安排常住菩薩接引導覽，亦免妨礙常住菩薩之日常作息及修行。

桃園正覺講堂（第一、第二講堂）：桃園市介壽路 286、288 號 10 樓（陽明運動公園對面）電話：03-3749363（請於共修時聯繫，或與台北聯繫）

禪淨班：週一晚班（1）、週一晚班（2）、週三晚班、週四晚班、週五晚班。

進階班：週四晚班、週五晚班、週六上午班。

增上班：雙週六晚班（增上重播班）。

不退轉法輪經詳解：平實導師講解。每週二晚上，以台北正覺講堂所錄 DVD 放映；歡迎會外學人共同聽講，不需出示身分證件。

新竹正覺講堂 新竹市東光路 55 號二樓之一 電話 03-5724297（晚上）

第一講堂：

禪淨班：週五晚班。

進階班：週三晚班、週四晚班、週六上午班（由禪淨班結業後轉入共修）。

增上班：單週六晚班。雙週六晚班（重播班）。

不退轉法輪經詳解：平實導師講解。每週二晚上，以台北正覺講堂所錄 DVD 放映。歡迎會外學人共同聽講，不需出示身分證件。

第二講堂：

禪淨班：週一晚班、週三晚班、週四晚班、週六上午班。

不退轉法輪經詳解：每週二晚上與第一講堂同步播放講經 DVD。

第三、第四講堂：裝修完畢，即將開放。

台中正覺講堂 04-23816090（晚上）

第一講堂 台中市南屯區五權西路二段 666 號 13 樓之四（國泰世華銀行樓上。鄰近縣市經第一高速公路前來者，由五權西路交流道可以快速到達，大樓旁有停車場，對面有素食館）。

禪淨班：週四晚班、週五晚班。

進階班：週一晚班、週三晚班、週六上午班（由禪淨班結業後轉入共修）。

增上班：單週六晚班。雙週六晚班（重播班）。

不退轉法輪經詳解：平實導師講解。每週二晚上，以台北正覺講堂所錄 DVD 放映。歡迎會外學人共同聽講，不需出示身分證件。

第二講堂　台中市南屯區五權西路二段 666 號 4 樓

禪淨班：週一晚班、週三晚班。

第三講堂台中市南屯區五權西路二段 666 號 4 樓

禪淨班：週一晚班。

第四講堂台中市南屯區五權西路二段 666 號 4 樓。

進階班：週一晚班、週四晚班、週六上午班。由禪淨班結業後轉入共修。

不退轉法輪經詳解：每週二晚上與第一講堂同步播放講經 DVD。

嘉義正覺講堂　嘉義市友愛路 288 號八樓之一　電話：05-2318228

第一講堂：

禪淨班：週四晚班、週五晚班、週六上午班。

進階班：週一晚班、週三晚班（由禪淨班結業後轉入共修）。

增上班：單週六晚班。雙週六晚班（重播班）。

不退轉法輪經詳解：平實導師講解。每週二晚上，以台北正覺講堂所錄 DVD 放映。歡迎會外學人共同聽講，不需出示身分證件。

第二講堂　嘉義市友愛路 288 號八樓之二。

第三講堂　嘉義市友愛路 288 號四樓之七。

禪淨班：週一晚班、週三晚班。

台南正覺講堂

第一講堂　台南市西門路四段 15 號 4 樓。06-2820541（晚上）

禪淨班：週一晚班、週三晚班、週四晚班、週五晚班、週六下午班。

增上班：單週六晚班。雙週六晚班（重播班）。

第二講堂　台南市西門路四段 15 號 3 樓。

不退轉法輪經詳解：每週二晚上與第三講堂同步播放講經 DVD。

第三講堂　台南市西門路四段 15 號 3 樓。

進階班：週一晚班、週三晚班、週四晚班、週五晚班（由禪淨班結業後轉入共修）。

不退轉法輪經詳解：平實導師講解。每週二晚上，以台北正覺講堂所錄 DVD 放映。歡迎會外學人共同聽講，不需出示身分證件。。

高雄正覺講堂　高雄市新興區中正三路 45 號五樓 07-2234248（晚上）

第一講堂（五樓）：

禪淨班：週一晚班、週三晚班、週四晚班、週五晚班、週六上午班。

增上班：單週六晚班。雙週六晚班（重播班）。

不退轉法輪經詳解：平實導師講解。每週二晚上，以台北正覺講堂所錄 DVD 放映。歡迎會外學人共同聽講，不需出示身分證件。

第二講堂（四樓）：

進階班：週三晚班、週四晚班、週六上午班（由禪淨班結業後轉入共修）。

不退轉法輪經詳解：每週二晚上與第一講堂同步播放講經 DVD。

第三講堂（三樓）：

進階班：週四晚班（由禪淨班結業後轉入共修）。

香港正覺講堂

九龍觀塘，成業街 10 號，電訊一代廣場 27 樓 E 室。

（觀塘地鐵站 B1 出口，步行約 4 分鐘）。電話：(852) 23262231

英文地址：Unit E，27th Floor, TG Place, 10 Shing Yip Street, Kwun Tong, Kowloon

禪淨班：雙週六下午班、雙週日下午班、單週六下午班、單週日下午班

進階班：雙週五晚上班、雙週日早上班（由禪淨班結業後轉入共修）。

增上班：每月第一週週日，以台北增上班課程錄成 DVD 放映之。

增上重播班：每月第一週週六，以台北增上班課程錄成 DVD 放映之。

大法鼓經詳解：平實導師講解。每週六、日 19:00～21:00，以台北正覺講堂所錄 DVD 放映；歡迎會外學人共同聽講，不需出示身分證件。

美國洛杉磯正覺講堂　☆已遷移新址☆

825 S. Lemon Ave Diamond Bar, CA 91789 U.S.A.
Tel. (909) 595-5222（請於週六 9:00~18:00 之間聯繫）
Cell. (626) 454-0607

禪淨班：每逢週末 16：00~18：00 上課。

進階班：每逢週末上午 10：00~12：00 上課。

不退轉法輪經詳解：平實導師講解。每週六下午 13：30~15：30 以台北所錄 DVD 放映。歡迎各界人士共享第一義諦無上法益，不需報名。

二、招生公告　**本會台北講堂及全省各講堂、香港講堂，每逢四月、十月下旬開新班，每週共修一次**（每次二小時。開課日起三個月內仍可插班）；**但美國洛杉磯共修處之禪淨班得隨時插班共修。各班共修期間皆爲二年半，全程免費，欲參加者請向本會函索報名表**（各共修處皆於共修時間方有人執事，非共修時間請勿電詢或前來洽詢、請書），**或直接從本會官方網站(http://www.enlighten.org.tw/newsflash/class)或成佛之道網站下載報名表**。共修期滿時，若經報名禪三審核通過者，可參加四天三夜之禪三精進共修，有機會明心、取證如來藏，發起般若實相智慧，成爲實義菩薩，脫離凡夫菩薩位。

三、新春禮佛祈福 農曆**年假**期間停止共修：自農曆新年前七天起停止共修與弘法，正月 8 日起回復共修、弘法事務。新春期間正月初一～初七 9.00～17.00 開放台北講堂、正月初一~初三開放新竹、台中、嘉義、台南、高雄講堂，以及大溪禪三道場（正覺祖師堂），方便會員供佛、祈福及會外人士請書。美國洛杉磯共修處之休假時間，請逕詢該共修處。

密宗四大派修雙身法，是外道性力派的邪法；又以生滅的識陰作為常住法，是常見外道，是假的藏傳佛教。

西藏覺囊巴以他空見弘揚第八識如來藏勝法，才是真藏傳佛教

佛教正覺同修會　弘法行事表

2019/02/18

1、**禪淨班**　以無相念佛及拜佛方式修習動中定力，實證一心不亂功夫。傳授解脫道正理及第一義諦佛法，以及參禪知見。共修期間：二年六個月。每逢四月、十月開新班，詳見招生公告表。

2、**進階班**　禪淨班畢業後得轉入此班，進修更深入的佛法，期能證悟明心。各地講堂各有多班，繼續深入佛法、增長定力，悟後得轉入增上班修學道種智，期能證得無生法忍。

3、**增上班 瑜伽師地論**詳解　詳解論中所言凡夫地至佛地等 17 師之修證境界與理論，從凡夫地、聲聞地……宣演到諸地所證無生法忍、一切種智之眞實正理。由平實導師開講，每逢一、三、五週之週末晚上開示，僅限已明心之會員參加。2003 年二月開講至今，預定 2019 年講畢。

4、**不退轉法輪經**詳解　本經所說妙法極爲甚深難解，時至末法，已然無有知者；而其甚深絕妙之法，流傳至今依舊多人可證，顯示佛法眞是義學而非玄談，其中甚深極妙令人拍案稱絕之第一義諦妙義。已於 2019 年元月底開講，由平實導師詳解。不限制聽講資格。

5、**精進禪三**　主三和尚：平實導師。於四天三夜中，以克勤圓悟大師及大慧宗杲之禪風，施設機鋒與小參、公案密意之開示，幫助會員剋期取證，親證不生不滅之眞實心——人人本有之如來藏。每年四月、十月各舉辦三個梯次；平實導師主持。僅限本會會員參加禪淨班共修期滿，報名審核通過者，方可參加。並選擇會中定力、慧力、福德三條件皆已具足之已明心會員，給以指引，令得眼見自己無形無相之佛性遍佈山河大地，眞實而無障礙，得以肉眼現觀世界身心悉皆如幻，具足成就如幻觀，圓滿十住菩薩之證境。

6、**阿含經**詳解　選擇重要之阿含部經典，依無餘涅槃之實際而加以詳解，令大眾得以現觀諸法緣起性空，亦復不墮斷滅見中，顯示經中所隱說之涅槃實際—如來藏—確實已於四阿含中隱說；令大眾得以聞後觀行，確實斷除我見乃至我執，證得**見到**眞現觀，乃至**身證**……等眞現觀；已得大乘或二乘見道者，亦可由此聞熏及聞後之觀行，除斷我所之貪著，成就慧解脫果。由平實導師詳解。不限制聽講資格。

7、**解深密經**詳解　重講本經之目的，在於令諸已悟之人明解大乘法道之成佛次第，以及悟後進修一切種智之內涵，確實證知三種自性性，並得據此證解七眞如、十眞如等正理。每逢週二 18.50~20.50 開示，由平實導師詳解。將於《**不退轉法輪經**》講畢後開講。不限制聽講資格。

8、**成唯識論**詳解　詳解一切種智眞實正理，詳細剖析一切種智之微細深妙廣大正理；並加以舉例說明，使已悟之會員深入體驗所證如來藏之微密行相；及證驗見分相分與所生一切法，皆由如來藏—阿賴耶識—直接或展轉而生，因此證知一切法無我，證知無餘涅槃之本際。將於增上班《瑜伽師地論》講畢後，由平實導師重講。僅限已明心之會員參加。

9、**精選如來藏系經典**詳解　精選如來藏系經典一部，詳細解說，以此完全印證會員所悟如來藏之眞實，得入不退轉住。另行擇期詳細解說之，由平實導師講解。僅限已明心之會員參加。

10、**禪門差別智**　藉禪宗公案之微細淆訛難知難解之處，加以宣說及剖析，以增進明心、見性之功德，啓發差別智，建立擇法眼。每月第一週日全天，由平實導師開示，僅限破參明心後，復又眼見佛性者參加（事冗暫停）。

11、**枯木禪**　先講智者大師的《小止觀》，後說《釋禪波羅蜜》，詳解四禪八定之修證理論與實修方法，細述一般學人修定之邪見與岔路，及對禪定證境之誤會，消除枉用功夫、浪費生命之現象。已悟般若者，可以藉此而實修初禪，進入大乘通教及聲聞教的三果心解脫境界，配合應有的大福德及後得無分別智、十無盡願，即可進入初地心中。親教師：平實導師。未來緣熟時將於正覺寺開講。不限制聽講資格。

註：本會例行年假，自 2004 年起，改爲每年農曆新年前七天開始停息弘法事務及共修課程，農曆正月 8 日回復所有共修及弘法事務。新春期間（每日 9.00~17.00）開放台北講堂，方便會員禮佛祈福及會外人士請書。大溪區的正覺祖師堂，開放參訪時間，詳見〈正覺電子報〉或成佛之道網站。本表得因時節因緣需要而隨時修改之，不另作通知。

佛教正覺同修會　贈閱書籍 目錄　2018/10/20

1.**無相念佛**　平實導師著　回郵 36 元
2.**念佛三昧修學次第**　平實導師述著　回郵 52 元
3.**正法眼藏—護法集**　平實導師述著　回郵 76 元
4.**真假開悟簡易辨正法&佛子之省思**　平實導師著　回郵 26 元
5.**生命實相之辨正**　平實導師著　回郵 31 元
6.**如何契入念佛法門**（附：印順法師否定極樂世界）平實導師著　回郵 26 元
7.**平實書箋**—答元覽居士書　平實導師著　回郵 52 元
8.**三乘唯識**—如來藏系經律彙編　平實導師編　回郵 80 元
（精裝本　長 27 cm　寬 21 cm　高 7.5 cm　重 2.8 公斤）
9.**三時繫念全集**—修正本　回郵掛號 52 元（長 26.5 cm×寬 19 cm）
10.**明心與初地**　平實導師述　回郵 31 元
11.**邪見與佛法**　平實導師述著　回郵 36 元
12.**甘露法雨**　平實導師述　回郵 36 元
13.**我與無我**　平實導師述　回郵 36 元
14.**學佛之心態**—修正錯誤之學佛心態始能與正法相應 孫正德老師著 回郵52元
附錄：平實導師著**《略說八、九識並存…等之過失》**
15.**大乘無我觀**—《悟前與悟後》別說　平實導師述著　回郵 36 元
16.**佛教之危機**—中國台灣地區現代佛教之真相（附錄：公案拈提六則）
平實導師著　回郵 52 元
17.**燈　影**—燈下黑（覆「求教後學」來函等）　平實導師著　回郵 76 元
18.**護法與毀法**—覆上平居士與徐恒志居士網站毀法二文
張正圜老師著　回郵 76 元
19.**淨土聖道**—兼評**選擇本願念佛**　正德老師著　**由正覺同修會購贈** 回郵 52 元
20.**辨唯識性相**—對「紫蓮心海《辯唯識性相》書中否定阿賴耶識」之回應
正覺同修會 台南共修處法義組 著　回郵 52 元
21.**假如來藏**—對法蓮法師《如來藏與阿賴耶識》書中否定阿賴耶識之回應
正覺同修會 台南共修處法義組 著　回郵 76 元
22.**入不二門**—公案拈提集錦 第一輯（於平實導師公案拈提諸書中選錄約二十則，
合輯爲一冊流通之）平實導師著　回郵 52 元
23.**真假邪說**—西藏密宗索達吉喇嘛《破除邪說論》真是邪說
釋正安法師著　上、下冊回郵各 52 元
24.**真假開悟**—真如、如來藏、阿賴耶識間之關係　平實導師述著　回郵 76 元
25.**真假禪和**—辨正釋傳聖之謗法謬說　孫正德老師著　回郵 76 元
26.**眼見佛性**—駁慧廣法師**眼見佛性的含義**文中謬說
游正光老師著　回郵 52 元

27.**普門自在**—公案拈提集錦 第二輯（於平實導師公案拈提諸書中選錄約二十則，合輯爲一冊流通之）平實導師著　回郵52元

28.**印順法師的悲哀**—以現代禪的質疑為線索　恒毓博士著　回郵52元

29.**識蘊真義**—現觀識蘊內涵、取證初果、親斷三縛結之具體行門。
—依《成唯識論》及《惟識述記》正義，略顯安慧《大乘廣五蘊論》之邪謬
平實導師著　回郵76元

30.**正覺電子報** 各期紙版本　免附回郵　每次最多函索三期或三本。
（已無存書之較早各期，不另增印贈閱）

31.**現代人應有的宗教觀**　蔡正禮老師 著　回郵31元

32.**遠惑趣道**—正覺電子報般若信箱問答錄　第一輯　回郵52元

33.**遠惑趣道**—正覺電子報般若信箱問答錄　第二輯　回郵52元

34.**確保您的權益**—器官捐贈應注意自我保護　游正光老師 著　回郵31元

35.**正覺教團電視弘法三乘菩提 DVD 光碟（一）**
由正覺教團多位親教師共同講述錄製 DVD 8 片，MP3 一片，共 9 片。有二大講題：一為「三乘菩提之意涵」，二為「學佛的正知見」。內容精闢，深入淺出，精彩絕倫，幫助大眾快速建立三乘法道的正知見，免被外道邪見所誤導。有志修學三乘佛法之學人不可不看。（製作工本費 100 元，回郵 52 元）

36.**正覺教團電視弘法 DVD 專輯（二）**
總有二大講題：一為「三乘菩提之念佛法門」，一為「學佛正知見（第二篇）」，由正覺教團多位親教師輪番講述，內容詳細闡述如何修學念佛法門、實證念佛三昧，以及學佛應具有的正確知見，可以幫助發願往生西方極樂淨土之學人，得以把握往生，更可令學人快速建立三乘法道的正知見，免於被外道邪見所誤導。有志修學三乘佛法之學人不可不看。（一套 17 片，工本費 160 元。回郵 76 元）

37.**喇嘛性世界**—揭開假藏傳佛教譚崔瑜伽的面紗　張善思 等人合著
由正覺同修會購贈　回郵52元

38.**假藏傳佛教的神話**—性、謊言、喇嘛教　張正玄教授編著
由正覺同修會購贈　回郵52元

39.**隨　緣**—理隨緣與事隨緣　平實導師述　回郵52元。

40.**學佛的覺醒**　正枝居士 著　回郵52元

41.**導師之真實義**　蔡正禮老師 著　回郵31元

42.**淺談達賴喇嘛之雙身法**—兼論解讀「密續」之達文西密碼
吳明芷居士 著　回郵31元

43.**魔界轉世**　張正玄居士 著　回郵31元

44.**一貫道與開悟**　蔡正禮老師 著　回郵31元

45.**博愛**—愛盡天下女人　正覺教育基金會 編印　回郵36元

46.**意識虛妄經教彙編**—實證解脱道的關鍵經文　正覺同修會編印　回郵36元

47.**邪箭囈語**—破斥藏密外道多識仁波切《破魔金剛箭雨論》之邪說
陸正元老師著　上、下冊回郵各 52 元
48.**真假沙門**—依 佛聖教闡釋佛教僧寶之定義
蔡正禮老師著　俟正覺電子報連載後結集出版
49.**真假禪宗**—藉評論釋性廣《印順導師對變質禪法之批判
及對禪宗之肯定》以顯示真假禪宗
附論一：凡夫知見 無助於佛法之信解行證
附論二：世間與出世間一切法皆從如來藏實際而生而顯
余正偉老師著　俟正覺電子報連載後結集出版　回郵未定

★ 上列贈書之郵資，係台灣本島地區郵資，大陸、港、澳地區及外國地區，請另計酌增（大陸、港、澳、國外地區之郵票不許通用）。尚未出版之書，請勿先寄來郵資，以免增加作業煩擾。

★ 本目錄若有變動，唯於後印之書籍及「成佛之道」網站上修正公佈之，不另行個別通知。

函索書籍請寄：佛教正覺同修會　103 台北市承德路 3 段 277 號 9 樓
台灣地區函索書籍者請附寄郵票，無時間購買郵票者可以等值現金抵用，但不接受郵政劃撥、支票、匯票。大陸地區得以人民幣計算，國外地區請以美元計算（請勿寄來當地郵票，在台灣地區不能使用）。欲以掛號寄遞者，請另附掛號郵資。

親自索閱：正覺同修會各共修處。　★請於共修時間前往取書，餘時無人在道場，請勿前往索取；共修時間與地點，詳見書末正覺同修會共修現況表（以近期之共修現況表爲準）。

註：正智出版社發售之局版書，請向各大書局購閱。若書局之書架上已經售出而無陳列者，請向書局櫃台指定洽購；若書局不便代購者，請於正覺同修會共修時間前往各共修處請購，正智出版社已派人於共修時間送書前往各共修處流通。 郵政劃撥購書及 大陸地區 購書，請詳別頁正智出版社發售書籍目錄最後頁之說明。

成佛之道 網站：http://www.a202.idv.tw　正覺同修會已出版之結緣書籍，多已登載於 成佛之道 網站，若住外國、或住處遙遠，不便取得正覺同修會贈閱書籍者，可以從本網站閱讀及下載。　書局版之《宗通與說通》亦已上網，台灣讀者可向書局洽購，售價 300 元。《狂密與眞密》第一輯~第四輯，亦於 2003.5.1.全部於本網站登載完畢；台灣地區讀者請向書局洽購，每輯約 400 頁，售價 300 元（網站下載紙張費用較貴，容易散失，難以保存，亦較不精美）。

＊＊假藏傳佛教修雙身法，非佛教＊＊

正智出版社 籌募弘法基金發售書籍目錄 2020/07/13

1.**宗門正眼**—公案拈提 第一輯 重拈 平實導師著 500元

因重寫內容大幅度增加故，字體必須改小，並增爲576頁 主文546頁。比初版更精彩、更有內容。初版《禪門摩尼寶聚》之讀者，可寄回本公司免費調換新版書。免附回郵，亦無截止期限。(2007年起，每冊附贈本公司精製公案拈提〈超意境〉CD一片。市售價格280元，多購多贈。)

2.**禪淨圓融** 平實導師著 200元(第一版舊書可換新版書。)

3.**真實如來藏** 平實導師著 400元

4.**禪—悟前與悟後** 平實導師著 上、下冊，每冊250元

5.**宗門法眼**—公案拈提 第二輯 平實導師著 500元

(2007年起，每冊附贈本公司精製公案拈提〈超意境〉CD一片)

6.**楞伽經詳解** 平實導師著 全套共10輯 每輯250元

7.**宗門道眼**—公案拈提 第三輯 平實導師著 500元

(2007年起，每冊附贈本公司精製公案拈提〈超意境〉CD一片)

8.**宗門血脈**—公案拈提 第四輯 平實導師著 500元

(2007年起，每冊附贈本公司精製公案拈提〈超意境〉CD一片)

9.**宗通與說通**—成佛之道 平實導師著 主文381頁 全書400頁售價300元

10.**宗門正道**—公案拈提 第五輯 平實導師著 500元

(2007年起，每冊附贈本公司精製公案拈提〈超意境〉CD一片)

11.**狂密與真密 一～四輯** 平實導師著 西藏密宗是人間最邪淫的宗教，本質不是佛教，只是披著佛教外衣的印度教性力派流毒的喇嘛教。此書中將西藏密宗密傳之男女雙身合修樂空雙運所有祕密與修法，毫無保留完全公開，並將全部喇嘛們所不知道的部分也一併公開。內容比大辣出版社喧騰一時的《西藏慾經》更詳細。並且函蓋藏密的所有祕密及其錯誤的中觀見、如來藏見……等，藏密的所有法義都在書中詳述、分析、辨正。每輯主文三百餘頁 每輯全書約400頁 售價每輯300元

12.**宗門正義**—公案拈提 第六輯 平實導師著 500元

(2007年起，每冊附贈本公司精製公案拈提〈超意境〉CD一片)

13.**心經密意**—心經與解脫道、佛菩提道、祖師公案之關係與密意 平實導師述 300元

14.**宗門密意**—公案拈提 第七輯 平實導師著 500元

(2007年起，每冊附贈本公司精製公案拈提〈超意境〉CD一片)

15.**淨土聖道**—兼評「選擇本願念佛」 正德老師著 200元

16.**起信論講記** 平實導師述著 共六輯 每輯三百餘頁 售價各250元

17.**優婆塞戒經講記** 平實導師述著 共八輯 每輯三百餘頁 售價各250元

18.**真假活佛**—略論附佛外道盧勝彥之邪說(對前岳靈犀網站主張「盧勝彥是證悟者」之修正) 正犀居士(岳靈犀)著 流通價140元

19.**阿含正義**—唯識學探源 平實導師著 共七輯 每輯300元

20.**超意境** CD 以平實導師公案拈提書中超越意境之頌詞，加上曲風優美的旋律，錄成令人嚮往的超意境歌曲，其中包括正覺發願文及平實導師親自譜成的黃梅調歌曲一首。詞曲雋永，殊堪翫味，可供學禪者吟詠，有助於見道。內附設計精美的彩色小冊，解說每一首詞的背景本事。每片 280 元。【每購買公案拈提書籍一冊，即贈送一片。】

21.**菩薩底憂鬱** CD 將菩薩情懷及禪宗公案寫成新詞，並製作成超越意境的優美歌曲。 1.主題曲〈菩薩底憂鬱〉，描述地後菩薩能離三界生死而迴向繼續生在人間，但因尚未斷盡習氣種子而有極深沈之憂鬱，非三賢位菩薩及二乘聖者所知，此憂鬱在七地滿心位方才斷盡；本曲之詞中所說義理極深，昔來所未曾見；此曲係以優美的情歌風格寫詞及作曲，聞者得以激發嚮往諸地菩薩境界之大心，詞、曲都非常優美，難得一見；其中勝妙義理之解說，已印在附贈之彩色小冊中。 2.以各輯公案拈提中直示禪門入處之頌文，作成各種不同曲風之超意境歌曲，值得玩味、參究；聆聽公案拈提之優美歌曲時，請同時閱讀內附之印刷精美說明小冊，可以領會超越三界的證悟境界；未悟者可以因此引發求悟之意向及疑情，眞發菩提心而邁向求悟之途，乃至因此眞實悟入般若，成眞菩薩。 3.正覺總持咒新曲，總持佛法大意；總持咒之義理，已加以解說並印在隨附之小冊中。本 CD 共有十首歌曲，長達 63 分鐘。每盒各附贈二張購書優惠券。每片 280 元。

22.**禪意無限** CD 平實導師以公案拈提書中偈頌寫成不同風格曲子，與他人所寫不同風格曲子共同錄製出版，幫助參禪人進入禪門超越意識之境界。盒中附贈彩色印製的精美解說小冊，以供聆聽時閱讀，令參禪人得以發起參禪之疑情，即有機會證悟本來面目而發起實相智慧，實證大乘菩提般若，能如實證知般若經中的眞實意。本 CD 共有十首歌曲，長達 69 分鐘，每盒各附贈二張購書優惠券。每片 280 元。

23.**我的菩提路**第一輯　釋悟圓、釋善藏等人合著　售價 300 元

24.**我的菩提路**第二輯　郭正益等人合著　售價 300 元（停售，俟改版後另行發售）

25.**我的菩提路**第三輯　王美伶等人合著　售價 300 元

26.**我的菩提路**第四輯　陳晏平等人合著　售價 300 元

27.**我的菩提路**第五輯　林慈慧等人合著　售價 300 元

28.**我的菩提路**第六輯　劉惠莉等人合著　售價 300 元

29.**鈍鳥與靈龜**—考證後代凡夫對大慧宗杲禪師的無根誹謗。

平實導師著　共 458 頁　售價 350 元

30.**維摩詰經講記**　平實導師述　共六輯　每輯三百餘頁　售價各 250 元

31.**真假外道**—破劉東亮、杜大威、釋證嚴常見外道見　正光老師著　200 元

32.**勝鬘經講記**—兼論印順《勝鬘經講記》對於《勝鬘經》之誤解。

平實導師述　共六輯　每輯三百餘頁　售價 250 元

33.**楞嚴經講記** 平實導師述 共**15**輯，每輯三百餘頁 售價300元
34.**明心與眼見佛性**—駁慧廣〈蕭氏「眼見佛性」與「明心」之非〉文中謬說
正光老師著 共448頁 售價300元
35.**見性與看話頭** 黃正倖老師 著，本書是禪宗參禪的方法論。
內文375頁，全書416頁，售價300元。
36.**達賴真面目**—玩盡天下女人 白正偉老師 等著 中英對照彩色精裝大本 800元
37.**喇嘛性世界**—揭開假藏傳佛教譚崔瑜伽的面紗 張善思 等人著 200元
38.**假藏傳佛教的神話**—性、謊言、喇嘛教 正玄教授編著 200元
39.**金剛經宗通** 平實導師述 共九輯 每輯售價250元。
40.**空行母**—性別、身分定位，以及藏傳佛教。
珍妮·坎貝爾著 呂艾倫 中譯 售價250元
41.**末代達賴**—性交教主的悲歌 張善思、呂艾倫、辛燕編著 售價250元
42.**霧峰無霧**—給哥哥的信 辨正釋印順對佛法的無量誤解
游宗明 老師著 售價250元
43.**霧峰無霧**—第二輯—救護佛子向正道 細說釋印順對佛法的各類誤解
游宗明 老師著 售價250元
44.**第七意識與第八意識？**—穿越時空「超意識」
平實導師述 每冊300元
45.**黯淡的達賴**—失去光彩的諾貝爾和平獎
正覺教育基金會編著 每冊250元
46.**童女迦葉考**—論呂凱文〈佛教輪迴思想的論述分析〉之謬。
平實導師 著 定價180元
47.**人間佛教**—實證者必定不悖三乘菩提
平實導師 述，定價400元
48.**實相經宗通** 平實導師述 共八輯 每輯250元
49.**真心告訴您(一)**—達賴喇嘛在幹什麼？
正覺教育基金會編著 售價250元
50.**中觀金鑑**—詳述應成派中觀的起源與其破法本質
孫正德老師著 分為上、中、下三冊，每冊250元
51.**藏傳佛教要義**—《狂密與真密》之簡體字版 平實導師 著 上、下冊
僅在大陸流通 每冊300元
52.**法華經講義** 平實導師述 共二十五輯 每輯300元
已於2015/05/31起開始出版，每二個月出版一輯
53.**西藏「活佛轉世」制度**—附佛、造神、世俗法
許正豐、張正玄老師合著 定價150元
54.**廣論三部曲** 郭正益老師著 定價150元
55.**真心告訴您(二)**—達賴喇嘛是佛教僧侶嗎？
—補祝達賴喇嘛八十大壽
正覺教育基金會編著 售價300元

56.**次法**—實證佛法前應有的條件
張善思居士著　分爲上、下二冊，每冊 250 元
57.**涅槃**—解說四種涅槃之實證及內涵　平實導師著 上、下冊 各 350 元
58.**山法**—西藏關於他空與佛藏之根本論
篤補巴·喜饒堅贊著　　傑弗里·霍普金斯英譯
張火慶教授、張志成、呂艾倫等中譯　精裝大本 1200 元
59.**假鋒虛焰金剛乘**—揭示顯密正理，兼破索達吉師徒《般若鋒兮金剛焰》
釋正安法師著 簡體字版 即將出版 售價未定
60.**廣論之平議**—宗喀巴《菩提道次第廣論》之平議　正雄居士著
約二或三輯　俟正覺電子報連載後結集出版　書價未定
61.**菩薩學處**—菩薩四攝六度之要義　陸正元老師著　出版日期未定。
62.**八識規矩頌**詳解　○○居士 註解　出版日期另訂　書價未定。
63.**印度佛教史**—法義與考證。依法義史實評論印順《印度佛教思想史、佛教史地考論》之謬說　正偉老師著　出版日期未定　書價未定
64.**中國佛教史**—依中國佛教正法史實而論。○○老師 著　書價未定。
65.**中論正義**—釋龍樹菩薩《中論》頌正理。
孫正德老師著　出版日期未定　書價未定
66.**中觀正義**—註解平實導師《中論正義頌》。
○○法師（居士）著　出版日期未定　書價未定
67.**佛藏經講記**　平實導師述　已於 2019 年 7 月 31 日出版　共 21 輯，每二個月出版一輯，每輯 300 元。
68.**阿含經講記**—將選錄四阿含中數部重要經典全經講解之，講後整理出版。
平實導師述　約二輯　每輯 300 元　出版日期未定
69.**寶積經講記**　平實導師述　每輯三百餘頁 優惠價 300 元 出版日期未定
70.**解深密經講記**　平實導師述 約四輯　將於重講後整理出版
71.**成唯識論略解**　平實導師著　五～六輯　每輯300 元　出版日期未定
72.**修習止觀坐禪法要講記**　平實導師述　每輯三百餘頁
將於正覺寺建成後重講、以講記逐輯出版　出版日期未定
73.**無門關**—《無門關》公案拈提　平實導師著　出版日期未定
74.**中觀再論**—兼述印順《中觀今論》謬誤之平議。正光老師著 出版日期未定
75.**輪迴與超度**—佛教超度法會之真義。
○○法師（居士）著　出版日期未定　書價未定
76.**《釋摩訶衍論》平議**—對偽稱龍樹所造《釋摩訶衍論》之平議
○○法師（居士）著　出版日期未定　書價未定
77.**正覺發願文**註解—以真實大願為因 得證菩提
正德老師著　出版日期未定　書價未定
78.**正覺總持咒**—佛法之總持　正圜老師著　出版日期未定　書價未定
79.**三自性**—依四食、五蘊、十二因緣、十八界法，說三性三無性。
作者未定　出版日期未定

80.**道品**—從三自性說大小乘三十七道品　　作者未定　出版日期未定
81.**大乘緣起觀**—依四聖諦七真如現觀十二緣起 作者未定　出版日期未定
82.**三德**—論解脫德、法身德、般若德。　　作者未定　出版日期未定
83.**真假如來藏**—對印順《如來藏之研究》謬說之平議　作者未定 出版日期未定
84.**大乘道次第**　　作者未定　出版日期未定　書價未定
85.**四緣**—依如來藏故有四緣。　作者未定　出版日期未定
86.**空之探究**—印順《空之探究》謬誤之平議　作者未定 出版日期未定
87.**十法義**—論阿含經中十法之正義　　作者未定　出版日期未定
88.**外道見**—論述外道六十二見　　作者未定　　出版日期未定

正智出版社有限公司 書籍介紹

禪淨圓融：言淨土諸祖所未曾言，示諸宗祖師所未曾示；禪淨圓融，另闢成佛捷徑，兼顧自力他力，闡釋淨土門之速行易行道，亦同時揭櫫聖教門之速行易行道；令廣大淨土行者得免緩行難證之苦，亦令聖道門行者得以藉著淨土速行道而加快成佛之時劫。乃前無古人之超勝見地，非一般弘揚禪淨法門典籍也，先讀為快。平實導師著 200元。

宗門正眼—公案拈提第一輯：繼承克勤圜悟大師碧巖錄宗旨之禪門鉅作。先則舉示當代大法師之邪說，消弭當代禪門大師鄉愿之心態，摧破當今禪門「世俗禪」之妄談；次則旁通教法，表顯宗門正理；繼以道之次第，消弭古今狂禪；後藉言語及文字機鋒，直示宗門入處。悲智雙運，禪味十足，數百年來難得一睹之禪門鉅著也。平實導師著　500元（原初版書《禪門摩尼寶聚》，改版後補充為五百餘頁新書，總計多達二十四萬字，內容更精彩，並改名為《宗門正眼》，讀者原購初版《禪門摩尼寶聚》皆可寄回本公司免費換新，免附回郵，亦無截止期限）（2007年起，凡購買公案拈提第一輯至第七輯，每購一輯皆贈送本公司精製公案拈提〈超意境〉CD一片，市售價格280元，多購多贈）。

禪—悟前與悟後：本書能建立學人悟道之信心與正確知見，圓滿具足而有次第地詳述禪悟之功夫與禪悟之內容，指陳參禪中細微淆訛之處，能使學人明自真心、見自本性。若未能悟入，亦能以正確知見辨別古今中外一切大師究係真悟？或屬錯悟？便有能力揀擇，捨名師而選明師，後時必有悟道之緣。一旦悟道，遲者七次人天往返，便出三界，速者一生取辦。學人欲求開悟者，不可不讀。　平實導師著。上、下冊共500元，單冊250元。

眞實如來藏：如來藏眞實存在，乃宇宙萬有之本體，並非印順法師、達賴喇嘛等人所說之「唯有名相、無此心體」。如來藏是涅槃之本際，是一切有智之人竭盡心智、不斷探索而不能得之生命實相；是古今中外許多大師自以爲悟而當面錯過之生命實相。如來藏即是阿賴耶識，乃是一切有情本自具足、不生不滅之眞實心。當代中外大師於此書出版之前所未能言者，作者於本書中盡情流露、詳細闡釋。眞悟者讀之，必能增益悟境、智慧增上；錯悟者讀之，必能檢討自己之錯誤，免犯大妄語業；未悟者讀之，能知參禪之理路，亦能以之檢查一切名師是否眞悟。此書是一切哲學家、宗教家、學佛者及欲昇華心智之人必讀之鉅著。　平實導師著　售價400元。

宗門法眼—公案拈提第二輯：列舉實例，闡釋土城廣欽老和尚之悟處；並直示這位不識字的老和尚妙智橫生之根由，繼而剖析禪宗歷代大德之開悟公案，解析當代密宗高僧卡盧仁波切之錯悟證據，並例舉當代顯宗高僧、大居士之錯悟證據（凡健在者，爲免影響其名聞利養，皆隱其名）。藉辨正當代名師之邪見，向廣大佛子指陳禪悟之正道，彰顯宗門法眼。悲勇兼出，強捋虎鬚；慈智雙運，巧探驪龍；摩尼寶珠在手，直示宗門入處，禪味十足；若非大悟徹底，不能爲之。禪門精奇人物，允宜人手一冊，供作參究及悟後印證之圭臬。本書於2008年4月改版，增寫爲大約500頁篇幅，以利學人研讀參究時更易悟入宗門正法，以前所購初版首刷及初版二刷舊書，皆可免費換取新書。平實導師著　500元（2007年起，凡購買公案拈提第一輯至第七輯，每購一輯皆贈送本公司精製公案拈提〈超意境〉CD一片，市售價格280元，多購多贈）。

宗門道眼—公案拈提第三輯：繼宗門法眼之後，再以金剛之作略、慈悲之胸懷、犀利之筆觸，舉示寒山、拾得、布袋三大士之悟處，消弭當代錯悟者對於寒山大士……等之誤會及誹謗。　亦舉出民初以來與虛雲和尚齊名之蜀郡鹽亭袁煥仙夫子——南懷瑾老師之師，其「悟處」何在？並蒐羅許多眞悟祖師之證悟公案，顯示禪宗歷代祖師之睿智，指陳部分祖師、奧修及當代顯密大師之謬悟，作爲殷鑑，幫助禪子建立及修正參禪之方向及知見。假使讀者閱此書已，一時尚未能悟，亦可一面加功用行，一面以此宗門道眼辨別眞假善知識，避開錯誤之印證及歧路，可免大妄語業之長劫慘痛果報。欲修禪宗之禪者，務請細讀。平實導師著　售價500元（2007年起，凡購買公案拈提第一輯至第七輯，每購一輯皆贈送本公司精製公案拈提〈超意境〉CD一片，市售價格280元，多購多贈）。

楞伽經詳解：本經是禪宗見道者印證所悟眞僞之根本經典，亦是禪宗見道者悟後起修之依據經典；故達摩祖師於印證二祖慧可大師之後，將此經典連同佛鉢祖衣一併交付二祖，令其依此經典佛示金言、進入修道位，修學一切種智。由此可知此經對於眞悟之人修學佛道，是非常重要之一部經典。此經能破外道邪說，亦破佛門中錯悟名師之謬說，亦破禪宗部分祖師之狂禪：不讀經典、一向主張「一悟即成究竟佛」之謬執。並開示愚夫所行禪、觀察義禪、攀緣如禪、如來禪等差別，令行者對於三乘禪法差異有所分辨；亦糾正禪宗祖師古來對於如來禪之誤解，嗣後可免以訛傳訛之弊。此經亦是法相唯識宗之根本經典，禪者悟後欲修一切種智而入初地者，必須詳讀。平實導師著，全套共十輯，已全部出版完畢，每輯主文約320頁，每冊約352頁，定價250元。

宗門血脈—公案拈提第四輯：末法怪象—許多修行人自以爲悟，每將無念靈知認作眞實；崇尚二乘法諸師及其徒衆，則將外於如來藏之緣起性空—無因論之無常空、斷滅空、一切法空—錯認爲 佛所說之般若空性。這兩種現象已於當今海峽兩岸及美加地區顯密大師之中普遍存在；人人自以爲悟，心高氣壯，便敢寫書解釋祖師證悟之公案，大多出於意識思惟所得，言不及義，錯誤百出，因此誤導廣大佛子同陷大妄語之地獄業中而不能自知。彼等書中所說之悟處，其實處處違背第一義經典之聖言量。彼等諸人不論是否身披袈裟，都非佛法宗門血脈，或雖有禪宗法脈之傳承，亦只徒具形式；猶如螟蛉，非眞血脈，未悟得根本眞實故。禪子欲知 佛、祖之眞血脈者，請讀此書，便知分曉。平實導師著，主文452頁，全書464頁，定價500元（2007年起，凡購買公案拈提第一輯至第七輯，每購一輯皆贈送本公司精製公案拈提〈超意境〉CD一片，市售價格280元，多購多贈）。

宗通與說通：古今中外，錯誤之人如麻似粟，每以常見外道所說之靈知心，認作眞心；或妄想虛空之勝性能量爲眞如，或錯認物質四大元素藉冥性（靈知心本體）能成就吾人色身及知覺，或認初禪至四禪中之了知心爲不生不滅之涅槃心。此等皆非通宗者之見地。復有錯悟之人一向主張「宗門與教門不相干」，此即尚未通達宗門之人也。其實宗門與教門互通不二，宗門所證者乃是眞如與佛性，故教門與宗門不二。本書作者以宗教二門互通之見地，細說「宗通與說通」，從初見道至悟後起修之道、細說分明；並將諸宗諸派在整體佛教中之地位與次第，加以明確之教判，學人讀之即可了知佛法之梗概也。欲擇明師學法之前，允宜先讀。平實導師著，主文共381頁，全書392頁，只售成本價300元。

宗門正道—公案拈提第五輯：修學大乘佛法有二果須證—解脫果及大菩提果。二乘人不證大菩提果，唯證解脫果；此果之智慧，名爲聲聞菩提、緣覺菩提。大乘佛子所證二果之菩提果爲佛菩提，故名大菩提果，其慧名爲一切種智—函蓋二乘解脫果。然此大乘二果修證，須經由禪宗之宗門證悟方能相應。而宗門證悟極難，自古已然；其所以難者，咎在古今佛教界普遍存在三種邪見：1.以修定認作佛法，2.以無因論之緣起性空—否定涅槃本際如來藏以後之一切法空作爲佛法，3.以常見外道邪見（離語言妄念之靈知性）作爲佛法。如是邪見，或因自身正見未立所致，或因邪師之邪教導所致，或因無始劫來虛妄熏習所致。若不破除此三種邪見，永劫不悟宗門眞義、不入大乘正道，唯能外門廣修菩薩行。平實導師於此書中，有極爲詳細之說明，有志佛子欲摧邪見、入於內門修菩薩行者，當閱此書。主文共496頁，全書512頁。售價500元（2007年起，凡購買公案拈提第一輯至第七輯，每購一輯皆贈送本公司精製公案拈提〈超意境〉CD一片，市售價格280元，多購多贈）。

狂密與眞密：密教之修學，皆由有相之觀行法門而入，其最終目標仍不離顯教經典所說第一義諦之修證；若離顯教第一義經典、或違背顯教第一義經典，即非佛教。西藏密教之觀行法，如灌頂、觀想、遷識法、寶瓶氣、大聖歡喜雙身修法、喜金剛、無上瑜伽、大樂光明、樂空雙運等，皆是印度教兩性生生不息思想之轉化，自始至終皆以如何能運用交合淫樂之法達到全身受樂爲其中心思想，純屬欲界五欲的貪愛，不能令人超出欲界輪迴，更不能令人斷除我見；何況大乘之明心與見性，更無論矣！故密宗之法絕非佛法也。而其明光大手印、大圓滿法教，又皆同以常見外道所說離語言妄念之無念靈知心錯認爲佛地之眞如，不能直指不生不滅之眞如。西藏密宗所有法王與徒眾，都尚未開頂門眼，不能辨別眞僞，以依人不依法、依密續不依經典故，不肯將其上師喇嘛所說對照第一義經典，純依密續之藏密祖師所說爲準，因此而誇大其證德與證量，動輒謂彼祖師上師爲究竟佛、爲地上菩薩；如今台海兩岸亦有自謂其師證量高於 釋迦文佛者，然觀其師所述，猶未見道，仍在觀行即佛階段，尚未到禪宗相似即佛、分證即佛階位，竟敢標榜爲究竟佛及地上法王，誑惑初機學人。凡此怪象皆是狂密，不同於眞密之修行者。近年狂密盛行，密宗行者被誤導者極眾，動輒自謂已證佛地眞如，自視爲究竟佛，陷於大妄語業中而不知自省，反謗顯宗眞修實證者之證量粗淺；或如義雲高與釋性圓…等人，於報紙上公然誹謗眞實證道者爲「騙子、無道人、人妖、癩蛤蟆…」等，造下誹謗大乘勝義僧之大惡業；或以外道法中有爲有作之甘露、魔術……等法，誑騙初機學人，狂言彼外道法爲眞佛法。如是怪象，在西藏密宗及附藏密之外道中，不一而足，舉之不盡，學人宜應愼思明辨，以免上當後又犯毀破菩薩戒之重罪。密宗學人若欲遠離邪知邪見者，請閱此書，即能了知密宗之邪謬，從此遠離邪見與邪修，轉入眞正之佛道。平實導師著 共四輯 每輯約400頁（主文約340頁）每輯售價300元。

宗門正義—公案拈提第六輯：佛教有六大危機，乃是藏密化、世俗化、膚淺化、學術化、宗門密意失傳、悟後進修諸地之次第混淆；其中尤以宗門密意之失傳，為當代佛教最大之危機。由宗門密意失傳故，易令 世尊本懷普被錯解，易令 世尊正法被轉易為外道法，以及加以淺化、世俗化，是故宗門密意之廣泛弘傳與具緣佛弟子，極為重要。然而欲令宗門密意之廣泛弘傳予具緣之佛弟子者，必須同時配合錯誤知見之解析、普令佛弟子知之，然後輔以公案解析之直示入處，方能令具緣之佛弟子悟入。而此二者，皆須以公案拈提之方式為之，方易成其功、竟其業，是故平實導師續作宗門正義一書，以利學人。　全書500餘頁，售價500元（2007年起，凡購買公案拈提第一輯至第七輯，每購一輯皆贈送本公司精製公案拈提〈超意境〉CD一片，市售價格280元，多購多贈）。

心經密意—心經與解脫道、佛菩提道、祖師公案之關係與密意。二乘菩提所證之解脫道，實依第八識心之斷除煩惱障現行而立解脫之名；大乘菩提所證之佛菩提道，實依親證第八識如來藏之涅槃性、清淨自性、及其中道性而立般若之名；禪宗祖師公案所證之真心，即是此第八識如來藏；是故三乘佛法所修所證之三乘菩提，皆依此如來藏心而立名也。此第八識心，即是《心經》所說之心也。證得此如來藏已，即能漸入大乘佛菩提道，亦可因證知此心而了知二乘無學所不能知之無餘涅槃本際，是故《心經》之密意，與三乘佛菩提之關係極為密切、不可分割，三乘佛法皆依此心而立名故。今者平實導師以其所證解脫道之無生智及佛菩提之般若種智，將《心經》與解脫道、佛菩提道、祖師公案之關係與密意，以演講之方式，用淺顯之語句和盤托出，發前人所未言，呈三乘菩提之真義，令人藉此《心經密意》一舉而窺三乘菩提之堂奧，迴異諸方言不及義之說；欲求真實佛智者、不可不讀！主文317頁，連同跋文及序文…等共384頁，售價300元。

宗門密意—公案拈提第七輯：佛教之世俗化，將導致學人以信仰作為學佛，則將以感應及世間法之庇祐，作為學佛之主要目標，不能了知學佛之主要目標為親證三乘菩提。大乘菩提則以般若實相智慧為主要修習目標，以二乘菩提解脫道為附帶修習之標的；是故學習大乘法者，應以禪宗之證悟為要務，能親入大乘菩提之實相般若智慧中故，般若實相智慧非二乘聖人所能知故。此書則以台灣世俗化佛教之三大法師，說法似是而非之實例，配合真悟祖師之公案解析，提示證悟般若之關節，令學人易得悟入。平實導師著，全書五百餘頁，售價500元（2007年起，凡購買公案拈提第一輯至第七輯，每購一輯皆贈送本公司精製公案拈提〈超意境〉CD一片，市售價格280元，多購多贈）。

淨土聖道—兼評選擇本願念佛：佛法甚深極廣，般若玄微，非諸二乘聖僧所能知之，一切凡夫更無論矣！所謂一切證量皆歸淨土是也！是故大乘法中「聖道之淨土、淨土之聖道」，其義甚深，難可了知；乃至眞悟之人，初心亦難知也。今有正德老師眞實證悟後，復能深探淨土與聖道之緊密關係，憐憫衆生之誤會淨土實義，亦欲利益廣大淨土行人同入聖道，同獲淨土中之聖道門要義，乃振奮心神、書以成文，今得刊行天下。主文279頁，連同序文等共301頁，總有十一萬六千餘字，正德老師著，成本價200元。

起信論講記：詳解大乘起信論心生滅門與心眞如門之眞實意旨，消除以往大師與學人對起信論所說心生滅門之誤解，由是而得了知眞心如來藏之非常非斷中道正理；亦因此一講解，令此論以往隱晦而被誤解之眞實義，得以如實顯示，令大乘佛菩提道之正理得以顯揚光大；初機學者亦可藉此正論所顯示之法義，對大乘法理生起正信，從此得以眞發菩提心，眞入大乘法中修學，世世常修菩薩正行。平實導師演述，共六輯，都已出版，每輯三百餘頁，售價各250元。

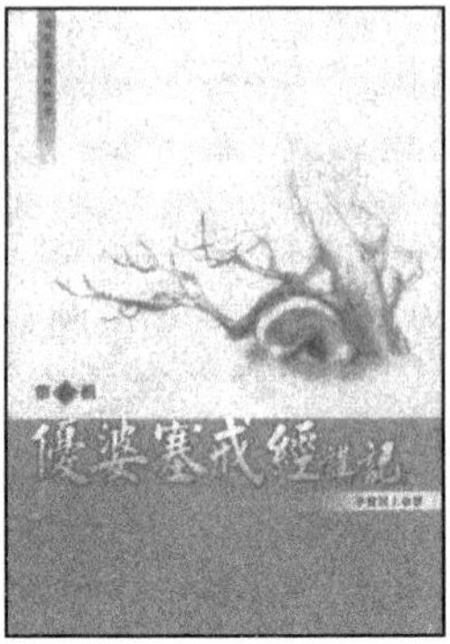

優婆塞戒經講記：本經詳述在家菩薩修學大乘佛法，應如何受持菩薩戒？對人間善行應如何看待？對三寶應如何護持？應如何正確地修集此世後世證法之福德？應如何修集後世「行菩薩道之資糧」？並詳述第一義諦之正義：五蘊非我非異我、自作自受、異作異受、不作不受……等深妙法義，乃是修學大乘佛法、行菩薩行之在家菩薩所應當了知者。出家菩薩今世或未來世登地已，捨報之後多數將如華嚴經中諸大菩薩，以在家菩薩身而修行菩薩行，故亦應以此經所述正理而修之，配合《楞伽經、解深密經、楞嚴經、華嚴經》等道次第正理，方得漸次成就佛道；故此經是一切大乘行者皆應證知之正法。平實導師講述，每輯三百餘頁，售價各250元；共八輯，已全部出版。

真假活佛—略論附佛外道盧勝彥之邪說：人人身中都有眞活佛，永生不滅而有大神用，但眾生都不了知，所以常被身外的西藏密宗假活佛籠罩欺瞞。本來就眞實存在的眞活佛，才是眞正的密宗無上密！諾那活佛因此而說禪宗是大密宗，但藏密的所有活佛都不知道、也不曾實證自身中的眞活佛。本書詳實宣示眞活佛的道理，舉證盧勝彥的「佛法」不是眞佛法，也顯示盧勝彥是假活佛，直接的闡釋第一義佛法見道的眞實正理。眞佛宗的所有上師與學人們，都應該詳細閱讀，包括盧勝彥個人在內。正犀居士著，優惠價140元。

阿含正義—唯識學探源：廣說四大部《阿含經》諸經中隱說之眞正義理，一一舉示佛陀本懷，令阿含時期初轉法輪根本經典之眞義，如實顯現於佛子眼前。並提示末法大師對於阿含眞義誤解之實例，一一比對之，證實唯識增上慧學確於原始佛法之阿含諸經中已隱覆密意而略說之，證實 世尊確於原始佛法中已曾密意而說第八識如來藏之總相；亦證實 世尊在四阿含中已說此藏識是名色十八界之因、之本—證明如來藏是能生萬法之根本心。佛子可據此修正以往受諸大師（譬如西藏密宗應成派中觀師：印順、昭慧、性廣、大願、達賴、宗喀巴、寂天、月稱、……等人）誤導之邪見，建立正見，轉入正道乃至親證初果而無困難；書中並詳說三果所證的心解脫，以及四果慧解脫的親證，都是如實可行的具體知見與行門。全書共七輯，已出版完畢。平實導師著，每輯三百餘頁，售價300元。

超意境CD：以平實導師公案拈提書中超越意境之頌詞，加上曲風優美的旋律，錄成令人嚮往的超意境歌曲，其中包括正覺發願文及平實導師親自譜成的黃梅調歌曲一首。詞曲雋永，殊堪翫味，可供學禪者吟詠，有助於見道。內附設計精美的彩色小冊，解說每一首詞的背景本事。每片280元。【每購買公案拈提書籍一冊，即贈送一片。】

我的菩提路第一輯：凡夫及二乘聖人不能實證的佛菩提證悟，末法時代的今天仍然有人能得實證，由正覺同修會釋悟圓、釋善藏法師等二十餘位實證如來藏者所寫的見道報告，已爲當代學人見證宗門正法之絲縷不絕，證明大乘義學的法脈仍然存在，爲末法時代求悟般若之學人照耀出光明的坦途。由二十餘位大乘見道者所繕，敘述各種不同的學法、見道因緣與過程，參禪求悟者必讀。全書三百餘頁，售價300元。

我的菩提路第二輯：由郭正益老師等人合著，書中詳述彼等諸人歷經各處道場學法，一一修學而加以檢擇之不同過程以後，因閱讀正覺同修會、正智出版社書籍而發起抉擇分，轉入正覺同修會中修學；乃至學法及見道之過程，都一一詳述之。（本書暫停發售，俟改版重新發售流通。）

我的菩提路第三輯：由王美伶老師等人合著。自從正覺同修會成立以來，每年夏初、冬初都舉辦精進禪三共修，藉以助益會中同修們得以證悟明心發起般若實相智慧；凡已實證而被平實導師印證者，皆書具見道報告用以證明佛法之眞實可證而非玄學，證明佛法並非純屬思想、理論而無實質，是故每年都能有人證明正覺同修會的「實證佛教」主張並非虛語。特別是眼見佛性一法，自古以來中國禪宗祖師實證者極寡，較之明心開悟的證境更難令人信受；至2017年初，正覺同修會中的證悟明心者已近五百人，然而其中眼見佛性者至今唯十餘人爾，可謂難能可貴，是故明心後欲冀眼見佛性者實屬不易。黃正倖老師是懸絕七年無人見性後的第一人，她於2009年的見性報告刊於本書的第二輯中，爲大眾證明佛性確實可以眼見；其後七年之中求見性者都屬解悟佛性而無人眼見，幸而又經七年後的2016冬初，以及2017夏初的禪三，復有三人眼見佛性，希冀鼓舞四眾佛子求見佛性之大心，今則具載一則於書末，顯示求見佛性之事實經歷，供養現代佛教界欲得見性之四眾弟子。全書四百頁，售價300元，已於2017年6月30日發行。

我的菩提路第四輯：由陳晏平等人著。中國禪宗祖師往往有所謂「見性」之言，所言多屬看見如來藏具有能令人發起成佛之自性，並非《大般涅槃經》中　如來所說之眼見佛性。眼見佛性者，於親見佛性之時，即能於山河大地眼見自己佛性，亦能於他人身上眼見自己佛性及對方之佛性，如是境界無法爲尚未實證者解釋；勉強說之，縱使眞實明心證悟之人聞之，亦只能以自身明心之境界想像之，但不論如何想像多屬非量，能有正確之比量者亦是稀有，故說眼見佛性極爲困難。眼見佛性之人若所見極分明時，在所見佛性之境界下所眼見之山河大地、自己五蘊身心皆是虛幻，自有異於明心者之解脫功德受用，此後永不思證二乘涅槃，必定邁向成佛之道而進入第十住位中，已超第一阿僧祇劫三分有一，可謂之爲超劫精進也。今又有明心之後眼見佛性之人出於人間，將其明心及後來見性之報告，連同其餘證悟明心者之精彩報告一同收錄於此書中，供養眞求佛法實證之四眾佛子。全書380頁，售價300元，已於2018年6月30日發行。

我的菩提路第五輯：林慈慧老師等人著，本輯中所舉學人從相似正法中來到正覺同修會的過程，各人都有不同，發生的因緣亦是各有差別，然而都會指向同一個目標——證實生命實相的源底，確證自己生從何來、死往何去的事實，所以最後都證明佛法眞實而可親證，絕非玄學；本書將彼等諸人的始修及末後證悟之實例，羅列出來以供學人參考。本期亦有一位會裡的老師，是從1995年即開始追隨　平實導師修學，1997年明心後持續進修不斷，直到2017年眼見佛性之實例，足可證明《大般涅槃經》中世尊開示眼見佛性之法正眞無訛，第十住位的實證在末法時代的今天仍有可能，如今一併具載於書中以供學人參考，並供養現代佛教界欲得見性之四眾弟子。全書四百頁，售價300元，已於2019年12月31日發行。

我的菩提路第六輯：劉正莉老師等人著。書中詳敘學佛路程之辛苦萬端，直至得遇正法之後如何修行終能實證，現觀眞如而入勝義菩薩僧數。本輯亦錄入一位1990年明心後追隨平實導師學法弘法的老師，不數年後又再眼見佛性的實證者，文中詳述見性之過程，欲令學人深信眼見佛性其實不難，冀得奮力向前而得實證。然古來能得明心又得見性之祖師極寡，禪師們所謂見性者往往屬於明心時親見第八識如來藏具備能使人成佛之自性，即名見性，例如六祖等人，是明心時看見了如來藏具有能使人成佛的自性，當作見性，其實只是明心而階眞見道位，尚非眼見佛性。但非《大般涅槃經》中所說之「眼見佛性」之實證。今本書提供十幾篇明心見道報告及眼見佛性者的見性報告一篇，以饗讀者，已於2020年6月30日出版。全書384頁，300元。

鈍鳥與靈龜：鈍鳥及靈龜二物，被宗門證悟者說為二種人：前者是精修禪定而無智慧者，也是以定為禪的愚癡禪人；後者是或有禪定、或無禪定的宗門證悟者，凡已證悟者皆是靈龜。但後者被人虛造事實，用以嘲笑大慧宗杲禪師，說他雖是靈龜，卻不免被天童禪師預記「患背」痛苦而亡：「鈍鳥離巢易，靈龜脫殼難。」藉以貶低大慧宗杲的證量。同時將天童禪師實證如來藏的證量，曲解為意識境界的離念靈知。自從大慧禪師入滅以後，錯悟凡夫對他的不實毀謗就一直存在著，不曾止息，並且捏造的假事實也隨著年月的增加而越來越多，終至編成「鈍鳥與靈龜」的假公案、假故事。本書是考證大慧與天童之間的不朽情誼，顯現這件假公案的虛妄不實；更見大慧宗杲面對惡勢力時的正直不阿，亦顯示大慧對天童禪師的至情深義，將使後人對大慧宗杲的誣謗至此而止，不再有人誤犯毀謗賢聖的惡業。書中亦舉證宗門的所悟確以第八識如來藏為標的，詳讀之後必可改正以前被錯悟大師誤導的參禪知見，日後必定有助於實證禪宗的開悟境界，得階大乘真見道位中，即是實證般若之賢聖。全書459頁，售價350元。

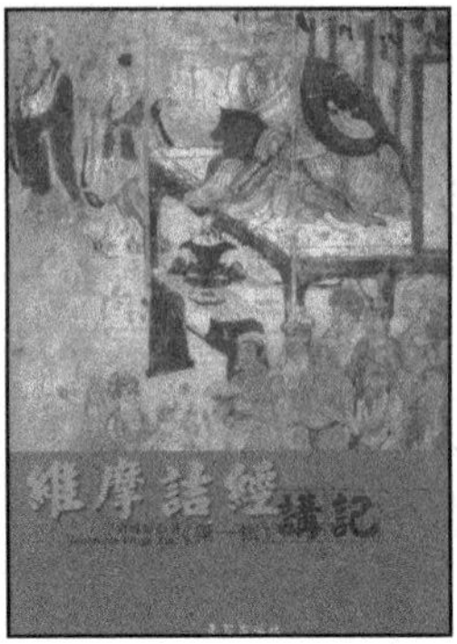

維摩詰經講記：本經係 世尊在世時，由等覺菩薩維摩詰居士藉疾病而演說之大乘菩提無上妙義，所說函蓋甚廣，然極簡略，是故今時諸方大師與學人讀之悉皆錯解，何況能知其中隱含之深妙正義，是故普遍無法為人解說；若強為人說，則成依文解義而有諸多過失。今由平實導師公開宣講之後，詳實解釋其中密意，令維摩詰菩薩所說大乘不可思議解脫之深妙正法得以正確宣流於人間，利益當代學人及與諸方大師。書中詳實演述大乘佛法深妙不共二乘之智慧境界，顯示諸法之中絕待之實相境界，建立大乘菩薩妙道於永遠不敗不壞之地，以此成就護法偉功，欲冀永利娑婆人天。已經宣講圓滿整理成書流通，以利諸方大師及諸學人。全書共六輯，每輯三百餘頁，售價各250元。

真假外道：本書具體舉證佛門中的常見外道知見實例，並加以教證及理證上的辨正，幫助讀者輕鬆而快速的了知常見外道的錯誤知見，進而遠離佛門內外的常見外道知見，因此即能改正修學方向而快速實證佛法。 游正光老師著 。成本價200元。

勝鬘經講記：如來藏為三乘菩提之所依，若離如來藏心體及其含藏之一切種子，即無三界有情及一切世間法，亦無二乘菩提緣起性空之出世間法；本經詳說無始無明、一念無明皆依如來藏而有之正理，藉著詳解煩惱障與所知障間之關係，令學人深入了知二乘菩提與佛菩提相異之妙理；聞後即可了知佛菩提之特勝處及三乘修道之方向與原理，邁向攝受正法而速成佛道的境界中。平實導師講述，共六輯，每輯三百餘頁，售價各250元。

楞嚴經講記：楞嚴經係密教部之重要經典，亦是顯教中普受重視之經典；經中宣說明心與見性之內涵極為詳細，將一切法都會歸如來藏及佛性—妙眞如性；亦闡釋佛菩提道修學過程中之種種魔境，以及外道誤會涅槃之狀況，旁及三界世間之起源。然因言句深澀難解，法義亦復深妙寬廣，學人讀之普難通達，是故讀者大多誤會，不能如實理解佛所說之明心與見性內涵，亦因是故多有悟錯之人引為開悟之證言，成就大妄語罪。今由平實導師詳細講解之後，整理成文，以易讀易懂之語體文刊行天下，以利學人。全書十五輯，全部出版完畢。每輯三百餘頁，售價每輯300元。

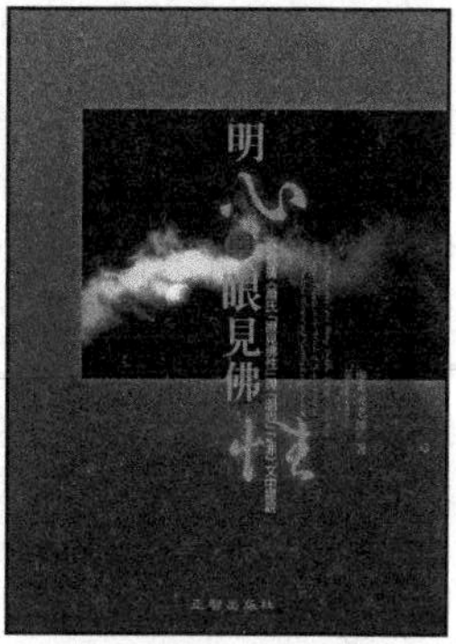

明心與眼見佛性：本書細述明心與眼見佛性之異同，同時顯示了中國禪宗破初參明心與重關眼見佛性二關之間的關聯；書中又藉法義辨正而旁述其他許多勝妙法義，讀後必能遠離佛門長久以來積非成是的錯誤知見，令讀者在佛法的實證上有極大助益。也藉慧廣法師的謬論來教導佛門學人回歸正知正見，遠離古今禪門錯悟者所墮的意識境界，非唯有助於斷我見，也對未來的開悟明心實證第八識如來藏有所助益，是故學禪者都應細讀之。游正光老師著　共448頁　售價300元。

菩薩底憂鬱CD：將菩薩情懷及禪宗公案寫成新詞，並製作成超越意境的優美歌曲。1.主題曲〈菩薩底憂鬱〉，描述地後菩薩能離三界生死而迴向繼續生在人間，但因尚未斷盡習氣種子而有極深沈之憂鬱，非三賢位菩薩及二乘聖者所知，此憂鬱在七地滿心位方才斷盡；本曲之詞中所說義理極深，昔來所未曾見；此曲係以優美的情歌風格寫詞及作曲，聞者得以激發嚮往諸地菩薩境界之大心，詞、曲都非常優美，難得一見；其中勝妙義理之解說，已印在附贈之彩色小冊中。2.以各輯公案拈提中直示禪門入處之頌文，作成各種不同曲風之超意境歌曲，值得玩味、參究；聆聽公案拈提之優美歌曲時，請同時閱讀內附之印刷精美說明小冊，可以領會超越三界的證悟境界；未悟者可以因此引發求悟之意向及疑情，眞發菩提心而邁向求悟之途，乃至因此眞實悟入般若，成眞菩薩。3.正覺總持咒新曲，總持佛法大意；總持咒之義理，已加以解說並印在隨附之小冊中。本CD共有十首歌曲，長達63分鐘，附贈二張購書優惠券。每片280元。

禪意無限CD：平實導師以公案拈提書中偈頌寫成不同風格曲子，與他人所寫不同風格曲子共同錄製出版，幫助參禪人進入禪門超越意識之境界。盒中附贈彩色印製的精美解說小冊，以供聆聽時閱讀，令參禪人得以發起參禪之疑情，即有機會證悟本來面目，實證大乘菩提般若。本CD共有十首歌曲，長達69分鐘，每盒各附贈二張購書優惠券。每片280元。

金剛經宗通：三界唯心，萬法唯識，是成佛之修證內容，是諸地菩薩之所修；般若則是成佛之道（實證三界唯心、萬法唯識）的入門，若未證悟實相般若，即無成佛之可能，必將永在外門廣行菩薩六度，永在凡夫位中。然而實相般若的發起，全賴實證萬法的實相；若欲證知萬法的眞相，則必須探究萬法之所從來，則須實證自心如來—金剛心如來藏，然後現觀這個金剛心的金剛性、眞實性、如如性、清淨性、涅槃性、能生萬法的自性性、本住性，名爲證眞如；進而現觀三界六道唯是此金剛心所成，人間萬法須藉八識心王和合運作方能現起。如是實證

《華嚴經》的「三界唯心、萬法唯識」以後，由此等現觀而發起實相般若智慧，繼續進修第十住位的如幻觀、第十行位的陽焰觀、第十迴向位的如夢觀，再生起增上意樂而勇發十無盡願，方能滿足三賢位的實證，轉入初地；自知成佛之道而無偏倚，從此按部就班、次第進修乃至成佛。第八識自心如來是般若智慧之所依，般若智慧的修證則要從實證金剛心自心如來開始；《金剛經》則是解說自心如來之經典，是一切三賢位菩薩所應進修之實相般若經典。這一套書，是將平實導師宣講的《金剛經宗通》內容，整理成文字而流通之；書中所說義理，迥異古今諸家依文解義之說，指出大乘見道方向與理路，有益於禪宗學人求開悟見道，及轉入內門廣修六度萬行。已於2013年9月出版完畢，總共9輯，每輯約三百餘頁，售價各250元。

空行母—性別、身分定位，以及藏傳佛教：本書作者爲蘇格蘭哲學家，因爲嚮往佛教深妙的哲學內涵，於是進入當年盛行於歐美的假藏傳佛教密宗，擔任卡盧仁波切的翻譯工作多年以後，被邀請成爲卡盧的空行母（又名佛母、明妃），開始了她在密宗裡的實修過程；後來發覺在密宗雙身法中的修行，其實無法使自己成佛，也發覺密宗對女性岐視而處處貶抑，並剝奪女性在雙身法中擔任一半角色時應有的身分定位。當她發覺自己只是雙身法中被喇嘛利用的工具，沒有獲得絲毫應有的尊重與基本定位時，發現了密宗的父權社會控制女性的本質；於是作者傷心地離開了卡盧仁波切與密宗，但是卻被恐嚇不許講出她在密宗裡的經歷，也不許她說出自己對密宗的教義與教制下對女性剝削的本質，否則將被咒殺死亡。後來她去加拿大定居，十餘年後方才擺脫這個恐嚇陰影，下定決心將親身經歷的實情及觀察到的事實寫下來並且出版，公諸於世。出版之後，她被流亡的達賴集團人士大力攻訐，誣指她爲精神狀態失常、說謊……等。但有智之士並未被達賴集團的政治操作及各國政府政治運作吹捧達賴的表相所欺，使她的書銷售無阻而又再版。正智出版社鑑於作者此書是親身經歷的事實，所說具有針對「藏傳佛教」而作學術研究的價值，也有使人認清假藏傳佛教剝削佛母、明妃的男性本位實質，因此洽請作者同意中譯而出版於華人地區。珍妮．坎貝爾女士著，呂艾倫 中譯，每冊250元。

霧峰無霧—給哥哥的信　本書作者藉兄弟之間信件往來論義，略述佛法大義；並以多篇短文辨義，舉出釋印順對佛法的無量誤解證據，並一一給予簡單而清晰的辨正，令人一讀即知。久讀、多讀之後即能認清楚釋印順的六識論見解，與眞實佛法之牴觸是多麼嚴重；於是在久讀、多讀之後，於不知不覺之間提升了對佛法的極深入理解，正知正見就在不知不覺間建立起來了。當三乘佛法的正知見建立起來之後，對於三乘菩提的見道條件便將隨之具足，於是聲聞解脫道的見道也就水到渠成；接著大乘見道的因緣也將次第成熟，未來自然也會有親見大乘菩提之道的因緣，悟入大乘實相般若也將自然成功，自能通達般若系列諸經而成實義菩薩。作者居住於南投縣霧峰鄉，自喻見道之後不復再見霧峰之霧，故鄉原野美景一一明見，於是立此書名爲《霧峰無霧》；讀者若欲撥霧見月，可以此書爲緣。游宗明　老師著　已於2015年出版　售價250元。

霧峰無霧—第二輯—救護佛子向正道　本書作者藉釋印順著作中之各種錯謬法義提出辨正，以詳實的文義一一提出理論上及實證上之解析，列舉釋印順對佛法的無量誤解證據，藉此教導佛門大師與學人釐清佛法義理，遠離岐途轉入正道，然後知所進修，久之便能見道明心而入大乘勝義僧數。被釋印順誤導的大師與學人極多，很難救轉，是故作者大發悲心深入解說其錯謬之所在，佐以各種義理辨正而令讀者在不知不覺之間轉歸正道。如是久讀之後欲得斷身見、證初果，即不爲難事；乃至久之亦得大乘見道而得證眞如，脫離空有二邊而住中道，實相般若智慧生起，於佛法不再茫然，漸漸亦知悟後進修之道。屆此之時，對於大乘般若等深妙法之迷雲暗霧亦將一掃而空，生命及宇宙萬物之故鄉原野美景一一明見，是故本書仍名《霧峰無霧》，爲第二輯；讀者若欲撥雲見日、離霧見月，可以此書爲緣。游宗明　老師著　已於2019年出版　售價250元。

假藏傳佛教的神話—性、謊言、喇嘛教：本書編著者是由一首名爲「阿姊鼓」的歌曲爲緣起，展開了序幕，揭開假藏傳佛教—喇嘛教—的神秘面紗。其重點是蒐集、摘錄網路上質疑「喇嘛教」的帖子，以揭穿「假藏傳佛教的神話」爲主題，串聯成書，並附加彩色插圖以及說明，讓讀者們瞭解西藏密宗及相關人事如何被操作爲「神話」的過程，以及神話背後的眞相。作者：張正玄教授。售價200元。

達賴真面目—玩盡天下女人：假使您不想戴綠帽子，請記得詳細閱讀此書；假使您不想讓好朋友戴綠帽子，請您將此書介紹給您的好朋友。假使您想保護家中的女性，也想要保護好朋友的女眷，請記得將此書送給家中的女性和好友的女眷都來閱讀。本書爲印刷精美的大本彩色中英對照精裝本，爲您揭開達賴喇嘛的眞面目，內容精彩不容錯過，爲利益社會大眾，特別以優惠價格嘉惠所有讀者。編著者：白志偉等。大開版雪銅紙彩色精裝本。售價800元。

童女迦葉考—論呂凱文〈佛教輪迴思想的論述分析〉之謬：童女迦葉是佛世率領五百大比丘遊行於人間的歷史事實，是以童貞行而依止菩薩戒弘化於人間的大菩薩，不依別解脫戒（聲聞戒）來弘化於人間。這是大乘佛教與聲聞佛教同時存在於佛世的歷史明證，證明大乘佛教不是從聲聞法中分裂出來的部派佛教的產物，卻是聲聞佛教分裂出來的部派佛教聲聞凡夫僧所不樂見的史實；於是古今聲聞法中的凡夫都欲加以扭曲而作詭說，更是末法時代高聲大呼「大乘非佛說」的六識論聲聞凡夫極力想要扭曲的佛教史實之一，於是想方設法扭曲迦葉菩薩爲聲聞僧，以及扭曲迦葉童女爲比丘僧等荒謬不實之論著便陸續出現，古時聲聞僧寫作的《分別功德論》是最具體之事例，現代之代表作則是呂凱文先生的〈佛教輪迴思想的論述分析〉論文。鑑於如是假藉學術考證以籠罩大眾之不實謬論，未來仍將繼續造作及流竄於佛教界，繼續扼殺大乘佛教學人法身慧命，必須舉證辨正之，遂成此書。平實導師 著，每冊180元。

末代達賴—性交教主的悲歌：簡介從藏傳僞佛教（喇嘛教）的修行核心—性力派男女雙修，探討達賴喇嘛及藏傳僞佛教的修行內涵。書中引用外國知名學者著作、世界各地新聞報導，包含：歷代達賴喇嘛的祕史、達賴六世修雙身法的事蹟，以及《時輪續》中的性交灌頂儀式……等；達賴喇嘛書中開示的雙修法、達賴喇嘛的黑暗政治手段；達賴喇嘛所領導的寺院爆發喇嘛性侵兒童；新聞報導《西藏生死書》作者索甲仁波切性侵女信徒、澳洲喇嘛秋達公開道歉、美國最大假藏傳佛教組織領導人邱陽創巴仁波切的性氾濫，等等事件背後眞相的揭露。作者：張善思、呂艾倫、辛燕。售價250元。

黯淡的達賴—失去光彩的諾貝爾和平獎：本書舉出很多證據與論述，詳述達賴喇嘛不爲世人所知的一面，顯示達賴喇嘛並不是眞正的和平使者，而是假借諾貝爾和平獎的光環來欺騙世人；透過本書的說明與舉證，讀者可以更清楚的瞭解，達賴喇嘛是結合暴力、黑暗、淫欲於喇嘛教裡的集團首領，其政治行爲與宗教主張，早已讓諾貝爾和平獎的光環染污了。　本書由財團法人正覺教育基金會寫作、編輯，由正覺出版社印行，每冊250元。

第七意識與第八意識？—穿越時空「超意識」：「三界唯心，萬法唯識」是佛教中應該實證的聖教，也是《華嚴經》中明載而可以實證的法界實相。唯心者，三界一切境界、一切諸法唯是一心所成就，即是每一個有情的第八識如來藏，不是意識心。唯識者，即是人類各各都具足的八識心王——眼識、耳鼻舌身意識、意根、阿賴耶識，第八阿賴耶識又名如來藏，人類五陰相應的萬法，莫不由八識心王共同運作而成就，故說萬法唯識。依聖教量及現量、比量，都可以證明意識是二法因緣生，是由第八識藉意根與法塵二法爲因緣而出生，又是夜夜斷滅不存之生滅心，即無可能反過來出生第七識意根、第八識如來藏，當知不可能從生滅性的意識心中，細分出恆審思量的第七識意根，更無可能細分出恆而不審的第八識如來藏。本書是將演講內容整理成文字，細說如是內容，並已在《正覺電子報》連載完畢，今彙集成書以廣流通，欲幫助佛門有緣人斷除意識我見，跳脫於識陰之外而取證聲聞初果；嗣後修學禪宗時即得不墮外道神我之中，得以求證第八識金剛心而發起般若實智。平實導師 述，每冊300元。

中觀金鑑—詳述應成派中觀的起源與其破法本質：學佛人往往迷於中觀學派之不同學說，被應成派與自續派所迷惑；修學般若中觀二十年後自以爲實證般若中觀了，卻仍不曾入門，甫聞實證般若中觀者之所說，則茫無所知，迷惑不解；隨後信心盡失，不知如何實證佛法；凡此，皆因惑於這二派中觀學說所致。自續派中觀所說同於常見，以意識境界立爲第八識如來藏之境界，應成派所說則同於斷見，但又同立意識爲常住法，故亦具足斷常二見。今者孫正德老師有鑑於此，乃將起源於密宗的應成派中觀學說，追本溯源，詳考其來源之外，亦一一舉證其立論內容，詳加辨正，令密宗雙身法祖師以識陰境界而造之應成派中觀學說本質，詳細呈現於學人眼前，令其維護雙身法之目的無所遁形。若欲遠離密宗此二大派中觀謬說，欲於三乘菩提有所進道者，允宜具足閱讀並細加思惟，反覆讀之以後將可捨棄邪道返歸正道，則於般若之實證即有可能，證後自能現觀如來藏之中道境界而成就中觀。本書分上、中、下三冊，每冊250元，全部出版完畢。

人間佛教—實證者必定不悖三乘菩提：「大乘非佛說」的講法似乎流傳已久，卻只是日本人企圖擺脫中國正統佛教的影響，而在明治維新時期才開始提出來的說法；台灣佛教、大陸佛教的淺學無智之人，由於未曾實證佛法而迷信日本人錯誤的學術考證，錯認爲這些別有用心的日本佛學考證的講法爲天竺佛教的眞實歷史；甚至還有更激進的反對佛教者提出「釋迦牟尼佛並非眞實存在，只是後人捏造的假歷史人物」，竟然也有少數人願意跟著「學術」的假光環而信受不疑，於是開始有一些佛教界人士造作了反對中國佛教而推崇南洋小乘佛教的行爲，使佛教的信仰者難以檢擇，導致一般大陸人士開始轉入基督教的盲目迷信中。在這些佛教及外教人士之中，也就有一分人根據此邪說而大聲主張「大乘非佛說」的謬論，這些人以「人間佛教」的名義來抵制中國正統佛教，公然宣稱中國的大乘佛教是由聲聞部派佛教的凡夫僧所創造出來的。這樣的說法流傳於台灣及大陸佛教界凡夫僧之中已久，卻非眞正的佛教歷史中曾經發生過的事，只是繼承六識論的聲聞法中凡夫僧依自己的意識境界立場，純憑臆想而編造出來的妄想說法，卻已經影響許多無智之凡夫僧俗信受不移。本書則是從佛教的經藏法義實質及實證的現量內涵本質立論，證明大乘佛法本是佛說，是從《阿含正義》尚未說過的不同面向來討論「人間佛教」的議題，證明「大乘眞佛說」。閱讀本書可以斷除六識論邪見，迴入三乘菩提正道發起實證的因緣；也能斷除禪宗學人學禪時普遍存在之錯誤知見，對於建立參禪時的正知見有很深的著墨。 平實導師 述，內文488頁，全書528頁，定價400元。

喇嘛性世界—揭開假藏傳佛教譚崔瑜伽的面紗：這個世界中的喇嘛，號稱來自世外桃源的香格里拉，穿著或紅或黃的喇嘛長袍，散布於我們的身邊傳教灌頂，吸引了無數的人嚮往學習；這些喇嘛虔誠地爲大眾祈福，手中拿著寶杵（金剛）與寶鈴（蓮花），口中唸著咒語：「唵．嘛呢．叭咪．吽……」，咒語的意思是說：「我至誠歸命金剛杵上的寶珠伸向蓮花寶穴之中」！「喇嘛性世界」是什麼樣的「世界」呢？本書將爲您呈現喇嘛世界的面貌。當您發現眞相以後，您將會唸：「噢！喇嘛．性．世界，譚崔性交嘛！」作者：張善思、呂艾倫。售價200元。

見性與看話頭：黃正倖老師的《見性與看話頭》於《正覺電子報》連載完畢，今結集出版。書中詳說禪宗看話頭的詳細方法，並細說看話頭與眼見佛性的關係，以及眼見佛性者求見佛性前必須具備的條件。本書是禪宗實修者追求明心開悟時參禪的方法書，也是求見佛性者作功夫時必讀的方法書，內容兼顧眼見佛性的理論與實修之方法，是依實修之體驗配合理論而詳述，條理分明而且極爲詳實、周全、深入。本書內文375頁，全書416頁，售價300元。

實相經宗通：學佛之目的在於實證一切法界背後之實相，禪宗稱之爲本來面目或本地風光，佛菩提道中稱之爲實相法界；此實相法界即是金剛藏，又名佛法之祕密藏，即是能生有情五陰、十八界及宇宙萬有（山河大地、諸天、三惡道世間）的第八識如來藏，又名阿賴耶識心，即是禪宗祖師所說的眞如心，此心即是三界萬有背後的實相。證得此第八識心時，自能瞭解般若諸經中隱說的種種密意，即得發起實相般若——實相智慧。每見學佛人修學佛法二十年後仍對實相般若茫然無知，亦不知如何入門，茫無所趣；更因不知三乘菩提的互異互同，是故越是久學者對佛法越覺茫然，都肇因於尚未瞭解佛法的全貌，亦未瞭解佛法的修證內容即是第八識心所致。本書對於修學佛法者所應實證的實相境界提出明確解析，並提示趣入佛菩提道的入手處，有心親證實相般若的佛法實修者，宜詳讀之，於佛菩提道之實證即有下手處。平實導師述著，共八輯，已於2016年出版完畢，每輯成本價250元。

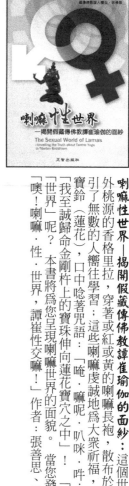

真心告訴您(一)——達賴喇嘛在幹什麼？這是一本報導篇章的選集，更是「破邪顯正」的暮鼓晨鐘。「破邪」是戳破假象，說明達賴喇嘛及其所率領的密宗四大派法王、喇嘛們，弘傳的佛法是仿冒的佛法；他們是假藏傳佛教，是坦特羅(譚崔性交)外道法和藏地崇奉鬼神的苯教混合成的「喇嘛教」，推廣的是以所謂「無上瑜伽」的男女雙身法冒充佛法的假佛教，詐財騙色誤導眾生，常常造成信徒家庭破碎、家中兒少失怙的嚴重後果。「顯正」是揭櫫眞相，指出眞正的藏傳佛教只有一個，就是覺囊巴，傳的是 釋迦牟尼佛演繹的第八識如來藏妙法，稱為他空見大中觀。正覺教育基金會即以此古今輝映的如來藏正法正知見，在眞心新聞網中逐次報導出來，將箇中原委「眞心告訴您」，如今結集成書，與想要知道密宗眞相的您分享。售價250元。

法華經講義：此書為平實導師始從2009/7/21演述至2014/1/14之講經錄音整理所成。世尊一代時教，總分五時三教，即是華嚴時、聲聞緣覺教、般若教、種智唯識教、法華時；依此五時三教區分為藏、通、別、圓四教。本經是最後一時的圓教經典，圓滿收攝一切法教於本經中，是故最後的圓教聖訓中，特地指出無有三乘菩提，其實唯有一佛乘；皆因眾生愚迷故，方便區分為三乘菩提以助眾生證道。世尊於此經中特地說明如來示現於人間的唯一大事因緣，便是為有緣眾生「開、示、悟、入」諸佛的所知所見——第八識如來藏妙眞如心，並於諸品中隱說「妙法蓮花」如來藏心的密意。然因此經所說甚深難解，眞義隱晦，古來難得有人能窺堂奧；平實導師以知如是密意故，特為末法佛門四眾演述《妙法蓮華經》中各品蘊含之密意，使古來未曾被古德註解出來的「此經」密意，如實顯示於當代學人眼前。乃至〈藥王菩薩本事品〉、〈妙音菩薩品〉、〈觀世音菩薩普門品〉、〈普賢菩薩勸發品〉中的微細密意，亦皆一併詳述之，開前人所未曾言之密意，示前人所未見之妙法。最後乃至以〈法華大義〉而總其成，全經妙旨貫通始終，而依佛旨圓攝於一心如來藏妙心，厥為曠古未有之大說也。平實導師述，共有25輯，已於2019/05/31出版完畢。每輯300元。

西藏「活佛轉世」制度—附佛、造神、世俗法：歷來關於喇嘛教活佛轉世的研究，多針對歷史及文化兩部分，於其所以成立的理論基礎，較少系統化的探討。尤其是此制度是否依據「佛法」而施設？是否合乎佛法眞實義？現有的文獻大多含糊其詞，或人云亦云，不曾有明確的闡釋與如實的見解。因此本文先從活佛轉世的由來，探索此制度的起源、背景與功能，並進而從活佛的尋訪與認證之過程，發掘活佛轉世的特徵，以確認「活佛轉世」在佛法中應具足何種果德。定價150元。

真心告訴您(二)—達賴喇嘛是佛教僧侶嗎？補祝達賴喇嘛八十大壽：這是一本針對當今達賴喇嘛所領導的喇嘛教，冒用佛教名相、於師徒間或師兄姊間，實修男女邪淫，而從佛法三乘菩提的現量與聖教量，揭發其謊言與邪術，證明達賴及其喇嘛教是仿冒佛教的外道，是「假藏傳佛教」。藏密四大派教義雖有「八識論」與「六識論」的表面差異，然其實修之內容，皆共許「無上瑜伽」四部灌頂爲究竟「成佛」之法門，也就是共以男女雙修之邪淫法爲「即身成佛」之密要，雖美其名曰「欲貪爲道」之「金剛乘」，並誇稱其成就超越於（應身佛）釋迦牟尼佛所傳之顯教般若乘之上；然詳考其理論，則或以意識離念時之粗細心爲第八識如來藏，或以中脈裡的明點爲第八識如來藏，或如宗喀巴與達賴堅決主張第六意識爲常恆不變之眞心者，分別墮於外道之常見與斷見中；全然違背 佛說能生五蘊之如來藏的實質。售價300元。

涅槃—解說四種涅槃之實證及內涵：眞正學佛之人，首要即是見道，由見道故方有涅槃之實證，證涅槃者方能出生死，但涅槃有四種：二乘聖者的有餘涅槃、無餘涅槃，以及大乘聖者的本來自性清淨涅槃、佛地的無住處涅槃。大乘聖者實證本來自性清淨涅槃，入地前再取證二乘涅槃，然後起惑潤生捨離二乘涅槃，繼續進修而在七地心前斷盡三界愛之習氣種子，依七地無生法忍之具足而證得念念入滅盡定；八地後進斷異熟生死，直至妙覺地下生人間成佛，具足四種涅槃，方是眞正成佛。此理古來少人言，以致誤會涅槃正理者比比皆是，今於此書中廣說四種涅槃、如何實證之理、實證前應有之條件，實屬本世紀佛教界極重要之著作，令人對涅槃有正確無訛之認識，然後可以依之實行而得實證。本書共有上下二冊，每冊各四百餘頁，對涅槃詳加解說，每冊各350元。

佛藏經講義：本經說明爲何佛菩提難以實證之原因，都因往昔無數阿僧祇劫前的邪見，引生此世求證時之業障而難以實證。即以諸法實相詳細解說，繼之以念佛品、念法品、念僧品，說明諸佛與法之實質；然後以淨戒品之說明，期待佛弟子四眾堅持清淨戒而轉化心性，並以往古品的實例說明，教導四眾務必滅除邪見轉入正見中，然後以了戒品的說明和囑累品的付囑，期望末法時代的佛門四眾弟子皆能清淨知見而得以實證。平實導師於此經中有極深入的解說，總共21輯，每輯300元，於2019/07/31開始發行。

修習止觀坐禪法要講記：修學四禪八定之人，往往錯會禪定之修學知見，欲以無止盡之坐禪而證禪定境界，卻不知修除性障之行門才是修證四禪八定不可或缺之要素，故智者大師云「性障初禪」；性障不除，初禪永不現前，云何修證二禪等？又：行者學定，若唯知數息，而不解六妙門之方便善巧者，欲求一心入定，未到地定極難可得，智者大師名之爲「事障未來」：障礙未到地定之修證。又禪定之修證，不可違背二乘菩提及第一義法，否則縱使具足四禪八定，亦不能實證涅槃而出三界。此諸知見，智者大師於《修習止觀坐禪法要》中皆有闡釋。作者平實導師以其第一義之見地及禪定之實證證量，曾加以詳細解析。將俟正覺寺竣工啓用後重講，不限制聽講者資格；講後將以語體文整理出版。欲修習世間定及增上定之學者，宜細讀之。平實導師述著。

解深密經講記：本經係 世尊晚年第三轉法輪，宣說地上菩薩所應熏修之唯識正義經典，經中所說義理乃是大乘一切種智增上慧學，以阿陀那識—如來藏—阿賴耶識爲主體。禪宗之證悟者，若欲修證初地無生法忍乃至八地無生法忍者，必須修學《楞伽經、解深密經》所說之八識心王一切種智；此二經所說正法，方是眞正成佛之道；印順法師否定第八識如來藏之後所說萬法緣起性空之法，是以誤會後之二乘解脫道取代大乘眞正成佛之道，尚且不符二乘解脫道正理，亦已墮於斷滅見中，不可謂爲成佛之道也。平實導師曾於本會郭故理事長往生時，於喪宅中從首七開始宣講，於每一七各宣講三小時，至第十七而快速略講圓滿，作爲郭老之往生佛事功德，迴向郭老早證八地、速返娑婆住持正法。茲爲今時後世學人故，將擇期重講《解深密經》，以淺顯之語句講畢後，將會整理成文，用供證悟者進道；亦令諸方未悟者，據此經中佛語正義，修正邪見，依之速能入道。平實導師述著，全書輯數未定，每輯三百餘頁，將於未來重講完畢後逐輯出版。

阿含經講記—小乘解脫道之修證：數百年來，南傳佛法所說證果之不實，所說解脫道之虛妄，所弘解脫道法義之世俗化，皆已少人知之；從南洋傳入台灣與大陸之後，所說法義虛謬之事，亦復少人知之；今時台灣全島印順系統之法師居士，多不知南傳佛法數百年來所說解脫道之義理已然偏斜、已然世俗化、已非眞正之二乘解脫正道，猶極力推崇與弘揚。彼等南傳佛法近代所謂之證果者皆非眞實證果者，譬如阿迦曼、葛印卡、帕奧禪師、一行禪師……等人，悉皆未斷我見故。近年更有台灣南部大願法師，高抬南傳佛法之二乘修證行門爲「捷徑究竟解脫之道」者，然而南傳佛法縱使眞修實證，得成阿羅漢，至高唯是二乘菩提解脫之道，絕非究竟解脫，無餘涅槃中之實際尚未得證故，法界之實相尚未了知故，習氣種子待除故，一切種智未實證故，焉得謂爲「究竟解脫」？即使南傳佛法近代眞有實證之阿羅漢，尚且不及三賢位中之七住明心菩薩本來自性清淨涅槃智慧境界，則不能知此賢位菩薩所證之無餘涅槃實際，仍非大乘佛法中之見道者，何況普未實證聲聞果乃至未斷我見之人？謬充證果已屬逾越，更何況是誤會二乘菩提之後，以未斷我見之凡夫知見所說之二乘菩提解脫偏斜法道，焉可高抬爲「究竟解脫」？而且自稱「捷徑之道」？又妄言解脫之道即是成佛之道，完全否定般若實智、否定三乘菩提所依之如來藏心體，此理大大不通也！平實導師爲令修學二乘菩提欲證解脫果者，普得迴入二乘菩提正見、正道中，是故選錄四阿含諸經中，對於二乘解脫道法義有具足圓滿說明之經典，預定未來十年內將會加以詳細講解，令學佛人得以了知二乘解脫道之修證理路與行門，庶免被人誤導之後，未證言證，梵行未立，干犯道禁自稱阿羅漢或成佛，成大妄語，欲升反墮。本書首重斷除我見，以助行者斷除我見而實證初果爲著眼之目標，若能根據此書內容，配合平實導師所著《識蘊眞義》《阿含正義》內涵而作實地觀行，實證初果非爲難事，行者可以藉此三書自行確認聲聞初果爲實際可得現觀成就之事。此書中除依二乘經典所說加以宣示外，亦依斷除我見等之證量，及大乘法中道種智之證量，對於意識心之體性加以細述，令諸二乘學人必定得斷我見、常見，免除三縛結之繫縛。次則宣示斷除我執之理，欲令升進而得薄貪瞋痴，乃至斷五下分結…等。平實導師將擇期講述，然後整理成書。共二冊，每冊三百餘頁。每輯300元。

＊喇嘛教修外道雙身法，墮識陰境界，非佛教＊

＊弘揚如來藏他空見的覺囊派才是真正藏傳佛教＊

總經銷： 聯合發行股份有限公司

231 新北市新店區寶橋路 235 巷 6 弄 6 號 4F

Tel.02－2917-8022（代表號） Fax.02－2915-6275（代表號）

零售：1.全台連鎖經銷書局：

三民書局、誠品書局、何嘉仁書店

敦煌書店、紀伊國屋、金石堂書局、建宏書局

諾貝爾圖書城、墊腳石圖書文化廣場

2.**台北市**：佛化人生 **大安區**羅斯福路 3 段 325 號 6 樓之 4　台電大樓對面

3.**新北市**：春大地書店 **蘆洲區**中正路 117 號

4.**桃園市**：御書堂 **龍潭區**中正路 123 號

5.**新竹市**：大學書局 **東區**建功路 10 號

6.**台中市**：瑞成書局 **東區**雙十路 1 段 4 之 33 號

佛教詠春書局 **南屯區**永春東路 884 號

文春書店 **霧峰區**中正路 1087 號

7.**彰化市**：心泉佛教文化中心 南瑤路 286 號

8.**高雄市**：政大書城 **前鎮區**中華五路 789 號 2 樓（高雄夢時代店）

明儀書局 **三民區**明福街 2 號

青年書局 **苓雅區**青年一路 141 號

9.**台東市**：東普佛教文物流通處 博愛路 282 號

10.**其餘鄉鎮市經銷書局**：請電詢總經銷**聯合**公司。

11.**大陸地區請洽：**

香港：樂文書店

旺角店 :香港九龍旺角西洋菜街 62 號 3 樓

電話 :(852) 2390 3723　email: luckwinbooks@gmail.com

銅鑼灣店 :香港銅鑼灣駱克道 506 號 2 樓

電話 :(852) 2881 1150　email: luckwinbs@gmail.com

廈門：廈門外圖臺灣書店有限公司

地址：廈門市思明區湖濱南路809 號 廈門外圖書城3 樓 郵編：361004

電話：0592-5061658（臺灣地區請撥打 86-592-5061658）

E-mail：JKB118@188.COM

12.**美國：世界日報圖書部**：紐約圖書部　電話 7187468889#6262

洛杉磯圖書部　電話 3232616972#202

13.**國內外地區網路購書：**

正智出版社 書香園地　http://books.enlighten.org.tw/

（書籍簡介、經銷書局可直接聯結下列網路書局購書）

三民 網路書局　http://www.sanmin.com.tw

誠品 網路書局　http://www.eslitebooks.com

博客來 網路書局　http://www.books.com.tw

金石堂 網路書局　　http://www.kingstone.com.tw

聯合 網路書局　http:// www.nh.com.tw

附註：1.請儘量向各經銷書局購買：郵政劃撥需要八天才能寄到（本公司在您劃撥後第四天才能接到劃撥單，次日寄出後第二天您才能收到書籍，此六天中可能會遇到週休二日，是故共需八天才能收到書籍）若想要早日收到書籍者，請劃撥完畢後，將劃撥收據貼在紙上，旁邊寫上您的姓名、住址、郵區、電話、買書詳細內容，直接傳眞到本公司 02-28344822，並來電 02-28316727、28327495 確認是否已收到您的傳眞，即可提前收到書籍。 2.因台灣每月皆有五十餘種宗教類書籍上架，書局書架空間有限，故唯有新書方有機會上架，通常每次只能有一本新書上架；本公司出版新書，大多上架不久便已售出，若書局未再叫貨補充者，書架上即無新書陳列，則請直接向書局櫃台訂購。 3.若書局不便代購時，可於晚上共修時間向正覺同修會各共修處請購（共修時間及地點，詳閱**共修現況表**。每年例行年假期間請勿前往請書，年假期間請見共修現況表）。 4.郵購：郵政劃撥帳號 19068241。 5.正覺同修會會員購書都以八折計價（戶籍台北市者爲一般會員，外縣市爲護持會員）都可獲得優待，欲一次購買全部書籍者，可以考慮入會，節省書費。入會費一千元（第一年初加入時才需要繳），年費二千元。**6.尚未出版之書籍，請勿預先郵寄書款與本公司，謝謝您！** 7.若欲一次購齊本公司書籍，或同時取得正覺同修會贈閱之全部書籍者，請於正覺同修會共修時間，親到各共修處請購及索取；**台北市讀者**請洽：103 台北市承德路三段 267 號 10 樓（捷運淡水線 圓山站旁）請書時間：週一至週五爲 18.00~21.00，第一、三、五週週六爲 10.00~21.00，雙週之週六爲 10.00~18.00 請購處專線電話：25957295-分機 14（於請書時間方有人接聽）。

敬告大陸讀者：

大陸讀者購書、索書捷徑（尚未在大陸出版的書籍，以下二個途徑都可以購得，電子書另包括結緣書籍）：

1.廈門外國圖書公司：廈門市思明區湖濱南路 809 號 廈門外圖書城 3F

郵編：361004 電話：0592-5061658 網址：http://www.xibc.com.cn/

2.電子書：正智出版社有限公司及正覺同修會在台灣印行的各種局版書、結緣書，已有『**正覺電子書**』陸續上線中，提供讀者於手機、平板電腦上購書、下載、閱讀正智出版社、正覺同修會及正覺教育基金會所出版之電子書，詳細訊息敬請參閱『正覺電子書』專頁：http://books.enlighten.org.tw/ebook

關於平實導師的書訊，請上網查閱：

成佛之道 http://www.a202.idv.tw

正智出版社 書香園地 http://books.enlighten.org.tw/

中國網採訪佛教正覺同修會、正覺教育基金會訊息：

http://big5.china.com.cn/gate/big5/fangtan.china.com.cn/2014-06/19/content_32714638.htm

http://pinpai.china.com.cn/

★ 正智出版社有限公司售書之稅後盈餘，全部捐助財團法人正覺寺籌備處、佛教正覺同修會、正覺教育基金會，供作弘法及購建道場之用；懇請諸方大德支持，功德無量。

★ 聲 明 ★

本社於 2015/01/01 開始調整本目錄中部分書籍之售價，以因應各項成本的持續增加。

＊ 喇嘛教修外道雙身法、墮識陰境界，非佛教 ＊

＊ 弘揚如來藏他空見的覺囊派才是真正藏傳佛教 ＊

售後服務—換書啓事（免附回郵） 2017/12/05

《楞伽經詳解》第三輯初版免費調換新書啓事：茲因 平實導師弘法早期尚未回復往世全部證量，有些法義接受他人的說法，寫書當時並未察覺而有二處（同一種法義）跟著誤說，如今發現已將之修正。茲爲顧及讀者權益，已開始免費調換新書；敬請所有讀者將以前所購第三輯（不論第幾刷），攜回或寄回本公司免費換新；郵寄者之回郵由本公司負擔，不需寄來郵票。因此而造成讀者閱讀、以及換書的不便，在此向所有讀者致上萬分的歉意，祈請讀者大眾見諒！

《楞嚴經講記》第 14 輯初版首刷本免費調換新書啓事：本講記第 14 輯出版前因 平實導師諸事繁忙，未將之重新閱讀而只改正校對時發現的錯別字，故未能發覺十年前所說法義有部分錯誤，於第 15 輯付印前重閱時才發覺第 14 輯中有部分錯誤尚未改正。今已重新審閱修改並已重印完成，煩請所有讀者將以前所購第 14 輯初版首刷本，寄回本公司免費換新（初版二刷本無錯誤），本公司將於寄回新書時同時附上您寄書來換新時的郵資，並在此向所有讀者致上最誠懇的歉意。

《心經密意》初版書免費調換二版新書啓事：本書係演講錄音整理成書，講時因時間所限，省略部分段落未講。後於再版時補寫增加 13 頁，維持原價流通之。茲爲顧及初版讀者權益，自 2003/9/30 開始免費調換新書，原有初版一刷、二刷書籍，皆可寄來本公司換書。

《宗門法眼》已經增寫改版爲 464 頁新書，2008 年 6 月中旬出版。讀者原有初版之第一刷、第二刷書本，都可以寄回本公司免費調換改版新書。改版後之公案及錯悟事例維持不變，但將內容加以增說，較改版前更具有廣度與深度，將更能助益讀者參究實相。

換書者**免附回郵**，亦無截止期限；舊書請寄：111 台北郵政 73-151 號信箱 或 103 台北市承德路三段 267 號 10 樓 正智出版社有限公司。舊書若有塗鴨、殘缺、破損者，仍可換取新書；但缺頁之舊書至少應仍有五分之三頁數，方可換書。所有讀者不必顧念本公司是否有盈餘之問題，都請踴躍寄來換書；本公司成立之目的不是營利，只要能眞實利益學人，即已達到成立及運作之目的。若以郵寄方式換書者，免附回郵；並於寄回新書時，由本公司附上您寄來書籍時耗用的郵資。造成您不便之處，再次致上萬分的歉意。

正智出版社有限公司 啓

換書及道歉公告

《法華經講義》第十三輯，因謄稿、印製等相關人員作業疏失，導致該書中的經文及內文用字將「**親近**」誤植成「清淨」。茲爲顧及讀者權益，自 2017/8/30 開始免費調換新書；敬請所有讀者將以前所購第十三輯初版首刷及二刷本，攜回或寄回本社免費換新，或請自行更正其中的錯誤之處；郵寄者之回郵由本社負擔，不需寄來郵票。同時對因此而造成讀者閱讀、以及換書的困擾及不便，在此向所有讀者致上最誠懇的歉意，祈請讀者大眾見諒！錯誤更正說明如下：

一、第 256 頁第 10 行~第 14 行：【就是先要具備「**法親近處**」、「**眾生親近處**」；法**親近**處就是在實相之法有所實證，如果在實相法上有所實證，他在二乘菩提中自然也能有所實證，以這個作爲第一個**親近**處——第一個基礎。然後還要有第二個基礎，就是瞭解應該如何善待眾生；對於眾生不要有排斥或者是貪取之心，平等觀待而攝受、親近一切有情。以這兩個**親近**處作爲基礎，來實行其他三個安樂行法。】。

二、第 268 頁第 13 行：【具足了那兩個「**親近處**」，使你能夠在末法時代，如實而圓滿的演述《法華經》時，那麼你作這個夢，它就是如理作意的，完全符合邏輯去完成這個過程，就表示你那個晚上，在那短短的一場夢中，已經度了不少眾生了。】

正智出版社有限公司 敬啓

國家圖書館出版品預行編目(CIP)資料

佛藏經講義 / 平實導師述著. -- 初版.
-- 臺北市 : 正智, 2019.07
面 ; 公分
ISBN 978-986-97233-8-1(第一輯;平裝)
ISBN 978-986-98038-1-6(第二輯;平裝)
ISBN 978-986-98038-5-4(第三輯;平裝)
ISBN 978-986-98038-8-5(第四輯;平裝)
ISBN 978-986-98038-9-2(第五輯;平裝)
ISBN 978-986-98891-3-1(第六輯;平裝)
ISBN 978-986-98891-5-5(第七輯;平裝)
1. 經集部
221.733　　　　108011014

佛藏經講義——第七輯

著述者：平實導師
音文轉換：蔡正利 黃昇金
校對：章乃鈞 陳介源 孫淑貞 傅素嫻 王美伶
出版者：正智出版社有限公司
電話：○二 28327495 28316727（白天）
傳眞：○二 28344822
111 台北郵政 73-151 號信箱
郵政劃撥帳號：一九○六八二四一
正覺講堂：總機○二 25957295（夜間）
總經銷：聯合發行股份有限公司
231 新北市新店區寶橋路 235 巷 6 弄 6 號 4 樓
電話：○二 29178022（代表號）
傳眞：○二 29156275
初版首刷：二○二○年七月三十一日 二千冊
定價：三○○元